DK TOP 10

NEW YORK

ELEANOR BERMAN

Highlights

Themen

Inhalt

Stadtteile

Reise-Infos

Die TOP**10**-Listen in diesem Buch sind nicht nach
Rängen oder Qualität geordnet. Alle zehn Einträge
sind in den Augen des Herausgebers von gleicher
Bedeutung.
In diesem Buch erfolgt die Angabe von Stockwerken
nach US-amerikanischer Nomenklatur: So bezeich-
net »first floor« das Erdgeschoss.

Umschlag Vorderseite & Buchrücken One
World Trade Center in Lower Manhattan
Titelseite Blick über Manhattan
**Umschlag Rückseite, im Uhrzeigersinn
von links oben** Häuser an der Gay Street,
gelbe Taxis am Times Square, The High Line,
Central Park im Winter

Die Informationen in diesem TOP**10**-
Reiseführer werden regelmäßig
aktualisiert.

Angaben wie Telefonnummern, Öffnungszeiten, Adressen, Preise und Fahrpläne können sich jedoch ändern. Der Verlag kann für
fehlerhafte oder veraltete Angaben nicht
haftbar gemacht werden. Für Hinweise,
Verbesserungsvorschläge und Korrekturen
ist der Verlag dankbar. Bitte richten Sie Ihr
Schreiben an:
Dorling Kindersley Verlag GmbH
Redaktion Reiseführer
Arnulfstraße 124 • 80636 München
reise@dk.com

Willkommen in
New York

Spektakuläre Broadway-Shows, erstklassige Museen, Luxusboutiquen an der Fifth Avenue, majestätische Wolkenkratzer, Sternerestaurants und ein pulsierendes Nachtleben – New York ist einzigartig. Dieser Reiseführer ist Ihr idealer Begleiter für die Erkundung der faszinierenden Metropole.

New York bietet ein immenses Spektrum an Sehenswürdigkeiten und lädt zu vielen Aktivitäten ein. Besucher können an Bord einer Fähre den **Hudson River** erkunden, den Ausblick von der Krone der **Freiheitsstatue** genießen, im **Metropolitan Museum of Art** Kunstwerke von Weltrang bewundern, durch den wunderschönen **Central Park** schlendern, das Treiben auf dem **Times Square** beobachten und mit einem Cocktail in der Hand den Blick auf die **Skyline von Manhattan** genießen.

Die Restaurantszene New Yorks ist unübertroffen. In der Stadt kann man Spezialitäten aus aller Welt genießen. Das Spektrum an Speiselokalen reicht von Sternerestaurants über italienische Trattorias bis zu typisch amerikanischen *delis*. Vom **Empire State Building** bis zum **Museum of Modern Art** – viele der Sehenswürdigkeiten und Wahrzeichen der Stadt sind weltbekannt, zahlreiche Museen international führend. Die überaus reiche Theaterkultur prägen der glitzernde Broadway ebenso wie kleine alternative Bühnen. Wer eine Nacht in New York verbringt, versteht sofort, warum die Metropole bekannt ist als »Die Stadt, die niemals schläft«.

Ob für den Wochenendtrip oder den Wochenurlaub – der TOP**10** *New York* zeigt Ihnen die spannendsten Attraktionen, die die gesamte Stadt zu bieten hat – vom Szeneviertel **Tribeca** bis zur eleganten **Upper East Side**. Dieser Reiseführer gibt Ihnen unentbehrliche Tipps an die Hand. 15 Spaziergänge helfen Ihnen, viele Attraktionen in kurzer Zeit zu sehen. Anhand der detaillierten Karten finden Sie sich problemlos zurecht. **Viel Spaß mit diesem Reiseführer und viel Spaß in New York.**

Im Uhrzeigersinn von oben: **Subway-Station Fulton St, Financial District, Freiheitsstatue, Grand Central Terminal, Times Square, Chrysler Building, Bethesda Terrace Arcade im Central Park**

New York entdecken

New York ist überreich an Attraktionen. Um wichtige Sehenswürdigkeiten nicht zu versäumen, ist eine gute Reiseplanung erforderlich. Die folgenden Tourenvorschläge helfen Ihnen, bei Ihrem Aufenthalt möglichst viele Eindrücke zu sammeln.

Zwei Tage in New York

Tag ❶
Vormittags
Genießen Sie die Sicht von der Freiheitsstatue *(siehe S. 20f)*, danach den Blick auf die **Brooklyn Bridge** *(siehe S. 85)* beim Bummel durch **Lower Manhattan** *(siehe S. 78–83)*. Kehren Sie im **Seaport District NYC** *(siehe S. 89)* zum Lunch ein.
Nachmittags
Nach dem **Central Park** *(siehe S. 32f)* lockt das **Metropolitan Museum of Art** *(siehe S. 34–37)*.

Tag ❷
Vormittags
Die Aussicht vom **Empire State Building** *(siehe S. 12f)* ist grandios. Unternehmen Sie anschließend einen Schaufensterbummel an der **Fifth Avenue** *(siehe S. 14f)*.
Nachmittags
Sehen Sie sich erst im **American Museum of Natural History** *(siehe S. 40–43)*, dann am **Times Square** und im **Theater District** *(siehe S. 28–31)* um.

Vier Tage in New York

Tag ❶
Vormittags
Genießen Sie den Blick vom **Empire State Building** *(siehe S. 12f)*. Dann führt Sie ein Schaufensterbummel an der **Fifth Avenue** *(siehe S. 14f)* an der **New York Public Library** *(siehe S. 128)* vorbei. Sehen Sie sich danach das **Grand Central Terminal** *(siehe S. 127)* und das **Rockefeller Center** *(siehe S. 16–19)* an.
Nachmittags
Nach Kunstgenuss im **Metropolitan Museum of Art** *(siehe S. 34–37)* spazieren Sie durch den **Central Park**

Die Wolkenkratzer in Lower Manhattan sind imposant.

(siehe S. 32f). Anschließend lohnt das **Solomon R. Guggenheim Museum** *(siehe S. 38f)* einen Besuch.

Tag ❷
Vormittags
Nehmen Sie die Fähre nach **Ellis Island** *(siehe S. 22–25)*. Genießen Sie die Aussicht von der Krone der **Freiheitsstatue** *(siehe S. 20f)*.
Nachmittags
Zurück in Manhattan spazieren Sie durch den **Battery Park** *(siehe S. 81)* zum **National September 11 Memorial & Museum** *(siehe S. 80)*. Ein Streifzug durch Lower Manhattan führt Sie zum **City Hall Park** *(siehe S. 87)* und zur **Brooklyn Bridge** *(siehe S. 85)*. Überqueren Sie die Brücke, besichtigen Sie das **Brooklyn Heights Historic District** *(siehe S. 155)* und essen Sie dort zu Abend.

Tag ❸
Vormittags
Besuchen Sie möglichst früh das **American Museum of Natural History** *(siehe S. 40–43)*. Nehmen Sie sich dabei auch Zeit für das **Rose Center for Earth and Space**.

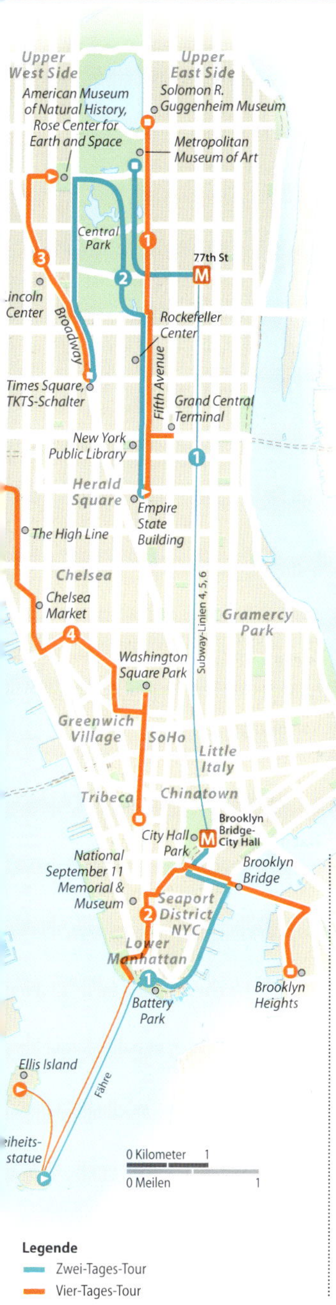

Das Grand Central Terminal
mit der berühmten, vier
Meter hohen Uhr.

Der City Hall Park ist eine
grüne Oase nahe City Hall
und Municipal Building.

Nachmittags
Durch die **Upper West Side** *(siehe
S. 142–147)* geht es zum **Lincoln
Center** *(siehe S. 142)*. Nächstes Ziel
sind **Times Square & Theater District**
(siehe S. 28–31). Tickets für Broad-
way-Shows gibt es beim **TKTS-
Schalter** *(siehe S. 73)*.

Tag ❹
Vormittags
Erkunden Sie den Park **The High
Line** *(siehe S. 121)*. Anschließend
lockt der **Chelsea Market** *(siehe
S. 122)* mit Delikatessen.
Nachmittags
Schlendern Sie durch **Greenwich
Village** *(siehe S. 108–113)*. In **SoHo &
Tribeca** *(siehe S. 102–107)* lockt nach
dem Abendessen das Nachtleben.

Upper
West Side
American Museum
of Natural History,
Rose Center for
Earth and Space

Upper
East Side
Solomon R.
Guggenheim Museum

*Metropolitan
Museum of Art*

Central
Park

77th St

Lincoln
Center

Rockefeller
Center

Broadway

Fifth Avenue

Times Square,
TKTS-Schalter

Grand Central
Terminal

New York
Public Library

Herald
Square

The High Line

Empire
State
Building

Chelsea

Chelsea
Market

Gramercy
Park

Subway-Linien 4, 5, 6

Washington
Square Park

Greenwich
Village

SoHo

Little
Italy

Tribeca

Chinatown

Brooklyn
Bridge-
City Hall

City Hall
Park

National
September 11
Memorial &
Museum

Brooklyn
Bridge

Seaport
District
NYC

Lower
Manhattan

Battery
Park

Brooklyn
Heights

Ellis Island

Fähre

...iheits-
statue

0 Kilometer   1
0 Meilen   1

Legende
— Zwei-Tages-Tour
— Vier-Tages-Tour

Highlights

Blick auf Manhattan und den Hudson River

TOP10 Highlights

Wolkenkratzer, großartige Museen, ausgedehnte Parks und die funkelnden Lichter des Broadway – New York ist eine Stadt der Superlative. Unter den zahllosen Sehenswürdigkeiten sollte man einige nicht versäumen. Ein Besuch der folgenden Attraktionen wird Ihren New-York-Aufenthalt unvergesslich machen.

1 Empire State Building

Der Art-déco-Wolkenkratzer ist eines der berühmtesten Wahrzeichen der Stadt. Die Aussicht über New York ist grandios *(siehe S. 12f)*.

2 Fifth Avenue

Den Boulevard, eine der berühmtesten Straßen der Welt, kennzeichnen edle Läden und elegante Architektur *(siehe S. 14f)*.

3 Rockefeller Center

Der Komplex umfasst Restaurants, Büros, eine Eislaufbahn und über 100 Kunstwerke *(siehe S. 16–19)*.

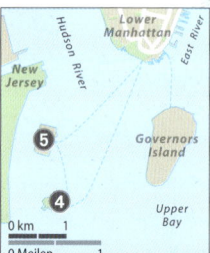

(4) Freiheits-statue

Die Statue ist Symbol der Freiheit für alle, die in Amerika ein neues Leben beginnen *(siehe S. 20f)*.

(5) Ellis Island

Die restaurierten Gebäude machen die Erlebnisse der Millionen Immigranten erfahrbar, die nach New York kamen *(siehe S. 22 – 25)*.

(6) Times Square & Theater District

Broadway und Times Square erstrahlen im Neonlicht. In den über 40 Theatern werden immer wieder erstklassige Shows zur Aufführung gebracht *(siehe S. 28 – 31)*.

(7) Central Park

Die grüne Oase mit über 500 000 Bäumen wurde in 16 Jahren angelegt. Sie bietet Erholung vom Trubel der Stadt *(siehe S. 32f)*.

(8) Metropolitan Museum of Art

Das Museum zeigt eine der großartigsten Sammlungen der westlichen Welt. Es würde Wochen dauern, wollte man alle Schätze bewundern *(siehe S. 34 – 37)*.

(9) Solomon R. Guggenheim Museum

Das von Frank Lloyd Wright entworfene Gebäude ist ein Kunstwerk für sich. Es beherbergt eine exzellente Sammlung zeitgenössischer Kunst *(siehe S. 38f)*.

(10) American Museum of Natural History

Das für die Dinosaurierausstellung bekannte Museum stieg mit dem Rose Center for Earth and Space in das Weltraumzeitalter ein *(siehe S. 40 – 43)*.

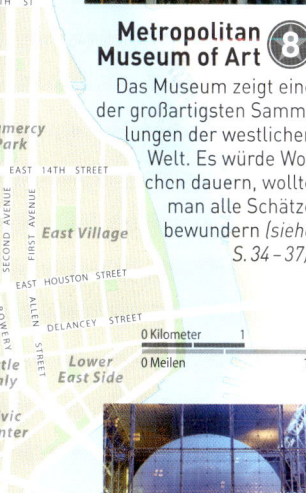

0 Kilometer 1
0 Meilen

Upper East Side

SECOND AVENUE
FIRST AVENUE
H ST
2ND ST
TH ST

Gramercy Park

EAST 14TH STREET
SECOND AVENUE
FIRST AVENUE
East Village
EAST HOUSTON STREET
ALLEN STREET
BOWERY
DELANCEY STREET

Lower East Side

Little Italy

Civic Center

Seaport District NYC

East River

TOP 10 ⭐ Empire State Building

Das Empire State Building ist der berühmteste Wolkenkratzer New Yorks. Seit der Eröffnung des Gebäudes 1931 haben über 120 Millionen Besucher die Aussicht auf die Stadt genossen. Das von dem Architekturbüro Shreve, Lamb & Harmon in den »Golden Twenties« entworfene Art-déco-Gebäude wurde während der Großen Depression fertiggestellt. Da es lange Zeit leer stand, wurde es spöttisch »Empty State Building« genannt. Der Wolkenkratzer war in vielen Filmen Kulisse, der berühmteste ist *King Kong und die weiße Frau*.

② Eingangshalle
In der Eingangshalle befindet sich ein elf Meter hohes Art-déco-Relief des Empire State Building aus Stahl, Aluminium und Blattgold *(links)*.

③ Aufzüge
In den Aufzügen zur 80. Etage wird ein Film an die Decke projiziert, der Besucher den Bau des Empire State Building nachvollziehen lässt.

④ Aussichtsdeck in der 86. Etage
Rund vier Millionen Besucher genießen jährlich den Blick von der Aussichtsplattform in 320 Metern Höhe.

① Gebäude
Durch den Ankermast für Luftschiffe an der Spitze wurde erreicht, dass das 443 Meter hohe Gebäude das Chrysler Building überragt. Die Turmspitze dient heute als Sendemast.

⑤ Aussichtsdeck in der 102. Etage
An klaren Tagen reicht der Blick vom obersten Stockwerk des Gebäudes bis zu 130 Kilometer weit *(unten)*. Raumhohe Fenster ermöglichen einen atemberaubenden Rundumblick.

Infobox

■ Karte K3 ■ 350 Fifth Ave Ecke 34th St ■ Subway: 34th Street – Herald Square ■ www.esbnyc.com

■ variierende Öffnungszeiten

■ Eintritt: 86. Etage: Erwachsene 44 $, Senioren (ab 62 Jahre) 42 $, Kinder (6 – 12 Jahre) 38 $ (unter 6 Jahren frei), Express Pass (Zutritt ohne Wartezeiten) 80 $; 86. & 102. Etage: Erwachsene 77 $, Senioren 75 $, Kinder 71 $, Express Pass 113 $

■ Informieren Sie sich auf der Website, welche Gegenstände bei einem Besuch nicht mitgenommen werden dürfen.

■ Im Erdgeschoss befinden sich einige Restaurants und Läden.

⑨ Ausstellungen in der 2. Etage

Neun interaktive Ausstellungen illustrieren die Geschichte des Empire State Building – vom Bau bis zur heutigen Rolle des Gebäudes in der Popkultur.

Empire State Building

⑥ Turmspitze

Die Spitze *(oben)* wird bei besonderen Anlässen sowie zu Ehren der vielen Ethnien New Yorks bunt angestrahlt: rot, weiß und blau an US-Feiertagen, grün am St. Patrick's Day sowie blau und weiß zum jüdischen Fest Chanukka.

⑩ Besucherzentrum

Der Bereich bietet Besuchern die Möglichkeit zum Ticketkauf, Imbissstände und eine erste Orientierung. Vor dem Betreten absolviert man den erforderlichen Sicherheitscheck.

⑦ Empire State Building Run-up

Seit 1978 erklimmen jährlich Hunderte Teilnehmer im Wettlauf die 1576 Stufen bis zur 86. Etage *(oben)*. Der Rekord liegt bei 9:33 Minuten.

⑧ Valentinstag

Seit 1994 kann man am Valentinstag im Empire State Building heiraten. Nur an diesem Tag dient das Gebäude für Trauungen. Ein oder zwei Paare werden hierfür ausgewählt.

Bau des Empire State Building

William F. Lamb entwarf das Bauwerk gemäß der Anweisung: »Machen Sie es groß.« Die 102 Stockwerke des Gebäudes wurden in 410 Tagen errichtet – im Schnitt entstanden viereinhalb Etagen pro Woche. In einer Bauphase vollendete das 3500 Mann starke Team zehn Stockwerke in zehn Tagen. Es wurden rund 365 000 Tonnen Kalkstein und Granit verbaut. Wegen des relativ flachen Fundaments stützen den Wolkenkratzer Träger aus 60 000 Tonnen Stahl.

TOP 10 ⭐ Fifth Avenue

An dem Boulevard, einer der bekanntesten Straßen der Welt, stehen drei der berühmtesten Gebäude New Yorks. Ende des 19. Jahrhunderts säumten die Fifth Avenue Villen angesehener Einwohner. Im 20. Jahrhundert ließen sich Handelsunternehmen nieder, die High Society siedelte um, viele Häuser wurden abgerissen. Der Juwelier Cartier erwarb 1917 eine der Villen von dem Bankier Morton F. Plant, angeblich im Tausch für eine Perlenkette. Die Fifth Avenue ist heute noch Synonym für Luxus.

① **Grand Army Plaza**
Den prächtigen Platz prägen das 1907 eröffnete Plaza Hotel und die imposante Reiterstatue des Generals William T. Sherman. Das vergoldete Werk aus Bronze schuf Augustus Saint-Gaudens.

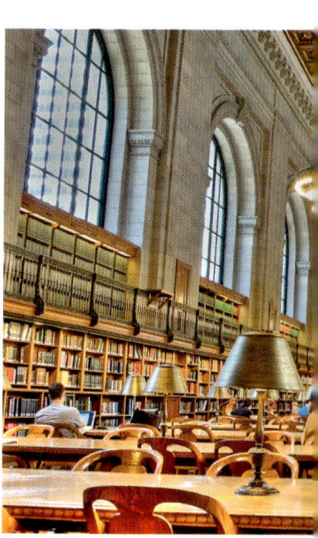

③ **Bergdorf Goodman**
Das edle Kaufhaus *(links)*, das aus einem 1899 gegründeten kleinen Laden für Damenmode und Pelze hervorging, bezog 1928 das heutige Gebäude. Es bietet Designermode *(siehe S. 70)*.

② **General Motors Building**
Der Wolkenkratzer mit rechteckigem Grundriss wurde von Edward Durrell Stone entworfen und 1968 erbaut. Vor dem Gebäude befindet sich ein gläserner Apple Store *(siehe S. 130)*.

④ **Tiffany & Co.**
Der Flagship-Store des Juweliers wurde durch Truman Capotes Roman *Frühstück bei Tiffany* (1958) berühmt. Die Schaufensterarrangements sind überaus kunstvoll.

⑥ **St. Patrick's Cathedral**
Die katholische Kirche neugotischen Stils *(oben)* wurde 1878 von James Renwick Jr. entworfen. Highlights sind die Bronzetüren, der Baldachin, die Lady Chapel und die Fensterrose *(siehe S. 128)*.

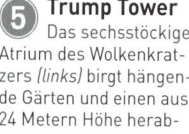

⑤ **Trump Tower**
Das sechsstöckige Atrium des Wolkenkratzers *(links)* birgt hängende Gärten und einen aus 24 Metern Höhe herabstürzenden Wasserfall.

8 Cartier

Das Beaux-Arts-Gebäude (1905), in dem der Luxusjuwelier Cartier eine Filiale betreibt, wird in der Weihnachtszeit mit einem roten »Geschenkband« umwickelt *(links)*.

9 Saks Fifth Avenue

Das Luxuskaufhaus in einem 1924 errichteten Gebäude ist für die nach Jahreszeiten wechselnden Dekorationen bekannt. Es bietet exklusive Herren- und Damenmode *(siehe S. 70)*.

Straße der Millionäre

Anfang des 19. Jahrhunderts wohnten viele reiche New Yorker an der Fifth Avenue. Ihre Häuser waren nach dem Bürgerkrieg bis zu 20 000 Dollar wert. Als sich im ausgehenden 19. Jahrhundert immer mehr Geschäftshäuser ansiedelten, bezogen die prominenten Bewohner Villen im Norden der Fifth Avenue. Den Anfang machte Caroline Schermerhorn Astor : Als ihr Neffe William Waldorf Astor nahe ihrem Haus das Waldorf Hotel errichtete, zog sie in die 65th Street.

7 New York Public Library

Die Bibliothek *(oben)* in einem Beaux-Arts-Gebäude mit Marmorsälen wurde 1911 eröffnet. In dem holzgetäfelten Lesesaal fällt das Licht durch Bogenfenster *(siehe S. 128)*.

10 Microsoft Store

Der Flagship-Store bietet die neuesten Geräte, einen Videoturm, Xbox-Equipment, eine Gaming-Lounge sowie kostenlose Führungen und Workshops *(siehe S. 130)*.

Infobox

Karte H3 – M3 ▪ Die Fifth Avenue ist 1,5 Kilometer lang; Zentrum ist der Abschnitt zwischen Empire State Building (34th St) und Grand Army Plaza (59th St)

General Motors Building: 767 5th Ave

Bergdorf Goodman: 754 5th Ave Ecke 57th St

Tiffany & Co.: 727 5th Ave

Trump Tower: 721–725 5th Ave

St. Patrick's Cathedral: 5th Ave zwischen 50th & 51st St

New York Public Library: 5th Ave Ecke 42nd St

Cartier: 653 5th Ave

Saks Fifth Avenue: 611 5th Ave Ecke 50th St

Microsoft Store: 677 5th Ave Ecke 53rd St

▪ Im Stephen A. Schwarzman Building der New York Public Library werden Gratisführungen angeboten (Mo – Sa 11 Uhr & 14 Uhr).

▪ Gottesdienste in der St. Patrick's Cathedral sind auf der Website www.saint patrickscathedral.org angegeben.

TOP 10 ★ Rockefeller Center

Als in den 1930er Jahren mit dem Bau des Rockefeller Center begonnen wurde, wurde erstmals ein kommerzielles Projekt umgesetzt, das Gärten, Restaurants, Läden und Büros vereinte. Der Komplex, eine Stadt in der Stadt, umfasst inzwischen 20 Gebäude. Die 14 ursprünglichen Bauten begeistern mit Art-déco-Eleganz. Das Center besitzt den Status eines anerkannten Baudenkmals.

Comcast Building 3

Der schlanke Wolkenkratzer *(rechts)*, wegen der Adresse auch »30 Rock« genannt, ist Herzstück des Rockefeller Center. Er ist Sitz des Hörfunk- und Fernsehnetzwerks NBC.

4 Lower Plaza

Der Platz dient im Winter als Eislaufbahn, im Sommer als Freiluftcafé. Die Lower Plaza ist von den Flaggen der UN-Mitgliedsstaaten umringt.

1 Channel Gardens

Die wegen der Lage zwischen Maison Française und British Building nach dem Ärmelkanal benannten Gärten *(oben)* werden je nach Jahreszeit umgestaltet, Weihnachten leuchten hier Engel.

2 Prometheus-Statue

Die 5,50 Meter hohe vergoldete Bronzestatue *(oben)* auf der Lower Plaza schuf Paul Manship. Der Sockel symbolisiert die Erde, der Ring repräsentiert den Himmel.

⑦ Atlas-Statue
Die 4,50 Meter hohe, 6350 Kilogramm schwere Statue *(links)* von Lee Lawrie steht auf einem drei Meter hohen Sockel am Eingang des International Building. Im Rockefeller Center befinden sich 15 Werke Lawries.

⑤ Today Show Studio
Die TV-Sendung kann man werktags am Morgen vom Bürgersteig vor dem Studio aus verfolgen. Bands treten als Teil der Show oft auf der Rockefeller Plaza auf.

⑥ Ladenpassage
Im Untergeschoss des Comcast Building sind mehrere Läden untergebracht; u. a. befindet sich dort eine Filiale der Lady M Cake Boutique.

⑧ NBC Studios
Tickets für Führungen, bei denen man einen Blick hinter die Kulissen des TV-Senders *(unten)* werfen kann, sind begehrt. Man sollte sie frühzeitig online erwerben.

John D. Rockefeller, Jr.
Der Milliardär John D. Rockefeller, Jr. (1874–1960) war der Sohn des Ölmagnaten John D. Rockefeller, Sr. Er erbte das immense Vermögen seines Vaters und übernahm im Jahr 1911 das Familienunternehmen. Rockefeller, Jr. setzte seinen Reichtum zum Wohl der Allgemeinheit ein. Er unterstützte zum Beispiel den Bau von The Cloisters *(siehe S. 37)* und des Hauptquartiers der Vereinten Nationen *(siehe S. 128)* mit großzügigen Spenden.

⑨ Radio City Music Hall
Bei Führungen kann man die Art-déco-Einrichtung, die Bühne und die Wurlitzerorgel des Konzertsaals bewundern *(siehe S. 63)*.

⑩ Top of the Rock
Auf der Aussichtsplattform, die sich über drei Ebenen erstreckt, kann man einen atemberaubenden Rundumblick genießen *(unten)*.

Infobox

Karte J3 ■ Fifth bis Sixth Ave zwischen 48th & 51st St ■ Subway: 47–50th Streets – Rockefeller Center ■ www.rockefellercenter.com

Today Show Studio: Rockefeller Plaza Ecke 49th St; Mo – Fr 7–11 Uhr, Sa 7–9 Uhr, So 8–9 Uhr

NBC Studios: 30 Rockefeller Plaza; Führungen (alle 20 Min.): Mo – Do 8.20–14.20 Uhr, Fr 8.20–17 Uhr, Sa & So 8.20–18 Uhr; www.thetouratnbcstudios.com; Erwachsene 33 $, Senioren (ab 55 Jahre) & Kinder (6–12 Jahre) 29 $

Top of the Rock: 30 Rockefeller Plaza; +1-212-698-2000; tägl. 8–23 Uhr (letzte Aufzugsfahrt 2 Uhr); www.topoftherocknyc.com; Erwachsene 40 $, Senioren (ab 62 Jahre) 38 $, Kinder (6–12 Jahre) 34 $, Express Pass 75 $

■ Spazieren Sie von der Fifth Avenue durch die Channel Gardens zur Lower Plaza.

■ Holen Sie sich in der Lobby des Comcast Building ein Faltblatt für einen Rundgang.

Kunst im Rockefeller Center

1 American Progress
Josep Maria Serts (1876–1945) Wandgemälde zeigt Amerikas Entwicklung über 300 Jahre durch vereinte Geistes- und Muskelkraft. Serts Gemälde *Time* ziert eine der Decken.

2 Wisdom
In dem aus 240 Glasblöcken gefertigten Werk von Lee Lawrie (1877–1963) hält die zentrale Figur einen Kompass und deutet damit auf Licht- und Schallwellen.

3 Reliefs von Gaston Lachaise
Das Werk des bekannten amerikanischen Bildhauers (1882–1935) ehrt Bauarbeiter des Rockefeller Center.

4 News
Die zehn Tonnen schwere Skulptur aus Edelstahl von Isamu Noguchi (1904–1988) zeigt das Handwerkszeug der Presse, z. B. Kamera, Telefon, Block und Bleistift.

5 Industries of the British Empire
Das in Bronze gegossene, mit Blattgold überzogene Werk am British Empire Building stammt von Carl Paul Jennewein (1890–1978). Es stellt die neun Haupterzeugnisse des Commonwealth of England dar. Die Sonne symbolisiert die Größe des Empire.

Industries of the British Empire

6 Intelligence Awakening Mankind
Barry Faulkners (1881–1966) Mosaik aus ca. einer Million *tesserae* (Plättchen aus Emaille) in über 200 Farben symbolisiert gesprochene und geschriebene Wörter.

Intelligence Awakening Mankind

7 Portals
Die Oberfläche aus versetzten Quadraten in Josef Albers' (1888–1976) Werk von 1961 aus poliertem, milchig weißem und elfenbeinfarbenem Carrara-Glas erzeugt den Eindruck von Tiefe.

8 Winged Mercury
Lee Lawries beeindruckendes Relief (1933) von Merkur, dem römischen Gott der Händler, feiert das Britische Weltreich. Der Helm der goldenen klassizistischen Figur ist Symbol des Schutzes.

Winged Mercury

9 The Story of Mankind
Das Werk Lawries widmet sich der Menschheitsgeschichte. Die Uhr über den 15 in Gold, Violett und Blaugrün gehaltenen Paneelen symbolisiert das Fortschreiten der Zeit.

10 Wall Drawing 896
Das Wandgemälde schuf Sol LeWitt (1928–2007) 1999 im geometrischen Stil. Es bedeckt vier Wände des Eingangs zum Hauptsitz von Christie's in der 48th Street.

Baugeschichte des Rockefeller Center

Als die Große Depression Rockefellers ursprünglichen Plan, eine neue Oper zu errichten, vereitelte, entwarf er einen ausgedehnten kreativ-kommerziellen Komplex. Bei der Gestaltung der innovativen Art-déco-Anlage war Raymond Hood federführend. Der Komplex schloss eine Straße (Rockefeller Plaza) und ein Zentrum im Souterrain ein. Der Bau der 14 Gebäude in den Jahren 1931 bis 1940 verschaffte während der schlimmsten Rezession 225 000 Menschen Arbeit. Kunstwerke waren ein wesentliches Element: Im Rahmen des Programms *New Frontiers* arbeiteten mehr als 30 Künstler an den Foyers, Fassaden und Gärten.

Superlative

1 **Höchstes Gebäude**: 259 Meter, 70 Etagen

2 **Fahrstühle**: 388

3 **Schnellste Fahrstühle**: 427 Meter pro Minute (in 37 Sekunden nonstop zur 65. Etage)

4 **Vermietete Bürofläche**: 871 684 Quadratmeter

5 **Bürofenster**: 15 550

6 **Anzahl der Flaggen rund um die Plaza**: 200

7 **Restaurants**: 51

8 **Läden**: ca. 100

9 **Besucher pro Tag**: ca. 470 000 (wochentags)

10 **Besucher pro Tag**: ca. 798 000 (Weihnachten)

Flyer von Radio City

Bau des Rockefeller Center (1932)

TOP 10 ⭐ Freiheitsstatue

Seit ihrer Einweihung im Jahr 1886 kündigt die »Liberty Enlightening the World« – so der offizielle Name der Figur – Millionen die Freiheit an. Das Geschenk Frankreichs zum 100. Geburtstag der USA 1876 schuf der französische Bildhauer Frédéric-Auguste Bartholdi in 21 Jahren. Bei der Enthüllung am 3. Juli 1986 nach einer Restaurierung zum 100. Geburtstag der Statue wurde eines der größten Feuerwerke in der US-Geschichte entzündet.

1 Bootsfahrt

Von den Fähren *(oben)*, die Besucher von Manhattan und Jersey City zur Freiheitsstatue und nach Ellis Island bringen, bietet sich ein fantastischer Ausblick.

Brücke in die Neue Welt

Für Millionen Immigranten auf der Flucht vor Armut und Elend verkörperte die Statue den Beginn eines neuen Lebens. Sie ist Symbol der Hoffnung und der Freiheit in den USA. Am Podest befindet sich eine Bronzetafel mit dem Gedicht *The New Colossus* von Emma Lazarus. Die letzten Zeilen lauten: »Gebt mir eure Müden, eure Armen, eure geknechteten Massen, die frei zu atmen begehren … Hoch halt ich mein Licht am goldenen Tore.«

2 Castle Clinton National Monument

An dem 1808 bis 1811 erbauten Fort, das Ausstellungen zur Historie New Yorks zeigt, legen Fähren zur Freiheitsstatue und nach Ellis Island ab. Die abseits der Küste erbaute Festung wurde durch Aufschüttungen mit dem Battery Park verbunden.

3 Krone

Lange hieß es, Bartholdis Mutter hätte für die Figur Modell gestanden. Tatsächlich aber gestaltete Bartholdi das Gesicht nach älteren Zeichnungen für eine Statue in Ägypten. Die Strahlen der Krone symbolisieren Meere und Kontinente.

4 Nahansicht der Statue

Erst aus der Nähe werden die gewaltigen Dimensionen der 93 Meter hohen, 200 Tonnen schweren Figur, die den New Yorker Hafen dominiert *(rechts)*, offenbar. Der rechte Arm mit der symbolischen Fackel misst 13 Meter. Im Vergleich mit dem 2,40 Meter langen Zeigefinger wirken Menschen winzig.

5 Battery Park

In dem Park *(links)* mit herrlichem Seeblick ehren Statuen viele Bevölkerungsgruppen – von den ersten jüdischen Immigranten in New York bis hin zur Küstenwache der USA.

6 **Statue of Liberty Museum**
Das 2019 eröffnete Museum dokumentiert die Geschichte der Statue anhand von Fotos, Drucken, Videos und Erzählungen. Das Immersive Theater zeigt einen Kurzfilm über die Architektur der Statue und deren Entstehungsgeschichte.

Infobox

Karte R1 ■ Zum Battery Park fahren die Subway-Linien 1 (South Ferry), 4 & 5 (Bowling Green) sowie R (Whitehall Street)

■ Von Castle Clinton legen tägl. von 8.30 Uhr bis 17 Uhr (Winter: variierend) alle 15 bis 20 Minuten Fähren ab; www.statuecruises.com

■ www.nps.gov/stli

■ Vorabbuchung zu festgelegter Uhrzeit oder ein früher Start helfen, Besuchermassen zu umgehen.

■ Plätze links im Boot (Rückfahrt: rechts) erlauben die besten Fotos.

7 **Gerüst**
Gustave Eiffel konstruierte das innere Gerüst. Die Eisenträger der 31 Tonnen schweren, kupfernen Außenform sind mit einem massiven Zentralträger verbunden, der die Statue im Sockel verankert.

8 **Fackel & Buch**
Die neue blattgoldüberzogene Fackel *(rechts)* wurde 1986 angefügt. Das Original ist im Museum ausgestellt. Das Buch trägt die Inschrift »4. Juli 1776« in römischen Ziffern.

9 **Aussicht**
Nach dem 11. September 2001 wurden die Aussichtsdecks in Sockel und Krone gesperrt. Der Sockel ist seit 2004, die Krone seit 2009 wieder geöffnet. Frühzeitige Buchung ist erforderlich.

10 **Sockel**
Richard Morris Hunt entwarf den 47 Meter hohen Sockel der Statue *(oben)*. Dieser steht innerhalb der Mauern von Fort Wood, die einen elfzackigen Stern bilden. Die Festung wurde für den Krieg von 1812 errichtet.

TOP 10 ⭐ Ellis Island

Ellis Island ist das Symbol der amerikanischen Einwanderergesellschaft. Von 1892 bis 1954 kamen hier ca. zwölf Millionen Menschen an. Ihre Nachkommen – über 100 Millionen Menschen – bilden mehr als 40 Prozent der heutigen US-Bevölkerung. Reisende erster und zweiter Klasse konnten auf den Schiffen die Einwanderungsprozedur durchlaufen, die mittellosen Immigranten von den unteren Decks brachte man für medizinische Untersuchungen auf die Insel. Bis zu 5000 Menschen wurden täglich durchgeschleust. Aus ihren Erlebnissen formt das Museum die Einwanderergeschichte der USA.

1 Ankunftsbereich
Die Massen der ankommenden Passagiere der Zwischendecks gelangten durch das ursprüngliche Tor auf die Insel. In dem babylonischen Sprachgewirr erteilten Dolmetscher Anweisungen.

2 Great Hall
In der Halle *(unten)* warteten die Einwanderer auf die Untersuchung, die über ihre Einreise entschied: Ärzte markierten Personen mit Krankheitssymptomen mit Kreide.

Ellis Island aus der Vogelperspektive

4 Fahrkartenschalter
Immigranten mit Zielen außerhalb von New York wurden zu Bahnhöfen in New Jersey gebracht. An den Schaltern wurden pro Minute bis zu 25 Fahrkarten verkauft.

New Jerseys Ellis Island

Der lange während Streit über die Frage, ob Ellis Island zu New York oder zu New Jersey gehört, wurde erst im Jahr 1998 entschieden. Gegen Ende des 19. Jahrhunderts war die zu jener Zeit 1,2 Hektar große Insel durch Landaufschüttungen auf das Neunfache der Anfangsgröße – auf über elf Hektar – erweitert worden. Der Supreme Court, der Oberste Gerichtshof der Vereinigten Staaten, wies in einem Urteil die ursprüngliche Landmasse New York, die erweiterte New Jersey zu.

3 Schlafsäle
Personen, die für weitere Untersuchungen in Quarantäne waren, schliefen getrennt in Männer- und Frauensälen. Zwar war die Prozedur aufwendig, doch nur zwei Prozent aller Einwanderer wurden abgewiesen.

5 Untersuchungsräume

»Eye Men« suchten nach Anzeichen eines Trachoms, einer zu Blindheit führenden Krankheit, die Grund für eine Ablehnung war *(oben)*.

6 The Peopling of America

Das Kulturzentrum dokumentiert die Geschichte der Einwanderung höchst eindrucksvoll. In spannenden Ausstellungen werden u. a. Karten, Fotos und Erbstücke aus dem Besitz der Immigranten präsentiert.

7 Gepäckraum

In diesem Raum wurden Kisten, Koffer und Körbe *(rechts)* der Ankommenden geprüft. Sie enthielten die Habseligkeiten und damit den gesamten Besitz der Einwanderer beim Start in ein neues Leben.

8 American Family Immigration History Center

Mittels modernster Multimediatechnik können Besucher die Aufnahmeakten von Millionen Menschen einsehen, die zwischen 1892 und 1957 die Metropole erreichten *(unten)*.

9 American Immigrant Wall of Honor

Auch die Familien von John F. Kennedy und Barbra Streisand stehen auf der Wand mit ca. 775 000 Namen. Zur Ehrung der Ahnen zahlen Amerikaner für die Namenszüge.

10 Oral History Collection

Im Rahmen des Oral History Project wurden Interviews mit Einwanderern, die Ellis Island passierten, aufgenommen. In der Bob Hope Memorial Library, in der dritten Etage des Immigration Museum, können sich Besucher rund 900 dieser faszinierenden Gespräche anhören.

Infobox

Karte R1 ■ +1-212-363-3200
■ Zum Battery Park fahren die Subway-Linien 1 (South Ferry), 4 & 5 (Bowling Green) sowie R (Whitehall Street)
■ www.nps.gov/elis

■ Vom Battery Park (Castle Clinton) legen tägl. von 8.30 Uhr bis 17 Uhr (Winter: variierend) alle 15 bis 20 Minuten Fähren ab; www.statuecruises.com

■ Die Cafeteria und die Picknickplätze der Insel eignen sich gut für ein Mittagessen oder einen Imbiss.

■ Nehmen Sie eine frühe Fähre vom Battery Park, um dem Besucheransturm zuvorzukommen.

■ Im Ticketpreis für die Fähre ist ein Audioführer enthalten.

■ Am Informationsschalter gibt es Tickets für einen kostenlosen 30-Minuten-Film.

Meilensteine der Immigration

(1) 1624
Die ersten Holländer erreichen Neu-Amsterdam. Das blühende Handelszentrum zieht Siedler aus vielen anderen Nationen an. Um 1643 sprechen die 500 Einwohner 18 verschiedene Sprachen.

Peter Stuyvesant vor der Abreise

(2) 1664
Die Unbeliebtheit des Gouverneurs Peter Stuyvesant und der Steuerforderungen der Dutch West India Company erleichtern den Briten die Vertreibung der Holländer. Die Stadt heißt von da an New York.

(3) 1790
New York zählt beim ersten Zensus 33 131 Bürger, vor allem Briten und Holländer. Es ist nun die zweitgrößte Stadt der Kolonien.

(4) Mitte des 19. Jahrhunderts
Die Hungersnot in Irland (1845–1849) und das wirtschaftliche Elend in Deutschland lassen viele einen Neuanfang in New York suchen. Als Hafenstadt und Industriezentrum bietet New York Arbeitsplätze.

(5) 1880–1910
Auf der Flucht vor Verfolgung und Elend reisen Tausende russische und polnische Juden sowie Süditaliener ein.

Polnischer Immigrant

(6) 1892
Das im Jahr 1885 errichtete Einwanderungslager Castle Island wird zu klein, Ellis Island wird zur Sammelstelle. »Siedlungshäuser« in New York sollen Menschen aus den Elendsquartieren helfen, »Amerikanisierungsprogramme« die Integration fördern.

(7) 1924
Annähernd 40 Prozent der New Yorker wurden im Ausland geboren. Gesetze bestimmen die Einwanderungsquoten. Bewohner der Karibikkolonien profitieren von britischen Quoten und kommen in großer Zahl.

(8) 1965
Der Hart-Celler Act beendet die Diskriminierung aufgrund der Abstammung. Eine neue Einwanderungswelle setzt ein.

Chinatown, Manhattan

(9) 1980er Jahre
Eine Million Menschen kommen vor allem aus Asien und Lateinamerika in die USA. 300 000 Einwohner stammen aus China, die Zahl der Dominikaner und Koreaner steigt. Die meisten Chinesen lassen sich in Chinatown nieder.

(10) 1990 bis heute
Über 1,2 Millionen Einwanderer heben den Anteil im Ausland Geborener an der Gesamtbevölkerung über 40 Prozent. Ab 2000 steigt die Zahl der im Ausland geborenen New Yorker um eine auf drei Millionen.

Restaurierung von Ellis Island

Museumsbesucher

Gesetze zur Bestimmung von nationalen Einwanderungsquoten (1924) begrenzten die Zahl der Ausländer, die in die USA kamen, drastisch. Ellis Island hatte als Ankunftsstation ausgedient. Es wurde Arrest- und Deportationszentrum für unerwünschte Ausländer, Trainingszentrum der Küstenwache und im Zweiten Weltkrieg Hospital für verwundete Soldaten. Im Jahr 1954 schloss die US-Regierung die Insel, bis 1984 blieb sie verlassen. Im Zuge der 156 Millionen Dollar teuren Restaurierung wurden die Kupferkuppeln erneuert und die Mosaike gesäubert. Die Inneneinrichtungen wurden mit den verbliebenen Inventarteilen im Originalzustand wiederhergestellt. Das Ellis Island Immigration Museum *(siehe S. 22f)* entstand: Die Ausstellungen dokumentieren anhand von mehr als 2000 Exponaten die Geschichte der Einwanderer. Das Archiv mit Interviewdokumenten und die interaktive Ausstellung für Kinder können nach Anmeldung besucht werden. Seit der Wiedereröffnung 1990 kommen jährlich über drei Millionen Besucher.

Einwanderernationen auf Ellis Island

(Zahlen aus den Jahren 1892–1897 & 1901–1931)

1 Italien: 2 502 310

2 Österreich & Ungarn: 2 275 852

3 Russland: 1 893 542

4 Deutschland: 633 148

5 England: 551 969

6 Irland: 520 904

7 Schweden: 348 036

8 Griechenland: 245 058

9 Norwegen: 226 278

10 Türkei: 212 825

Eingang zum Ellis Island Immigration Museum

Folgende Doppelseite Freiheitsstatue und Skyline von Manhattan

TOP10 ⭐ Times Square & Theater District

Der als »Crossroads of the World« bekannte Times Square ist die berühmteste Kreuzung New Yorks und Zentrum des Theater District mit den Broadway-Theatern. Der Platz hieß Longacre Square, bis die *New York Times* 1904 das 25-stöckige Gebäude One Times Square errichtete. Der Einzug wurde am Silvesterabend mit einem Feuerwerk gefeiert. Diese Tradition blieb erhalten: Heute wird zur Jahreswende eine große Kristallkugel von dem Wolkenkratzer herabgelassen.

1 Nasdaq MarketSite

Auf dem großen Videoturm der elektronischen Börse an der Ecke 43rd Street und Broadway werden Nachrichten aus der Finanzwelt und aktuelle Börsenkurse angezeigt *(unten)*.

3 Broadway-Lichter

Die längste Straße der Stadt ist vor allem für den wegen der Leuchtreklamen »Great White Way« genannten Abschnitt nördlich der 42nd Street bekannt *(rechts)*.

4 Times Square News Ticker

1928 installierte die *New York Times* die weltweit erste elektronische Laufschrift für Schlagzeilen. Sie wurde 2019 entfernt, die Nachrichtenticker von ABC, Morgan Stanley und Reuters existieren dagegen noch.

2 ABC Times Square Studios

In den Studios *(unten)* wird die TV-Sendung *Good Morning America* (Mo – Fr 7 – 9 Uhr) gedreht. Durch die großen Fenster können Passanten einen Blick auf die berühmten Talkgäste und Musik-Acts werfen.

Infobox

Karte J3 – K3 ▪ Times Square: 7th Ave Ecke Broadway & 42nd St ▪ Subway: Times Square-42nd Street ▪ www.timessquarenyc.org

Madame Tussauds: 234 West 42nd St; variierende Öffnungszeiten; Eintritt: ab 43,99 $; www.madametussauds.com/new-york

Flagship-Stores: Die meisten Läden am Times Square haben täglich von 10 – 21 Uhr geöffnet (Forever 21 meist bis 23 Uhr).

▪ Am TKTS-Stand (Vorverkaufsschalter) Ecke Broadway und 47th Street (+1-212-912-9770; www.tdf.org) sind ermäßigte Tickets für Broadway-Shows erhältlich.

▪ Die Polizeistation NYPD Times Square Substation (1479 Broadway) ist täglich 24 Stunden geöffnet.

⑤ Flagship-Stores

Am Times Square liegen riesige Verkaufsräume wie Hershey's Chocolate World, Disney Store, Forever 21 und M & M's World mit einer zweistöckigen Schoko-Wand.

⑥ 4 Times Square

Der 48-stöckige Wolkenkratzer, das ehemalige Condé Nast Building, steht seit 2000 für den Aufschwung des Times Square. Hier haben u. a. Anwaltskanzleien ihren Sitz.

⑨ New 42nd Street

Die Renovierung des New Amsterdam Theatre in den 1990er Jahren gab der 42nd Street Auftrieb. Heute säumen Studios und Theater die New 42nd Street.

⑩ Madame Tussauds

Berühmtheiten wie Barack Obama, Brad Pitt und Madonna sind wächserne Bewohner des Gebäudes an der 42nd Street. An dem Haus mit den Außenliften hält eine riesige Hand das illuminierte Schild *(rechts)*.

Theater District

Der Umzug der Metropolitan Opera an den Broadway im Jahr 1883 lockte zahlreiche Theater und Restaurants in das Viertel. In den 1920er Jahren brachten Filmpaläste Glanz an den Broadway. Nach dem Zweiten Weltkrieg sank die Popularität des Films, Schäbigkeit löste den einstigen Glamour ab. Ein Sanierungsplan brachte das Publikum und die Neonlichter in das Viertel zurück.

⑧ Duffy Square

Der Platz wurde 2008 durch die Eröffnung des TKTS-Stands, an dem man Tickets für Veranstaltungen bekommt, wiederbelebt. Vor dem in Rot gehaltenen Bau steht eine Treppe, die ins Nichts führt *(links)*.

Off-Broadway ⑦

Vor der Verjüngungskur der 42nd Street sorgten Off-Broadway-Gruppen auf der Suche nach günstigen Spiel- und Übungsräumen im Block zwischen 9th und 10th Avenue für Leben. Im Playwrights Horizons, einer der bekannteren Bühnen, finden Uraufführungen statt *(rechts)*.

Theater

① Palace Theatre
Karte J3 ▪ 1564 Broadway

Sarah Bernhardt weihte die Bühne 1931 ein. Auftritte im Palace waren der Inbegriff von Erfolg. Das Theater wird derzeit renoviert und soll 2023 wiedereröffnet werden.

② Lyric Theatre
Karte K3 ▪ 214 West 43rd St

Der Umbau der Theater Lyric und Apollo zu der Musicalbühne 1988 markierte den Beginn der Theater-finanzierung durch Firmen.

③ Shubert Theatre
Karte J3 ▪ 225 West 44th St

Das als Musicalbühne und Hauptsitz der Shubert Organization erbaute Haus entstand wie das gegenüber-liegende Booth 1912/13.

④ New Amsterdam Theatre
Karte K3 ▪ 214 West 42nd St

Das von Disney restaurierte Jugend-stilgebäude war Heimat der *Ziegfeld Follies*. Derzeit wird in dem Theater das Disney-Musical *Aladdin* gespielt.

⑤ New Victory Theater
Karte K3 ▪ 209 West 42nd St

Der 1900 von Oscar Hammerstein veranlasste Bau diente eine Zeit lang als Pornokino. Seit der Res-taurierung 1995 wird Off-Broadway-Familienunterhaltung präsentiert.

New Victory Theater

Fassadendetail am Lyceum Theatre

⑥ Lyceum Theatre
Karte J3 ▪ 149 West 45th St

Das älteste Theater des Viertels mit Wandgemälden, Deckengewölbe und kunstvollem Stuck dient häufig als Ausweichstätte für das Lincoln Center *(siehe S. 142)*.

⑦ Hudson Theatre
Karte J2 ▪ 139–141 West 44th St

Zur Innenausstattung zählen eine Lobby mit klassischen Arkaden und Kuppeln aus Tiffanyglas. Seit 2017 wird das Haus wieder als Theater genutzt.

⑧ Belasco Theatre
Karte J3 ▪ 111 West 44th St

Das Denkmal für David Belasco im neugeorgianischen Stil entstand im Jahr 1907. In der Dachmaisonette befanden sich die Privaträume des Impresarios.

⑨ Lunt-Fontanne Theatre
Karte J3 ▪ 205 West 46th St

Ein Teil vom Dach des einstigen Globe (1910) lässt sich für Open-Air-Aufführungen entfernen.

⑩ Winter Garden Theatre
Karte J3 ▪ 1634 Broadway

Das ehemalige American Horse Exchange (1885) wurde im Jahr 1910 von den Shuberts erworben und 1922 umgebaut. Von 2001 bis 2013 stand *Mamma Mia!* auf dem Programm. Derzeit wird *The Music Man* aufgeführt.

Geschichte der New Yorker Theater

Oscar Hammerstein

Das 1732 in Lower Manhattan errichtete New Theatre gilt als das älteste Theater New Yorks. Die Theaterszene der Stadt verlagerte sich nach und nach in die Bowery, dann zum Astor Place, zum Union Square und zum Herald Square. Nach der Eröffnung von Oscar Hammersteins Olympia Theatre am Broadway im Jahr 1895 fasste sie Fuß am Longacre Square, dem heutigen Times Square. In den folgenden drei Jahrzehnten entstanden etwa 85 Theater. Viele besaßen großartige, von Architekten wie Henry Herts und Hugh Tallant gestaltete Beaux-Arts-Ausstattung. Tallant entwarf Kragbalkone, für die keine Säulen benötigt wurden. Impresarios wie die Shuberts und die Chanins »demokratisierten« den Theaterbesuch, indem sie die Klassenunterschiede zwischen Balkon und Parkett durch gleiche Eintrittspreise für alle aufhoben. Mehr als 40 dieser schönen alten Theater wurden durch moderne Bauten ersetzt. Die restlichen haben glücklicherweise den Rang anerkannter Baudenkmäler.

Broadway-Klassiker

1 *The Phantom of the Opera*
2 *Jersey Boys*
3 *Chicago*
4 *The Lion King*
5 *Mamma Mia!*
6 *Rent*
7 *Annie*
8 *Wicked*
9 *Hello, Dolly!*
10 *Hamilton*

Das Broadhurst Theatre (1917), erbaut nach Plänen von Herbert J. Krapp, zählt zu den populärsten Bühnen der Shubert Organization.

TOP10 ⭐ Central Park

New Yorks rund 340 Hektar große grüne Lunge bietet jährlich geschätzten 38 Millionen Besuchern Erholung in schöner Umgebung. Der 1858 von Frederick Law Olmsted und Calvert Vaux entworfene Park entstand in 19 Jahren. Über 500 000 Bäume und Sträucher wurden gepflanzt, Unmengen von Steinen und Erde für Hügel, Seen und Wiesen umgewälzt und mehr als 30 Brücken und Bogen errichtet.

1 Great Lawn

In den Sommermonaten locken kostenlose Konzerte der Met und der New Yorker Philharmoniker bis zu 100 000 Menschen auf die fünf Hektar große Rasenfläche *(oben)*.

2 Belvedere Castle

Die »Burg« *(unten)* bietet eine grandiose Aussicht. Das Henry Luce Nature Observatory im Gebäude zeigt Ausstellungen über die Fauna und Flora im Central Park.

3 Bethesda Terrace

Die The Ramble und The Lake überblickende Terrasse mit Springbrunnen *(oben)* bildet den Mittelpunkt des Parks. Das Women's Rights Pioneers Monument auf der angrenzenden Allee wurde 2020 aufgestellt.

4 The Ramble

Das Areal (15 ha), ein Paradies für Vogelfreunde, liegt auf der atlantischen Vogelflugroute. Über 270 Vogelarten wurden im Central Park gesichtet, u. a. die Purpur-Grackel und verschiedene Arten der Gattung Grasmücke.

⑤ Reservoir

Dies ist mit rund 40 Hektar der größte der fünf Seen im Park *(oben)*. Auf dem Conservatory Water liefern sich oft Modellboote spannende Rennen.

Gestaltung des Central Park

Bei seinem ersten Landschaftsprojekt schuf Frederick Law Olmsted anstelle der sonst üblichen formal strengen Anlagen Landschaften, deren ruhige Lieblichkeit und malerische Rauheit spannende Kontraste erzeugen. Eine dichte Bepflanzung grenzt das Areal vom Stadtgebiet ab. Der Central Park war Vorbild für spätere Landschaftsparks. Olmsted wurde der produktivste Gartenarchitekt der USA.

⑨ Strawberry Fields

Die Gartenanlage schuf Yoko Ono zum Gedenken an John Lennon, der in den nahen Dakota-Apartments gewohnt hatte. Spenden für die Gedenkstätte kommen aus der ganzen Welt.

⑩ Conservatory Garden

In der französischen Gartenanlage sprudeln Brunnen. Am bezauberndsten ist das Areal im Frühjahr während der Blütezeit.

⑥ Central Park Zoo

Die Tierschutzeinrichtung ist zugleich ein fantasievoller Zoo. Sie präsentiert drei Klimazonen (polar, gemäßigt, tropisch) und mehr als 100 Tierarten, u. a. Robben, Affen und Pinguine.

⑧ Delacorte Theater

Das Public Theater New York zeigt jeden Sommer zwei Produktionen unter dem Motto »Shakespeare in the Park«. Weitere Unterhaltung bietet SummerStage mit Musik und Tanz.

Hans-Christian-Andersen-Statue ⑦

Im Sommer werden an der Statue *(rechts)* Kindergeschichten erzählt. Es gibt auch Natur-Workshops, ein Karussell und ein Marionettentheater.

Infobox

Karte D3 – H3 ▪ von 59th St bis 110th St zwischen Fifth Ave & Central Park West ▪ Subway-Linien 1, 2, 3, B & C (Westseite), 4, 5 & 6 (Ostseite), A, B, C, D, 1, N, R & Q (Südseite) ▪ www.centralparknyc.org

▪ tägl. 6 – 1 Uhr

▪ Das Loeb Boathouse Express Café bietet Erfrischungen und Snacks, das Restaurant serviert Gourmetküche.

▪ Gehen Sie zuerst zum Besucherzentrum im vik-torianisch-gotischen Dairy. Erkundigen Sie sich dort nach kostenlosen Führungen und Natur-Workshops.

▪ Im Loeb Boathouse kann man Fahrräder und (Ruder-) Boote leihen. Am Wollman Rink befindet sich ein Rollschuhverleih.

⭐ Metropolitan Museum of Art

Das Kunstmuseum zählt zu den größten der Welt. Es vereint höchst unterschiedliche Sammlungen. Die Werke umspannen 5000 Jahre Kulturgeschichte. Als das Museum 1870 gegründet wurde, besaß es drei europäische Sammlungen und 174 Gemälde. Nach mehreren Erweiterungen umfassen die Bestände über zwei Millionen Objekte.

1 Europäische Malerei

2500 Werke alter Meister und europäische Malerei des 19. Jahrhunderts bilden eine der weltgrößten Kunstsammlungen. Gezeigt werden Werke u. a. von Rembrandt und Vermeer sowie von Impressionisten und Postimpressionisten.

Ägyptische Kunst 2

Die Sammlung, eine der größten außerhalb Ägyptens, zeigt Masken, Mumien, Statuen und das Perneb-Grab. Der Dendur-Tempel (um 15 v. Chr.) wurde so aufgebaut, wie er einst am Nilufer stand *(rechts)*.

3 Michael C. Rockefeller Wing

Inkamasken *(oben)*, präkolumbische Gold- und Tonarbeiten aus Mexiko und Peru sowie Kunst vom Hof von Benin zählen zu den 1600 Exponaten, die 3000 Jahre umspannen.

Amerikanische Kunst 4

Zur Sammlung gehören u. a. Tiffanyglas sowie Gemälde und Skulpturen aus dem 17. bis 20. Jahrhundert *(rechts)*.

5 Robert Lehman Collection

Die außergewöhnliche Privatsammlung beinhaltet neben Werken von europäischen Künstlern wie Meistern der Renaissance und Fauvisten auch Keramiken und Möbel.

⑥ Costume Institute

Die Säle mit Damenmode vom Ballkleid bis zum Minirock und Männerkleidung von französischer Hofmode *(links)* bis in die heutige Zeit sind ein wahrer Besuchermagnet.

⑨ Asiatische Kunst

Die umfassendste asiatische Sammlung in den USA birgt Malerei, Skulpturen, Keramiken und Textilkunst.

⑩ Lila Acheson Wallace Wing

Die Sammlung zeigt Kunst, Skulpturen und Design des 20. Jahrhunderts mit Werken von Picasso und Matisse bis Émile-Jacques Ruhlmann und Jackson Pollock.

⑦ Europäische Skulpturen & Dekorative Kunst

Die Abteilung zeigt die Kunstentwicklung in Westeuropa mit französischen und englischen Stilinterieurs, Tapisserien und Skulpturen von Rodin und Degas *(rechts)*.

⑧ Iris and B. Gerald Cantor Roof Garden

Von Mai bis Oktober dient der Dachgarten für Wechselausstellungen mit zeitgenössischen Skulpturen. Zudem kann man bei einer Erfrischung den Blick auf den Central Park und die Skyline New Yorks genießen.

Legende
- Erdgeschoss
- Erster Stock
- Zweiter Stock

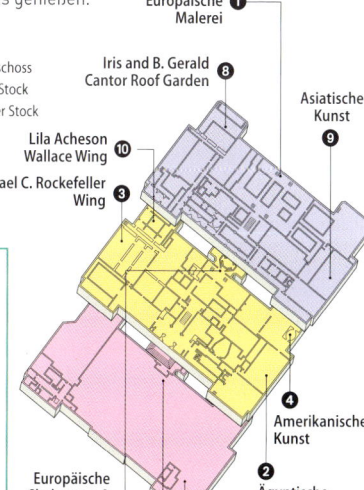

Europäische Malerei ❶

Iris and B. Gerald Cantor Roof Garden ❽

Asiatische Kunst ❾

Lila Acheson Wallace Wing ❿

Michael C. Rockefeller Wing ❸

Amerikanische Kunst ❹

Ägyptische Kunst ❷

Europäische Skulpturen & Dekorative Kunst ❼

Costume Institute ❻

Robert Lehman Collection ❺

Infobox

Karte F3 ▪ 1000 5th Ave ▪ Subway: 86th Street ▪ +1-212-535-7710 ▪ www.metmuseum.org

▪ Do – Di 10 – 17.30 Uhr (Fr & Sa bis 21 Uhr); die Ausstellungssäle sind 15 Min. vor Schließung zu verlassen

▪ Eintritt: Erwachsene 30 $, Senioren (ab 65 Jahre) 22 $, Studenten 17 $, Kinder unter 12 Jahren frei

▪ Wer wenig Zeit hat, sollte den Fokus auf europäische Malerei, ägyptische Kunst und amerikanische Kunst legen.

▪ Abends und am Wochenende herrscht weniger Andrang.

Gemälde

(1) Selbstporträt
Rembrandt (1606–1669) schuf alle zehn Jahre ein Selbstporträt. In dieser Studie zeigt der damals 54-Jährige das Alter auf überaus ehrliche Weise.

(2) Blick auf Toledo
Dunkle Wolken prägen die unheimliche Stimmung des eindrucksvollen Gemäldes von El Greco (1541–1614). Es zeigt Toledo, bis 1561 Hauptstadt des spanischen Reichs.

(3) Junge Frau mit Wasserkanne am Fenster
Das von 1660 bis 1667 entstandene Werk zeigt den höchst subtilen und sensiblen Umgang des holländischen Meisters Vermeer (1632–1675) mit Licht.

Die Kornernte (1565), Brueghel

(4) Die Kornernte
Eines der fünf verbliebenen, bestechend realistischen Monatsbilder von Pieter Brueghel d. Ä. (um 1525–1569) steht für die meisterhafte Darstellung von Licht und Details.

(5) Madame X
Die Dame, die John Singer Sargent (1856–1925) porträtierte, kam in den USA zur Welt, lebte in Frankreich und heiratete dort einen Bankier. Im Paris der 1880er Jahre wurde sie für ihre Schönheit verehrt.

(6) Garten in Sainte-Adresse
In dem Badeort am Ärmelkanal verbrachte Claude Monet (1840–1926)

Garten in Sainte-Adresse (1867), Monet

den Sommer 1867. Das Gemälde vereint mit brillanten Farben und komplexem Pinselstrich Illusion und Realität. Es dokumentiert beispielhaft die herausragende Stellung Monets für den Impressionismus.

(7) Gertrude Stein
Pablo Picasso (1881–1973) schuf das Porträt mit 24 Jahren. Es zeigt Einflüsse afrikanischer, römischer und iberischer Plastik und markiert eine Stilwende von den vertikal gestreckten Figuren seiner frühen Jahre hin zu kubistischen Formen.

(8) Die Kartenspieler
Paul Cézanne (1839–1906) ist vornehmlich für Landschaften und Stillleben bekannt. Er war von den in ihr Kartenspiel vertieften Bauern fasziniert. Das Werk zeigt die melancholische Konzentration der Spieler.

(9) Zypressen
Vincent van Gogh (1853–1890) schuf das Bild 1889 kurz nach Verlassen der Anstalt in Saint-Rémy. Typisch für diese Periode ist der dynamische pastose Farbauftrag.

(10) Cow's Skull: Red, White, and Blue
Georgia O'Keeffe (1887–1986), eine Pionierin der amerikanischen Moderne, lebte 40 Jahre lang in Mexiko. Der verwitterte Schädel in dem Gemälde steht für die ewige Schönheit der Wüste.

The Cloisters

Elisabethschrein

Seit 1938 zeigt das Metropolitan Museum of Art nicht nur im Hauptgebäude eine mittelalterliche Sammlung, sondern auch in The Cloisters im Fort Tyron Park im nördlichen Manhattan. In den Komplex wurden u.a. Teile von fünf mittelalterlichen Kreuzgängen sowie von Klöstern aus Südfrankreich integriert. Ausgestellt sind u.a. romanische und gotische Architekturelemente, Handschriften, Tapisserien, Glasmalerei, Kunst aus Emaille, Glas und Elfenbein sowie Gemälde. Die Gärten sind eine Oase der Ruhe. John D. Rockefeller Jr. *(siehe S. 17 & S. 46)* war größter Finanzgeber für den Bau der Anlage und stiftete Objekte aus seiner Sammlung. Besucher erreichen The Cloisters mit der Subway-Linie A bis 190th Street.

Highlights in The Cloisters

1 **Gotische Kapelle**

2 **Boppard-Saal**

3 **Mérode-Triptychon, Mariä Verkündigung**

4 *Neun Helden*, **Tapisserien**

5 *Die Jagd des Einhorns*, **Tapisserien**

6 **Treasury (Schatzkammer)**

7 **Elisabethschrein**

8 **Heilige Jungfrau**

9 **Altarengel**

10 **Mittelalterliche Gärten**

Die mittelalterlichen Gärten in The Cloisters sind ein Ort der Ruhe und Besinnlichkeit.

TOP10 ★ Solomon R. Guggenheim Museum

Allein das 1959 von Frank Lloyd Wright entworfene spiralförmige Gebäude ist sehenswert. Die ursprüngliche Sammlung abstrakter Kunst von Solomon R. Guggenheim wurde durch etliche bedeutende Schenkungen ergänzt. Das Museum zeigt Werke von weltbekannten Künstlern wie Gauguin, Chagall, Kandinsky, van Gogh, Mondrian, Picasso und Miró. Zu sehen ist immer nur ein Teil des reichhaltigen Bestands, die Hauptgalerie wird für Wechselausstellungen genutzt.

① Büglerin
Picassos frühe Werke verraten viel Verständnis für die Arbeiterschicht: Die kalten Weiß- und Grautöne und die eckigen Konturen der Leinwandarbeit (1904) lassen die Figur als Symbol für das Leiden der Armen erscheinen.

② Schwarze Linien
Kandinsky wollte mit den bunten Ovalen und kraftvollen Strichen beim Betrachter eine bestimmte Reaktion provozieren. *Schwarze Linien*, 1913 entstanden, ist eines seiner bekanntesten Werke.

③ Berglandschaft bei Saint-Rémy
Van Gogh erholte sich von einer Nervenkrankheit, als er dieses Bild *(unten)* im Juli 1889 – ein Jahr vor seinem Selbstmord – malte. Das Gemälde zeigt den kleinen Gebirgszug der Alpilles in Südfrankreich, den er von der Heilanstalt aus sehen konnte.

Das beeindruckende Museumsgebäude

④ Vor dem Spiegel
Édouard Manet sorgte mit seinen Gemälden von Prostituierten beim Pariser Bürgertum für einen handfesten Skandal. Die intime Szene mit einer spärlich bekleideten Frau zeigt wohl eine Schauspielerin.

⑤ Paris, durchs Fenster gesehen
Das Gemälde, das Marc Chagall 1910 nach seinem Umzug von Russland nach Paris schuf, zeigt seinen avantgardistischen Stil. Der Eiffelturm im Hintergrund steht als Symbol für Paris und die Moderne.

⑧ Stillleben: Flasche, Glas und Krug

Paul Cézannes Spätstil, der auf dem Spiel mit Oberfläche und Tiefe basiert, ist bei diesem Gemälde von 1877 *(links)* sehr schön zu sehen. Sein Umgang mit Raum macht ihn zu einem Vorläufer des Kubismus.

⑨ White Vertical Water

Die monochrome, reliefartige Assemblage der Bildhauerin Louise Nevelson (1899–1988) versinnbildlicht die weiße Gischt herabstürzender Wasserfälle.

⑥ L'Hermitage à Pontoise

Die unsentimentale Wiedergabe des Dorfs, in dem Camille Pissarro zwischen 1866 und 1883 immer wieder lebte, betont Licht und Schatten. Einigen Malern erschien die Darstellung der Bewohner vulgär.

⑦ Frau mit gelbem Haar

In dem Porträt (1931) hebt Picasso den Körper und die goldenen Locken seiner Geliebten Marie Thérèse hervor. Die durchgehende, gebogene Linie von der Stirn bis zur Nase ist für Picassos Bilder von seiner Muse typisch.

Frank Lloyd Wright

Frank Lloyd Wright (1867–1959) war einer der bedeutendsten Architekten seiner Zeit. Er wurde vor allem durch seine »organische Architektur« bekannt. Natürliche Formen und offene, luftige Innenräume waren typische Elemente seiner Arbeit und wurden auf der ganzen Welt imitiert. Das Guggenheim Museum war eines seiner letzten Projekte. Wright war von seiner Idee der Spirale derart besessen, dass er auf den Einwand, die Wände seien für manche Kunstwerke zu niedrig, meinte: »Dann schneidet die Bilder durch.«

Infobox

Karte E4 ■ 1071 Fifth Avenue Ecke 89th St
■ Subway: 86th Street ■ +1-212-423-3500
■ www.guggenheim.org

■ Do – Di 11–18 Uhr (Sa bis 20 Uhr)

■ Erwachsene 25 $, Senioren (ab 65 Jahre) & Studenten 18 $, Kinder unter 12 Jahren frei

■ In der 3. Etage des Nebengebäudes kann man sich im Cafe 3 stärken.

■ Die Ausstellungen sind oft vom Erdgeschoss aus aufsteigend angeordnet. Die Besichtigung erfolgt aber am besten von oben (Lift nehmen!) nach unten.

■ Über Audioguides erhält man Informationen über die Architektur von Wright und die Dauerausstellung des Museums.

⑩ Haere Mai

Gauguin unternahm 1891 seine erste Tahiti-Reise. Dort entstand die Dorflandschaft *(unten)*. Die Farben und abgeflachten Formen zeigen die von Gauguin angestrebte Schlichtheit.

TOP10 ⭐ American Museum of Natural History

Ein Besuch des Museums mit Dinosauriern, lebensgroßen Tierdioramen und anderen Naturwundern ist für die meisten New Yorker ein typisches Kindheitserlebnis. Das Gebäude des 1869 gegründeten Museums erstreckt sich über vier Häuserblocks. Viele der rund 34 Millionen Exponate in den über 40 Ausstellungssälen sind einzigartig. Im Hayden Planetarium im Rose Center for Earth and Space *(siehe S. 42f)* kann man im Space Theater mit 429 Sitzplätzen Weltraumshows sehen.

Dinosaurier & Fossilien

Die auf verschiedene Säle verteilte Sammlung ist die weltweit größte. Zu den riesigen Dinosaurierskeletten gehören ein Barosaurus, ein Titanosaurus und ein fast vollständiger Tyrannosaurus Rex *(rechts)*.

2 Säugetiere

Die nach Kontinenten geordneten Dioramen zeigen lebensgroße Tiere in nachgebildeten natürlichen Lebensräumen. Hauptsäle sind die Akeley Hall of African Mammals und die Hall of Asian Mammals.

3 Milstein Hall of Ocean Life

Die Ausstellung zeigt Meeresbewohner in Dioramen. In der Halle steht das 29 Meter lange Modell eines Blauwals *(unten)*.

4 Hall of Asian Peoples

Artefakte, Kunstwerke, Kleidung und Dioramen des Alltagslebens zeigen Bräuche in China, Korea, Indien, Japan und anderen Teilen Asiens.

5 Hall of African Peoples

Exponate wie Masken, zeremonielle Kostüme, Werkzeuge und Musikinstrumente veranschaulichen das kulturelle Erbe der Völker des gesamten afrikanischen Kontinents.

6 Northwest Coast Hall

Der für die imposanten Totempfähle bekannte Saal ist seit 2022 wieder geöffnet. Er wurde in Absprache mit Vertretern der Nordwestküstenkulturen umgestaltet.

7 Spitzer Hall of Human Origins

Der Saal präsentiert den »Stammbaum« der Evolution mit lebensgroßen Darstellungen früher Hominiden.

⑧ Hall of Biodiversity

In dem 1998 eröffneten Bereich widmet sich das Museum dem Naturschutz. Zu sehen gibt es die 30 Meter lange Ausstellung Spectrum of Life *(links)* mit rund 1500 Exponaten zur biologischen Vielfalt sowie ein immersives Regenwald-Diorama.

Legende
- 🟥 Erdgeschoss
- 🟨 Erster Stock
- 🟪 Zweiter Stock
- 🟦 Dritter Stock
- 🟧 Rose Center

Dinosaurier & Fossilien ❶

Säugetiere ❷

Hall of Birds of the World ❿

Hall of Asian Peoples ❹

Meteoriten, Mineralien & Edelsteine ❾

Hall of African Peoples ❺

❼ Spitzer Hall of Human Origins

❻ Northwest Coast Hall

❸ Milstein Hall of Ocean Life

❶ Dinosaurier & Fossilien

❽ Hall of Biodiversity

Infobox

Karte F2 ▪ 200 Central Park West Ecke 79th Str ▪ Subway: 81st Street-Museum of Natural History oder 79th Street ▪ +1-212-769-5100
▪ www.amnh.org
▪ tägl. 10 – 17.30 Uhr
▪ Eintritt: Erwachsene 23 $, Senioren (ab 60 Jahre) & Studenten 18 $, Kinder (bis 12 Jahre) 13 $, unter 3 Jahren frei; zusätzliche Gebühren für Sonderausstellungen, Filme oder Weltraumshows

▪ Im Museum gibt zwei Cafés und einen Food Court.

⑨ Meteoriten, Mineralien & Edelsteine

In der Ross Hall of Meteorites ist u. a. der 34 Tonnen schwere Cape-York-Meteorit zu sehen. Die neuen Mignone Halls of Gems and Minerals beherbergen atemberaubende Minerale wie den 563-karätigen Saphir »Star of India« *(rechts)*.

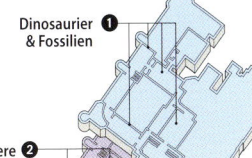

⑩ Hall of Birds of the World

Zwölf Dioramen zeigen Vögel, die sich an außergewöhnliche Lebensräume in verschiedenen Regionen der Welt angepasst haben.

Rose Center for Earth and Space

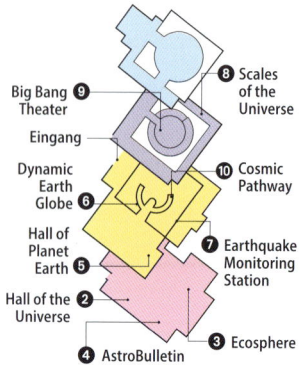

⑤ Hall of Planet Earth

Geologische Exponate aus der ganzen Welt sowie Videos erklären die Entstehung der Erde und ihre Entwicklung bis heute.

Hall of Planet Earth

① Gebäude

Der riesige Glaskubus ist der Erkundung der Erde und des Universums gewidmet. Der Bau aus dem Jahr 2000 beinhaltet die dreistöckige, 27 Meter breite Ausstellungsfläche des Hayden Planetarium.

Hall of the Universe

② Hall of the Universe

Die nach Universum, Galaxien, Sternen und Planeten unterteilten Objekte behandeln Entdeckungen der modernen Astrophysik. Digitale Waagen zeigen das Gewicht der Besucher auf Saturn, Jupiter und Sonne.

③ Ecosphere

Eine geschlossene Glaskugel in der Hall of the Universe präsentiert ein sich selbst erhaltendes Ökosystem, dessen Energiebedarf nur von der Sonne gedeckt wird. Die Ausstellung dokumentiert Grundlagen des Lebens auf der Erde.

④ AstroBulletin

Die hochauflösende Leinwand zeigt aktuelle Bilder von Teleskopen und NASA-Missionen.

⑥ Dynamic Earth Globe

Der Globus über einem Rundtheater in der Hall of Planet Earth besitzt ein Projektionssystem, mit dem der Blick vom All auf die rotierende Erde simuliert wird.

⑦ Earthquake Monitoring Station

Auf Bildschirmen wird gezeigt, wie Erdbeben ihre Wirkung entfalten. Zu sehen ist außerdem, wie Wissenschaftler arbeiten und forschen.

⑧ Scales of the Universe

Auf dem Rundgang zeigen Modelle das Größenverhältnis von kosmischer, menschlicher und mikroskopischer Materie – von Galaxien, Sternen und Planeten über das menschliche Gehirn bis hin zu den Atomen.

⑨ Big Bang Theater

Durch Glasböden ist eine multisensorische Darstellung der ersten Bewegungen des Universums zu sehen. Die Erläuterungen spricht Liam Neeson.

⑩ Cosmic Pathway

Der über 110 Meter lange Spiralweg führt mit astronomischen Bildern durch 13 Milliarden Jahre Entwicklung des Weltalls.

Hayden Planetarium

Eingang zum Rose Center for Earth and Space

Das Hayden Planetarium markiert einen gewaltigen Fortschritt in Astronomie und Astrophysik: Das ausgereifte Digital Dome System ist der leistungsstärkste hochauflösende Virtual-Reality-Simulator, der je gebaut wurde. Die Veranstaltungen im Space Theater mit 429 Sitzplätzen entführen die Zuschauer auf einen virtuellen Flug durch ein exakt wissenschaftlich gestaltetes Universum. Da die Vorstellungen äußerst beliebt sind, empfiehlt es sich, Tickets weit im Voraus zu bestellen. In der spektakulären Show *Worlds Beyond Earth* erleben Besucher eine epische Reise durch Zeit und Raum am nächtlichen Himmel.

Highlights

1 Milchstraßenmodell

2 Weltraumshows wie *Worlds Beyond Earth*

3 Tiefenstudie der Galaxien

4 Zeiss-Sternenprojektor

5 Aktuelle Planetendaten der NASA

6 Astronomy Live

7 Digital Universe Atlas über den Kosmos

8 Kontinuierliche Berechnung von Sternenpositionen

9 Digital Dome System mit einer 20 Meter breiten halbkugelförmigen Kuppel

10 Simulationen aktueller Ereignisse

Worlds Beyond Earth, die Show im Hayden Planetarium, begeistert mit eindrucksvollen Effekten.

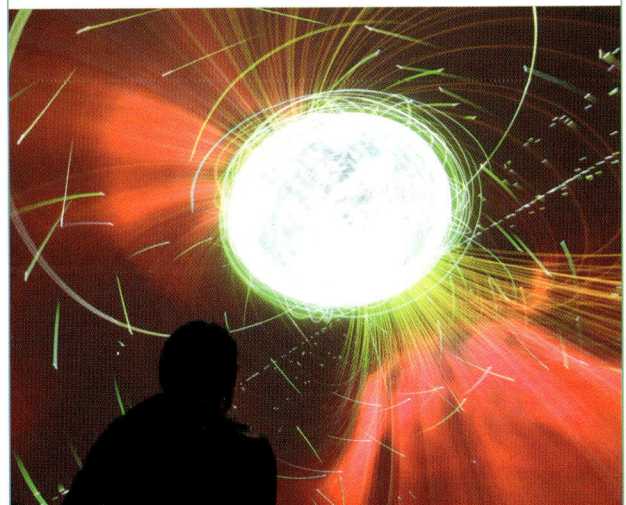

Themen

St. Patrick's Cathedral in Lower Manhattan

⊞ Bedeutende Persönlichkeiten

1 Peter Stuyvesant
Der Gouverneur wurde 1647 in die Neue Welt geschickt, um Neu-Amsterdam zu regieren. Stuyvesant (um 1612–1672) war so unbeliebt, dass die Kolonisten die britische Besetzung begrüßten.

2 Alexander Hamilton
Der Revolutionsführer und erste Finanzminister der USA (1755–1804) trug mit seiner wirtschaftsfreundlichen Politik dazu bei, dass New York zum Finanzzentrum des Landes aufstieg. Alexander Hamilton starb bei einem Duell mit seinem politischen Gegner Aaron Burr und ist auf dem Friedhof der Trinity Church begraben.

Alexander Hamilton

3 Elizabeth Jennings Graham
Als die afroamerikanische Lehrerin Graham (1827–1901) 1854 in eine Straßenbahn für Weiße stieg, zwangen sie der Schaffner und die Polizei mit Gewalt, die Bahn zu verlassen. Graham verklagte erfolgreich die Third Avenue Railroad Company, den Schaffner und den Fahrer. Der Fall war der erste Schritt zur Beendigung der Rassentrennung im öffentlichen Nahverkehr der Stadt.

Elizabeth Jennings Graham

4 Jacob Riis
Der renommierte Sozialreformer, Autor und Fotograf Riis (1849–1914) war über die Lebensbedingungen der Einwanderer entsetzt. Jacob Riis illustrierte seine Artikel mit Fotos aus Mietskasernen. Damit schockierte er 1888 die Mittelklasse und zwang sie zum Handeln.

5 John Davison Rockefeller Jr.
Dank der Freigiebigkeit von John D. Rockefeller Jr. (1874–1960) entstanden viele Wohnungen in Harlem, in der Bronx und in Queens. Zudem wurden der Fort Tryon Park und The Cloisters angelegt sowie das Grundstück für das UN-Gebäude zur Bebauung freigegeben. Der Bau des Rockefeller Center *(siehe S. 16–19)* beschäftigte während der Weltwirtschaftskrise eine große Zahl von Arbeitern.

6 Fiorello Henry LaGuardia
LaGuardia (1882–1947) gilt als der beste Bürgermeister in der Geschichte New Yorks. Nach seiner Wahl 1934 modernisierte und zentralisierte er die Stadtverwaltung, reformierte die Abfallentsorgung, vereinheitlichte den öffentlichen Nahverkehr und beschaffte Bundesgelder. Als Mann des Volkes verlas er während eines Zeitungsstreiks im Radio Nachrichten.

7 Robert Moses
Der Stadtplaner (1888–1981) war von den 1930er bis zu den 1950er Jahren für den Ausbau und die Verbesserung der Grünflächen verantwortlich. Er ließ allerdings auch etliche Autobahnen bauen, anstatt den öffentlichen Nahverkehr zu fördern, und verantwortete zahlreiche Hochhausbauten, die die Struktur ganzer Viertel zerstörten.

(8) Adam Clayton Powell Jr.

Powell (1908–1972) folgte 1937 seinem Vater als Pastor der Abyssinian Baptist Church nach. Er versuchte, die Ladenbesitzer in Harlem zu überzeugen, Afroamerikaner zu beschäftigen. Powell selbst war der erste Afroamerikaner, der in den Stadtrat gewählt wurde. Von 1945 bis 1961 saß er, wieder als erster Afroamerikaner, für den Staat New York im Kongress.

(9) Shirley Chisholm

1968 wurde Chisholm (1924–2005) als erste Afroamerikanerin in den Kongress der Vereinigten Staaten gewählt. Barack Obama ehrte sie 2015 posthum mit der Presidential Medal of Freedom. Im Prospect Park soll in naher Zukunft ein Denkmal für Chisholm errichtet werden.

(10) Alexandria Ocasio-Cortez

Als Ocasio-Cortez (geb. 1989) 2019 für den 14. Kongresswahlbezirk von New York, zu dem u. a. der Großteil von Queens und Bronx gehören, in das Repräsentantenhaus der Vereinigten Staaten gewählt wurde, war sie das jüngste weibliche Mitglied der Kammer. Sie gehört der Demokratischen Partei an.

Alexandria Ocasio-Cortez

Daten in New Yorks Geschichte

Minuit kauft Manhattan

1 Vor 1626
Das Gebiet, auf dem New York entstehen wird, ist die Heimat des indigenen Volks der Lenape / Delawaren, Lenapehoking.

2 1626
Der Seefahrer Peter Minuit erwirbt Manhattan von den Lenape für billigen Schmuck im Wert von 24 Dollar.

3 1664
Die Briten erobern das niederländische Manhattan. Aus Neu-Amsterdam wird New York.

4 1789
George Washington wird als erster US-Präsident in der Federal Hall vereidigt. New York ist die erste Hauptstadt der Vereinigten Staaten von Amerika.

5 1792
Die New Yorker Börse wird eröffnet. 24 Börsenhändler unterzeichnen unter einem Baum an der Wall Street die Vereinbarung. Die Stadt wird zum Finanzzentrum.

6 1886
Die Freiheitsstatue wird enthüllt. Sie gilt Millionen von Einwanderern als Symbol der Freiheit.

7 1898
Fünf Bezirke vereinen sich zu Greater New York, der weltweit zweitgrößten Stadt.

8 1931
Mit der Vollendung des Empire State Building wird New York die Hauptstadt der Wolkenkratzer.

9 1952
Die Stadt wird Hauptsitz der Vereinten Nationen.

10 2001
Terroristen zerstören mit entführten Flugzeugen das World Trade Center.

🔟 Museen

1 **Metropolitan Museum of Art**

Es würde mehrere Tage dauern, alle Schätze des riesigen Museums zu bewundern. Das »Met« besitzt u. a. eine Sammlung mit über 3000 europäischen Gemälden. Die Ausstellungen zu Griechenland, Rom, Zypern und Asien ziehen viele Besucher an. Auch die Joyce and Robert Menschel Hall for Modern Photography ist sehr beliebt *(siehe S. 34 – 37)*.

2 **American Museum of Natural History**

Die Sammlung des weltweit größten Museums dieser Art reicht von Dinosauriern bis hin zu chinesischer Kleidung und seltenen Edelsteinen. Neben den Shows im Planetarium des Rose Center werden im IMAX-Kino Filme gezeigt *(siehe S. 40 – 43)*.

3 **Museum of Modern Art**

Das MoMA wurde 2019 für 400 Millionen Dollar runderneuert und um mehr als 3700 Quadratme-

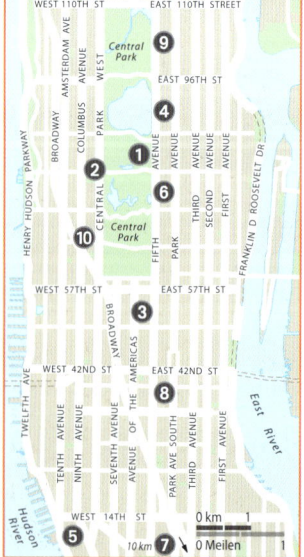

Museum of Modern Art

ter Ausstellungsfläche erweitert. Das Museum präsentiert eine der weltweit größten Sammlungen mit Kunst vom späten 19. bis 20. Jahrhundert, darunter Werke von Pablo Picasso, Vincent van Gogh und Andy Warhol *(siehe S. 132)*.

4 **Solomon R. Guggenheim Museum**

Das Guggenheim erweiterte seine Sammlung durch Schenkungen. Dazu zählen von Justin Thannhauser gestiftete Impressionisten, von Peggy Guggenheim überlassene kubistische, surrealistische, abstrakte und expressionistische Werke, eine Auswahl amerikanischer Konzeptkünstler sowie eine Sammlung mit Werken Kandinskys *(siehe S. 38f)*.

5 **Whitney Museum of American Art**

Das Museum bezog 2015 ein von Renzo Piano entworfenes Gebäude. Die Dauerausstellung bietet einen Überblick über die amerikanische Kunst des 20. Jahrhunderts, mit Werken von berühmte Künstlern wie Warhol, Hopper, O'Keeffe und Calder. Wechselausstellungen zeigen zeitgenössische Kunst *(siehe S. 109)*.

⑥ Frick Madison

Während der bis Ende 2023 andauernden Renovierung des Stammsitzes (1 East 70th St) ist die Kunstsammlung, die der Industrielle Henry Clay Frick (1849–1919) zusammentrug, im modernen Breuer Building zu sehen. Sie umfasst Gemälde alter Meister, französisches Mobiliar, Skulpturen und Objekte aus Limoges-Emaille. Zu den Highlights zählen Werke von Rembrandt, Vermeer, Frans Hals, Holbein, Tizian und Bellini *(siehe S. 138f)*.

Museum of the City of New York

⑦ Brooklyn Museum

200 Eastern Pkwy, Brooklyn ■ +1-718-638-5000 ■ Subway 2 & 3 bis Eastern Pkwy ■ Mi–So 11–18 Uhr, 1. Sa im Monat (außer Jan & Sep) 11–22 Uhr ■ Eintritt ■ www.brooklynmuseum.org

Die Dauerausstellungen in dem architektonisch interessanten Beaux-Arts-Gebäude bieten ein breites thematisches Spektrum – mit Kunstwerken aus Asien, Afrika (insbesondere Ägypten) und Amerika. Es finden auch Wechselausstellungen statt. Das Elizabeth A. Sackler Center for Feminist Art war die erste Einrichtung dieser Art in den Vereinigten Staaten.

⑨ Museum of the City of New York

Karte D4 ■ 1220 5th Ave Ecke 103rd St ■ +1-212-534-1672 ■ Do 10–21 Uhr, Fr–Mo 10–17 Uhr ■ Eintritt ■ www.mcny.org

Die Spielzeugsammlung ist ein Highlight. Wechselausstellungen widmen sich Mode, Architektur, Unterhaltung, Kultur, ethnischen Traditionen und der Sozialgeschichte. Ein Film dokumentiert die Entwicklung der Stadt New York.

⑩ American Folk Art Museum

Das Museum begleitet seit seiner Eröffnung 1961 die Kulturgeschichte der USA mit kritischem Blick. Die Dauersammlung, die sich in einem innovativ gestalteten Gebäude über acht Ebenen erstreckt, beinhaltet ausschließlich amerikanische Gemälde, Skulpturen, Quilts und Möbel. Es werden auch Wechselausstellungen präsentiert *(siehe S. 144)*.

Ägyptische Skulptur, Brooklyn Museum

⑧ Morgan Library & Museum

Karte K4 ■ 225 Madison Ave Ecke 36th St ■ +1-212-685-0008 ■ Di–So 10.30–17 Uhr (Fr bis 19 Uhr) ■ Eintritt (Fr ab 17 Uhr frei) ■ www.themorgan.org

Der *palazzo* im Stil der italienischen Renaissance entstand 1902 für die Sammlung des Milliardärs J. Pierpont Morgan – Bücher, Manuskripte sowie mehr als 10 000 Zeichnungen und Drucke von Künstlern wie da Vinci und Dürer. Das opulente Arbeitszimmer und die Bibliothek Morgans sind sehenswert. Es gibt auch Bereiche für Wechselausstellungen.

American Folk Art Museum

⟨TOP 10⟩ Kunstgalerien

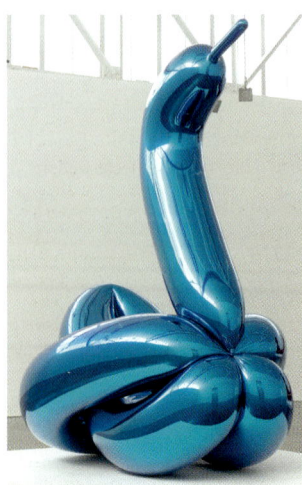

Balloon Swan, Skulptur von Jeff Koons, Gagosian

① Gagosian
Karte E4 ▪ 976 & 980 Madison Ave; 821 Park Ave ▪ +1-212-744-2313 ▪ Mo – Fr 10 –18 Uhr ▪ www.gagosian.com

Die exzellente Kunstgalerie bietet an sechs Standorten – drei in Uptown, drei in Chelsea *(siehe S. 124)* – Arbeiten von einflussreichen zeitgenössischen Künstlern wie Damien Hirst, Anselm Kiefer, Richard Serra, Jeff Koons und Cy Twombly. Die Preise der Werke sind dem Bekanntheitsgrad der Künstler entsprechend sehr hoch.

② Marlborough
Marlborough vertritt Künstler wie Larry River, R. B. Kitaj und Red Grooms. In den beeindruckenden Räumen in Chelsea *(siehe S. 124)* wurden bereits Arbeiten von Bildhauern wie Jacques Lipchitz und Anthony Caro präsentiert. Die Riege zeitgenössischer Maler, deren Werke bislang zur Ausstellung kamen, ist beeindruckend. Marlborough betreibt weitere Niederlassungen in London, Madrid und Barcelona.

③ David Zwirner
David Zwirner ist heute einer der größten Namen der Kunstszene. Seine Karriere begann 1993 mit einer Franz-West-Ausstellung in einer kleinen Galerie in SoHo. Seitdem kamen weitere Standorte in New York, London und Hongkong hinzu. Zwirner konzentrierte sich von Anfang an auf experimentelle Ausstellungen mit aufstrebenden Künstlern wie Stan Douglas, Diana Thater und Jason Rhoades. Die von Selldorf Architects entworfene Galerie in der 20th Street zeigt mit Sichtbeton und Teakholz eindrucksvolles modernes Design *(siehe S. 124)*.

④ Pace Prints
Die 1968 gegründete Galerie präsentiert Kunstdrucke von Werken aus dem späten 19. bis zur Mitte des 20. Jahrhunderts. Unter den Reproduktionen befinden sich viele großformatige Werke. Außerdem werden Fotografien, Skulpturen und Plastiken gezeigt. Im selben Gebäude

stellt die Galerie Pace African & Oceanic Art traditionelle Kunst aus Afrika, Ozeanien und Asien aus.

⑤ Sperone Westwater
Karte N4 ■ 257 Bowery ■ Di – Sa 10 –18 Uhr, Mo nach Vereinbarung ■ www.speronewestwater.com

Die Galerie präsentiert herausragende zeitgenössische Kunst. Sie wurde 1975 mit dem Ziel gegründet, europäische Künstler in den USA bekannt zu machen. 2010 bezog die Galerie das faszinierende moderne Gebäude mit gläserner Fassade in The Bowery, das von dem britischen Architekturbüro Foster + Partners entworfen wurde. Die Ausstellungen zeigten bereits Werke namhafter Künstler wie Bruce Nauman und Donald Judd.

The Drawing Center

⑥ The Drawing Center
Das gemeinnützige Zentrum zur Förderung der Zeichenkunst hat seit 1977 Werke von mehr als 2500 etablierten Meistern und aufstrebenden Künstlern ausgestellt, darunter die frühen Werke von Shahzia Sikander und Kara Walker. Außerdem gibt es jeden Monat diverse Veranstaltungen wie Buchpräsentationen und Diskussionen (siehe S. 105).

⑦ apexart
Karte P3 – 4 ■ 291 Church St ■ Di – Sa 11 –18 Uhr ■ www.apexart.org

Ziel der gemeinnützigen Einrichtung ist die Förderung kultureller und geistiger Vielfalt. Geboten werden Ausstellungen mit zeitgenössischer bildender Kunst, Vorträge, Lesungen, Workshops für Kinder und innovative Aufführungen. Jedes Jahr besichtigen über 17 000 Besucher in den Räumlichkeiten aktuelle Werke von Künstlern wie Dave Hickey, Martha Rosler und David Byrne.

⑧ Matthew Marks Gallery
Die Matthew Marks Gallery wurde 1994 in einer Garage als eine der ersten kommerziellen Galerien in Chelsea eröffnet. Sie ist auf berühmte Künstler wie Ellsworth Kelly, Jasper Johns, Nan Goldin und Brice Marden spezialisiert. In drei weiteren Filialen in Chelsea sind Arbeiten von Malern, Fotografen und Bildhauern zu sehen (siehe S. 124).

⑨ Paula Cooper Gallery
Die Galerie eröffnete 1968 als erste in SoHo, 1996 zog sie nach Chelsea um. Die riesigen, kreativ gestalteten Räume mit einer Decke, die das einfallende Tageslicht sehr effektvoll filtert, bieten der konzeptuellen und minimalistischen Kunst von Sol LeWitt, Donald Judd, Sophie Calle u. a. den perfekten Rahmen (siehe S. 124).

⑩ Kasmin
Paul Kasmin, Sohn eines kunstsinnigen Händlers aus London, führt die Familientradition fort und fördert junge Künstler, die er üblicherweise in Gruppenausstellungen präsentiert. Etablierteren Künstlern, auch Bildhauern und Fotografen, sind regelmäßig Einzelausstellungen gewidmet (siehe S. 124).

Shop der Galerie Kasmin

TOP 10 Wolkenkratzer

① Empire State Building

Das Empire State Building (1931) war bis zum Richtfest des One World Trade Center (2013) New Yorks höchstes Gebäude. Zuvor wurde es 28 Jahre lang vom World Trade Center überragt, bis dieses beim Terroranschlag vom 11. September 2001 zerstört wurde. Das Empire State Building zählt jährlich knapp vier Millionen Besucher, die u. a. den Blick vom Aussichtsdeck der 86. Etage genießen *(siehe S. 12f)*.

② Chrysler Building

Die funkelnde Edelstahlspitze des Chrysler Building ist eine wundervolle Zierde der New Yorker Skyline. William van Alen erbaute den Art-déco-Klassiker 1928 bis 1930 als Hommage an das Automobil mit einem Schmuckfries aus stilisierten Radnaben und silbernen Wasserspeiern *(siehe S. 127)*.

Woolworth Building

③ Woolworth Building

Das von Cass Gilbert entworfene, extravagante neugotische Gebäude wurde 1913 fertiggestellt. Fast zwei Jahrzehnte lang war es das höchste der Welt. Die aufwendige Terrakottaverzierung betont das Stahlskelett, das sich 60 Stockwerke hoch über dem Broadway erhebt. Der Marmor für die luxuriöse Verkleidung der kleinen Lobby stammt aus Vermont und Griechenland *(siehe S. 85)*.

④ Comcast Building

Karte J3 ▪ 30 Rockefeller Plaza, zwischen 50th & 51st St ▪ Lobby: tägl. 7 – 24 Uhr

Der von Raymond Hood entworfene, 70 Stockwerke hohe Wolkenkratzer, bis 2015 als GE Building bekannt, wurde von 1931 bis 1933 erbaut. Im Volksmund wird er »30 Rocks« genannt. Die Wirkung des Gebäudes mit der prägnanten Stufenkonstruktion beruht auch auf dem Höhenunterschied zum umliegenden Rockefeller Center *(siehe S. 16 – 19)*.

⑤ Flatiron Building

Das 21 Stockwerke hohe, fast dreieckige Gebäude fasziniert Betrachter seit der Errichtung 1902 durch Daniel Burnham. Aufgrund der ungewöhnlichen Form wurden

Spitze des Chrysler Building

Wetten abgeschlossen, ob es umkippen würde. Erfolgsrezept ist das Stahlskelett – ein Vorläufer des modernen Hochhausbaus (siehe S. 116).

6 Lever House

Das 24-stöckige Gebäude von Gordon Bunshaft war zur Zeit der Fertigstellung im Jahr 1952 revolutionär. Es besteht aus zwei Blöcken aus Glas und Stahl. Der untere liegt quer, der obere steht auf Säulen darüber. Der Bau markierte den Beginn der Ära der mit Glas verkleideten Hochhäuser an der Park Avenue (siehe S. 131).

7 Seagram Building
Karte J4 ■ 375 Park Ave, zwischen 52nd & 53rd St ■ Plaza & Lobby zu Bürozeiten geöffnet

Das erste Gebäude Mies van der Rohes in New York ist ein »Glaskasten« mit Bronzebändern in den Flächen aus Rauchglas, die sich über einem offenen Platz erheben. Die Materialien der von Philip Johnson gestalteten, mit Glas verkleideten Lobby verwischen die Trennung zwischen Innen und Außen.

Innen betreiben die Promiköche Mario Carbone und Rich Torrisi das Restaurant The Grill.

8 601 Lexington Avenue
Karte J4 ■ 601 Lexington Ave ■ Plaza & Lobby zu Bürozeiten geöffnet

Die dreieckige Spitze macht das Gebäude unverwechselbar. Der Wolkenkratzer steht auf vier Säulen. Die Fassade aus Glas und Aluminium verleiht ihm eine trotz der Größe leichte Gestalt.

9 56 Leonard Street
Karte P3 ■ 56 Leonard St Ecke Church St ■ für die Öffentlichkeit geschl.

Das höchste Gebäude in Tribeca sieht aus, als hätte man Jenga mit Glasbausteinen gespielt. Das Wohnhaus wurde vom Architekturbüro Herzog & de Meuron entworfen und im Jahr 2017 fertiggestellt.

10 One World Trade Center

Der auf dem als Ground Zero bezeichneten Gelände des am 11. September 2001 zerstörten World Trade Center erbaute Wolkenkratzer wurde 2014 vollendet und ist mit 541,3 Metern (1776 Feet) das höchste Bauwerk der USA. Die Höhe erinnert an die im Jahr 1776 erlangte Unabhängigkeit der Vereinigten Staaten von Amerika (siehe S. 80).

One World Trade Center

⏻10 Historische Gebäude

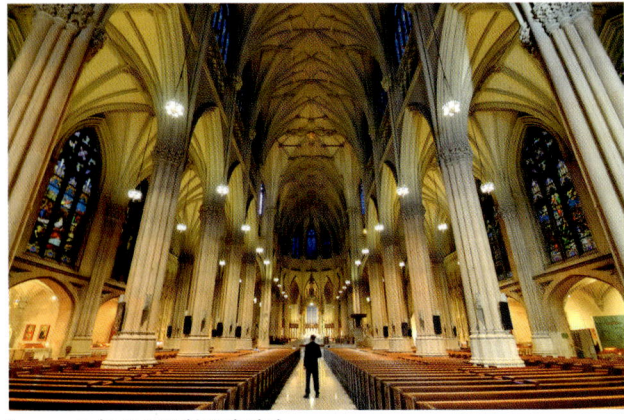

Innenraum der St. Patrick's Cathedral

1 St. Paul's Chapel
Waterford-Leuchter erhellen das schöne georgianische Innere der 1766 vollendeten Kirche. Das Gotteshaus birgt den Kirchenstuhl, in dem George Washington nach seiner Amtseinführung betete *(siehe S. 86)*.

2 City Hall
Das georgianische Bauwerk (1803–12) mit Anklängen an die französische Renaissance zählt zu den schönsten New Yorks. Innen säumen zehn korinthische Säulen die Rotunde mit der geschwungenen Doppeltreppe *(siehe S. 86)*.

City Hall, bekrönt von der Statue *Civic Fame*

3 Trinity Church
Die Bronzetüren (1839–46) entwarf Richard Morris Hunt. Die Turmspitze, einst die höchste Manhattans, wird heute von den Häusern der Wall Street überragt. Berühmte Personen wie Alexander Hamilton *(siehe S. 46)* und Robert Fulton sind in der Kirche begraben *(siehe S. 79)*.

4 St. Patrick's Cathedral
James Renwick Jr. gestaltete die 1879 geweihte, größte katholische Kathedrale der USA im gotischen Stil mit 100 Meter hohen Doppeltürmen. Die Kirche besitzt Heiligen geweihte Seitenaltäre, Heiligenfiguren, Kapellen und Buntglasfenster *(siehe S. 128)*.

5 Carnegie Hall
Andrew Carnegie finanzierte den ersten großen Konzertsaal der Stadt (1891). Bei der Renovierung 1986 wurden die bronzenen Balkone und die Schmuckfliesen restauriert, außerdem richtete man ein Museum ein. In den Korridoren befinden sich Andenken an die großen Künstler, die hier auftraten *(siehe S. 129)*.

6 Cathedral Church of St. John the Divine
Der Bau einer der größten Kathedralen der Welt, Sitz der Episcopal Diocese of New York, begann 1892 und ist bis heute unvollendet. Die Steinmetzarbeiten, das riesige Schiff, die Fenster im Altarraum und die Fensterrosette sind beeindruckend. In der Kirche finden auch Aufführungen von Avantgardetheater und -musik statt *(siehe S. 148)*.

⑦ New York Stock Exchange

Das 1903 eröffnete 17-stöckige Gebäude ist das Zentrum der US-Finanzwelt. Die mächtige Fassade spiegelt die Bedeutung der Börse wider. Die Figuren symbolisieren die »Quellen des amerikanischen Wohlstands«. Hier begann am »Schwarzen Freitag« 1929 die Weltwirtschaftskrise *(siehe S. 79)*.

⑧ Alexander Hamilton US Custom House

Das Dach des klassizistischen Baus (1907) ist kunstvoll gestaltet. Vier der Skulpturen schuf Daniel Chester French. Ein Wandgemälde von Reginald Marsh (1937) ziert die Rotunde *(siehe S. 79)*.

⑨ New York Public Library

Das aus weißem Marmor errichtete Beaux-Arts-Gebäude (1911) ist mit imposanten Treppen, Terrassen und Brunnen innen wie außen beeindruckend. Die Lesesäle sind regelmäßig Bühne für Vorträge und andere kulturelle Veranstaltungen *(siehe S. 128)*.

⑩ Grand Central Terminal

Das wunderschöne Bahnhofsgebäude aus dem Jahr 1913 besitzt eine von Tageslicht prachtvoll erhellte Haupthalle. Die Gewölbedecke ist mit glitzernden Sternenkonstellationen verziert *(siehe S. 127)*.

Lichtdurchflutete Haupthalle im Grand Central Terminal

Gotteshäuser

Temple Emanu-El

1 Temple Emanu-El
Karte G4 ▪ 1 East 65th St
Die größte Synagoge der Welt wurde 1929 errichtet.

2 St. George Ukrainian Catholic Church
Karte M4 ▪ 30 East 7th St
Der Baustil der Kirche der ukrainischen Gemeinde ist byzantinisch.

3 St. Nicholas Russian Orthodox Cathedral
Karte E4 ▪ 15 East 97th St
Fünf Zwiebelkuppeln zieren die russische Barockkirche.

4 St. Sava Serbian Orthodox Cathedral
Karte L3 ▪ 16 – 20 West 26th St
Die Kirche enthält byzantinische Fenster.

5 St. Vartan Armenian Cathedral
Karte K4 ▪ 630 2nd Ave
Armenische Kirchen waren Vorbild für die Goldblattkuppel.

6 St. Elizabeth of Hungary Church
Karte F4 ▪ 211 East 83rd St
Die neugotische Kirche besitzt ein bemaltes Deckengewölbe.

7 Holy Trinity Cathedral
Karte G5 ▪ 319 East 74th St
Der Sitz der Diözese entstand 1931 im byzantinischen Stil.

8 Zion St. Mark's Evangelical Lutheran Church
Karte F5 ▪ 339 East 84th St
Die Kirche von 1892 erinnert an das deutsche Viertel der Upper East Side.

9 First Chinese Presbyterian Church
Karte P5 ▪ 61 Henry St
Das Stein-Sanktuarium entstand 1819.

10 Islamic Cultural Center
Karte E4 ▪ 1711 3rd Ave Ecke 96th St
Von der Kuppel hängen 90 Kugeln herab.

TOP10 Unbekanntes New York

Blick auf Governors Island

schlendert man durch den Southpoint Park zu einem alten Leuchtturm.

⑤ New York Earth Room

Karte N4 ▪ 141 Wooster St ▪ Mitte Sep–Mitte Juni: Mi–So 12–15 Uhr, 15.30–18 Uhr ▪ www.diaart.org

Die moderne Installation von Walter De Maria lebt von dem starken Kontrast zwischen dem mit Erde (ca. 200 m³) gefüllten Raum und seiner Lage in einem der teuersten Gebäude in SoHo.

① Governors Island

Karte R2 ▪ New York Harbor ▪ Mai–Okt: Mo–Fr 10–18 Uhr, Sa, So 10–19 Uhr ▪ www.govisland.com

Mit der Fähre erreicht man die frühere Basis der US-Küstenwache im New Yorker Hafen in zehn Minuten. Die Überfahrt lohnt sich vor allem im Sommer, wenn die Insel Schauplatz für Konzerte und Festivals ist.

② Socrates Sculpture Park

Karte F6 ▪ 32-01 Vernon Blvd, Queens ▪ tägl. 9 Uhr bis Sonnenuntergang ▪ www.socratessculpturepark.org

In dem Skulpturenpark finden von der Sommersonnenwende bis Halloween viele kostenlose Events statt.

③ Green-Wood Cemetery

500 25th St, Brooklyn ▪ Apr–Sep: tägl. 7–19 Uhr; Okt–März: tägl. 8–17 Uhr ▪ www.green-wood.com

Auf dem schön gestalteten Friedhof wurden berühmte Persönlichkeiten wie Leonard Bernstein bestattet.

④ Roosevelt Island & Tramway

Karte H5

Eine Fahrt mit der Roosevelt Island Tramway genannten Seilbahn zu der kleinen Insel im East River ist ein tolles Erlebnis. Nach der Ankunft

⑥ Wave Hill

4900 Independence Ave, Riverdale, Bronx ▪ Di–So 10–16.30 Uhr (Mitte März–Okt: bis 17.30 Uhr) ▪ Eintritt ▪ www.wavehill.org

Das stattliche Anwesen mit den formalen Gärten wurde einst von Mark Twain und Theodore Roosevelt bewohnt. Es beherbergt heute ein Kulturzentrum.

⑦ Alice Austen House

2 Hylan Blvd, Staten Island ▪ März–Dez: Di–Sa 12–17 Uhr ▪ Eintritt ▪ www.aliceausten.org

Beim Betrachten der von Alice Austen angefertigten Fotografien begibt man sich auf eine Zeitreise. Die Fotografin zählt zu den Pionieren

Alice Austen House, Staten Island

dieses Genres in den USA. Das Museum auf Staten Island zeigt einige ihrer schönsten Arbeiten.

 Museum of the Moving Image

New York liegt weit von Hollywood entfernt, doch im Stadtteil Queens befindet sich eines der schönsten Filmmuseen der USA. Die Dauerausstellung zeigt alte Kameras und Fernsehgeräte. Highlight ist der interaktive Bereich, in dem man Filmszenen synchronisieren kann. Freitags ist der Eintritt von 16 bis 20 Uhr frei *(siehe S. 158)*.

Museum of the Moving Image

 Greenacre Park
Karte J4 ▪ East 51st St, zwischen 2nd & 3rd Ave ▪ www.greenacrepark.org

Der Wasserfall im Greenacre Park bietet in Midtown Manhattan einen außergewöhnlichen Anblick. Der schöne, wenig besuchte Park bezaubert mit vielen duftenden Pflanzen. Die Brise des acht Meter hohen Wasserfalls ist eine willkommene Erfrischung an einem heißen Tag.

 Red Hook
South Brooklyn ▪ www.redhookwaterfront.com

Vom Uferbereich des Viertels genießt man einen grandiosen Blick auf die Skyline von Manhattan und die Freiheitsstatue (von Manhattan und New Jersey aus sieht man die Statue nur von der Seite oder von hinten). Filialen von Red Hook Lobster Pound und Steve's Authentic Key Lime Pies bieten Stärkung.

Parks & Gärten

Blütenmeer im Madison Square Park

1 Madison Square Park
Karte L3 ▪ 5th Ave Ecke 23rd St
In dem Landschaftspark sind beeindruckende Kunstwerke zu sehen.

2 The High Line
Die Hochbahntrasse im Meatpacking District wurde in einen wunderschönen Park verwandelt *(siehe S. 121)*.

3 Bryant Park
Karte K3 ▪ 6th Ave, zwischen 41st & 42nd St
Der kleine formale Garten liegt hinter der New York Public Library.

4 Central Park
Die riesige Grünanlage gehört zu den berühmtesten Stadtparks der Welt *(siehe S. 32f)*.

5 91st Street Community Garden
Karte E2 ▪ Riverside Park, bis 91st St
Der Garten bezaubert mit Blütenpracht.

6 Hudson River Park
Karte N2 ▪ 59th St bis Battery Park
Der Hudson River Park ist der längste an einem Ufer verlaufende Park in den Vereinigten Staaten.

7 New York Botanical Garden
In dem über 100 Hektar großen Botanischen Garten gedeihen Pflanzen aus aller Welt *(siehe S. 155)*.

8 Cloisters' Gardens
Die bezaubernde Anlage birgt über 250 Arten von Pflanzen, die für mittelalterliche Gärten typisch waren *(siehe S. 37)*.

9 Battery Park
Karte R3 – 4 ▪ Südspitze Manhattans
Der Park bietet Blick auf den Hafen und die Freiheitsstatue.

10 John Jay Park
Karte F5 ▪ East 77th St Ecke FDR Dr
In der wundervollen Oase der Ruhe genießt man den Blick auf den East River.

TOP10 Kinder

Die Sportanlage Chelsea Piers

① Chelsea Piers
Karte L1 ▪ 23rd St Ecke Hudson River ▪ Mo –Do 5.30 –23 Uhr, Fr 5.30 –22 Uhr, Sa & So 8 –21 Uhr ▪ Eintritt ▪ www.chelseapiers.com
In der familienfreundlichen Sportanlage kann man u. a. bowlen, eislaufen, golfen und Baseball spielen.

② Central Park
Der Park bietet für Kinder Geschichtenerzähler, ein Karussell, Bootsfahrten und geführte Spaziergänge. Im Winter sind die Eislaufbahnen Wollman Rink und Lasker Rink geöffnet. Auch der Central Park Zoo lohnt den Besuch *(siehe S. 32f)*.

③ Children's Museum of Manhattan
In dem Museum macht Lernen Spaß. Die »Body Odyssey« lädt zur Erkundung eines riesigen Körpers ein. Im TV-Studio kann man Shows produzieren. Für Kinder unter vier Jahren gibt es einen eigenen Spielbereich *(siehe S. 144)*.

④ American Museum of Natural History
Die Dioramen mit Wildtieren in realistisch gestalteten Lebens-

räumen und die Dinosaurier begeistern Kinder. Auch die riesigen Meteoriten faszinieren. Das Rose Center spricht ältere Kinder und Teenager an *(siehe S. 40 – 43)*.

⑤ Brooklyn Children's Museum
Die interaktiven Ausstellungen widmen sich den Bereichen Geschichte, Wissenschaft und Umwelt sowie den zahlreichen Ethnien, die in Brooklyn anzutreffen sind. Die unterirdisch liegenden Räumlichkeiten sind hell und ansprechend gestaltet. Zu den rund 30 000 Exponaten zählen Masken, Musikinstrumente, Mineralien und Fossilien *(siehe S. 159)*.

⑥ New Victory Theater
Karte J3 ▪ 209 West 42nd St, zwischen 7th & 8th Ave ▪ Ticketschalter: Mo – Fr 10 –18 Uhr ▪ Eintritt ▪ www.newvictory.org
Das New Victory Theater widmet sich als erstes großes Theater New Yorks der Familienunterhaltung. Vor den Vorstellungen informieren Schauspieler in Workshops auf spannende Weise über die Arbeit in einem Theater.

Exponat im American Museum of Natural History

(7) Coney Island

Lange Zeit wurde Coney Island dem Verfall preisgegeben. Seit der Aufwertung durch ein Sanierungsprogramm locken auf der Insel u. a. der Luna Park *(siehe S. 159)* mit Riesenrad und anderen Fahrgeschäften und ein Sandstrand. An der Strandpromenade sorgen Spielarkaden, Unterhaltungskünstler und Verkaufsstände für buntes Treiben. Da sich die meisten Attraktionen im Freien befinden, besucht man Coney Island am besten im Sommer, allerdings herrscht dann an den Wochenenden großer Andrang.

Riesenrad auf Coney Island

(8) New York Transit Museum

Das Museum informiert auf spannende Weise über die U-Bahnen, Züge und Busse sowie die Brücken- und Tunnelsysteme New Yorks. Es präsentiert Modelle, Fotos, Karten, alte Zollschranken und einige interaktive Ausstellungen über Kraftstoffe *(siehe S. 159)*. Eine Filiale befindet sich am Grand Central Terminal *(siehe S. 132)*.

(9) Hafenrundfahrten

Karte Q4 ■ **Pier 16 im Seaport District NYC** ■ **Mai–Sep: Mi–So** ■ **Eintritt** ■ **www.southstreetseaport museum.org**

Eine Bootsrundfahrt im Hafen von Manhattan ist faszinierend. Am

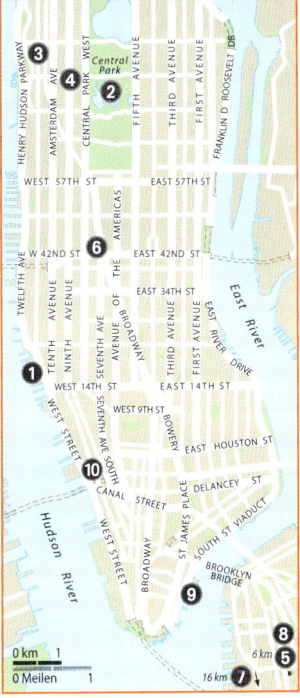

besten sticht man mit dem Schoner *Pioneer* von 1885 vom Seaport District NYC in See. Mittags dauern die Rundfahrten 90 Minuten, nachmittags und abends legt man für zwei Stunden ab.

(10) Children's Museum of the Arts

Die interaktiven Ausstellungen des Museums sind für Kinder eine willkommene Abwechslung vom Sightseeing. Junge Besucher können sich mit verschiedensten Materialien künstlerisch betätigen und sich im Spielbereich austoben. Kinder unter fünf Jahren haben in einer eigenen Abteilung die Möglichkeit, kreativ zu sein. Ausstellungen zeigen Kinderkunst aus anderen Ländern. Das Museum bietet auch ein abwechslungsreiches Programm mit Veranstaltungen für Kinder und Familien *(siehe S. 102)*.

🔟 LGBTQ+ Community

Stonewall Inn

① Stonewall Inn
Karte N3 ■ 53 Christopher St

In der Bar wehrte sich die LGBTQ+ Community am 28. Juni 1969 bei einer Razzia erstmals gegen die Polizei. Die anschließenden Aufstände gegen die Schikanen waren erfolgreich. Seit 2016 ist das Stonewall Inn nationale Gedenkstätte.

② Christopher Street
Karte N3

Ehe sich die Szene nach Chelsea und Hell's Kitchen verlagerte, war die Straße Zentrum der LGBTQ+ Community in Greenwich Village.

③ Leslie-Lohman Museum of Art
Karte P3 ■ 26 Wooster St ■ +1-212-431-2609 ■ Mi – So 12 –18 Uhr (Mi bis 17 Uhr) ■ Eintritt ■ www.leslielohman.org

Das Museum ist eines der ältesten in den Vereinigten Staaten, das sich der queeren Kunst widmet. Das Spektrum reicht von Fotografie über Videokunst bis zu Malerei.

④ Chelsea
Karte LM2 ■ 8th Ave, zwischen West 14th & West 23rd St

In dem bei der LGBTQ+ Community beliebten Stadtteil bevölkern Nachtschwärmer an den Wochenenden die Bars und Bürgersteige. Fast alle Cafés und Clubs sind der Szene verbunden.

⑤ Lesbian, Gay, Bisexual & Transgender Community Center
Karte M2 ■ 208 West 13th St ■ +1-212-620-7310 ■ tägl. 10 – 22 Uhr (So bis 20 Uhr) ■ www.gaycenter.org

Das Zentrum dient örtlichen Organisationen seit 1983 als Treffpunkt. Es ist in den Bereichen Bildung, Gesundheitsberatung und Seelsorge führend. In den Räumen finden viele Veranstaltungen statt. Die Bibliothek enthält Bände zur Geschichte der LGBTQ+ Community.

⑥ Magazine

Das kostenlose wöchentliche Magazin *Gay City News* (www.gaycitynews.com) informiert über Politik, Gesundheit und Kunst. Das Hochglanzmagazin *Metrosource* (www.metrosource.com) erscheint

Leslie-Lohman Museum of Art

alle zwei Monate. Mittwochs listet das kostenlose *Time Out New York* LGBTQ+ Events von Lesungen bis Clubs auf.

7 Clubs

Zahlreiche Clubs veranstalten Partynächte. Donnerstags ist z. B. The Eagle beliebt, sonntags The Monster. The Cock ist täglich gut besucht. Wegen steigender Mieten wechseln die Locations häufig – Veranstaltungsmagazine bieten aktuelle Informationen.

8 Lesbian Herstory Archives

484 14th St, Brooklyn ▪ Subway (F) 15th St, Prospect Park ▪ +1-718-768-3953 ▪ nur nach Anmeldung ▪ www.lesbianherstoryarchives.org

Das weltweit größte und älteste Archiv mit Material zur lesbischen Geschichte wurde 1973 in Park Slope gegründet, einem bei Lesben beliebten Viertel. Die ehrenamtlich geführte Einrichtung verwaltet Kunstbände, Bücher, Fotos, Zeitschriften und Filme. Es finden Veranstaltungen mit lesbischen Autorinnen und Künstlerinnen statt.

9 New York Sports Club

Karte M3 ▪ 128 8th Ave Ecke West 16th St ▪ Mo – Fr 6 – 22 Uhr (Fr bis 21 Uhr), Sa & So 7 20 Uhr ▪ Eintritt

Die Filiale der New Yorker Fitnesskette in Chelsea ist bei der LGBTQ+ Community beliebt. Sie bietet erstklassige Ausstattung, Yoga, Spinning und Dampfbäder.

10 Bluestockings Cooperative

Karte N5 ▪ 116 Suffolk St

Das Zentrum in Lower East Side ist nach einer Gruppe gelehrter Frauen benannt, die sich im 18. Jahrhundert entgegen den herrschenden Konventionen zu literarischen und politischen Diskussionen zusammenfand. Es bietet ein täglich wechselndes Programm, u. a. mit Lesungen und Aufführungen. Es gibt einen Buchladen mit einem breiten Sortiment an Frauenliteratur und ein Bio-Café.

Bars & Clubs

Logo von Henrietta Hudson

1 Henrietta Hudson
Karte N3 ▪ 438 Hudson St
Die gemütliche Lesbenbar befindet sich in Greenwich Village.

2 Gym
Karte L2 ▪ 167 8th Ave
Das Zentrum beherbergt die erste auf die LGBTQ+ Community zugeschnittene Sportbar New Yorks.

3 The Boiler Room
Karte N4 ▪ 86 East 4th St
Die bei Schwulen beliebte Bar in East Village lädt sonntags zum Tanztee.

4 Julius'
Karte M3 ▪ 159 West 10th St
Die älteste Schwulenbar New Yorks hat viel Flair und serviert erstklassige Burger.

5 Flaming Saddles
Karte H2 ▪ 404 West 54th St
In der Gay-Bar im Saloon-Stil tanzen die Barkeeper oft auf dem Tresen.

6 Phoenix
Karte M5 ▪ 447 East 13th St
In der Bar alten Stils im East Village gibt es preiswerte Drinks.

7 The Eagle
Karte L2 ▪ 554 West 28th St
In der Fetisch-Bar dominieren Levis und Leder.

8 Posh Bar
Karte J2 ▪ 405 West 51st St
Die elegante, zwanglose Bar serviert in der Happy Hour Getränke zum halben Preis.

9 Club Cumming
Karte N5 ▪ 505 East 6th St
In dem Club des Schauspielers Alan Cumming werden wilde Partys gefeiert.

10 The Cubby Hole
Karte M2 ▪ 281 West 12th St
Die gemütliche Lesbenbar lockt mit einer alten Jukebox und *Findet-Nemo*-Dekor.

TOP10 Unterhaltung

Ballettaufführung im David H. Koch Theater

1 David H. Koch Theater

Das einstige New York State Theater entstand im Jahr 1964 nach den Ideen von George Balanchine, dem Choreografen und Gründer des New York City Ballet *(siehe S. 142)*, das hier im Winter und im Frühjahr auftritt. Hin und wieder sind in dem Theater auch andere internationale Tanzensembles zu Gast.

2 Metropolitan Opera House

Die eleganteste Bühne des Lincoln Center mit den großen Bogenfenstern schmücken großformatige Gemälde von Marc Chagall. Die kostbaren Lüster im Saal werden vor jeder Aufführung an die Decke hinaufgezogen. In der »Met« treten das American Ballet Theater und das berühmte Opernensemble auf. Auch zahlreiche Gastspiele finden hier statt *(siehe S. 142)*.

3 David Geffen Hall

Die nach David Geffen benannte Konzerthalle – der Musikproduzent und Philanthrop spendete dem Lincoln Center 100 Millionen Dollar – ist Spielstätte des New York Philharmonic Orchestra, des ältesten Sinfonieorchesters der USA. Eine von Rodin geschaffene Büste Gustav

Mahlers, einst Chefdirigent des Orchesters, befindet sich an der Westseite des Gebäudes. Sie ist eine der schönsten Skulpturen im Lincoln Center *(siehe S. 142)*.

4 Carnegie Hall

Der historische Konzertsaal eröffnete 1891 mit dem Debüt Pjotr Čajkovskis in den USA. Nach dem Bau des Lincoln Center *(siehe S. 142)* 1969 wurde die Carnegie Hall durch eine Kampagne des Violinisten Isaac Stern gerettet. Eine Renovierung ließ das Haus wieder in altem Glanz erstrahlen *(siehe S. 129)*.

⑤ Alice Tully Hall

Das Gebäude mit der beeindruckenden modernen Fassade entstand im Jahr 1969 für die Chamber Music Society des Lincoln Center *(siehe S. 142)*. Neben Gesangs- und Kammerkonzerten bietet die Bühne oft kostenlose Konzerte mit Studenten und Professoren der Julliard School.

⑥ New York City Center

Karte H3 ▪ 131 West 55th St, zwischen 6th & 7th Ave ▪ +1-212-581-1212 ▪ Eintritt ▪ www.nycitycenter.org

Das prächtige maurische Gebäude mit einer schönen Kuppel aus spanischen Kacheln wurde im Jahr 1923 als Tempel der Shriners eröffnet. Bürgermeister LaGuardia *(siehe S. 46)* rettete es vor dem Abriss. Seit die Theatertruppe in das Lincoln Center wechselte, dient die Bühne vorwiegend Gastspielen von Tanzensembles.

Fassade des New York City Center

⑦ Joyce Theater

Karte L2 ▪ 175 8th Ave Ecke 19th St ▪ +1-212-242-0800 ▪ Eintritt ▪ www.joyce.org

Das eindrucksvolle Art-déco-Kino von 1941 wurde 1982 in ein Theater umgewandelt. Kleine und mittelgroße Tanzensembles aus der ganzen Welt zeigen im Joyce Theater unterschiedlichste Produktionen, die man nirgendwo sonst in Manhattan erleben kann. Nach manchen Vorstellungen stellen sich die Künstler dem Publikum für Fragen und Kritik.

Neonschilder, Radio City Music Hall

⑧ Radio City Music Hall

Karte J3 ▪ 1260 6th Ave Ecke 50th St ▪ +1-212-247-4777 ▪ Führungen: tägl. 9.30–17 Uhr ▪ Eintritt ▪ www.msg.com

Die 1932 eröffnete größte US-Bühne besitzt ein Art-déco-Interieur. In dem alten Kinopalast finden Musik- und andere Veranstaltungen statt. Die Weihnachtsshow mit den Rockettes, einer Gruppe von Tänzerinnnen, ist eine Attraktion.

⑨ Brooklyn Academy of Music (BAM)

30 Lafayette Ave, Brooklyn ▪ Subway 2, 3, 4, 5, B, Q bis Atlantic Ave ▪ +1-718-636-4100 ▪ Eintritt ▪ www.bam.org

Das Theater in einem Gebäude italienischen Stils (1908) bietet das modernste Programm aus internationaler Musik, Theater und Tanz in New York. Das Next Wave Festival ist seit 1981 eine feste Einrichtung.

⑩ Madison Square Garden

Karte K3 ▪ 4 Pennsylvania Plaza ▪ +1-212-465-6000 ▪ Führungen: tägl. 9.30–15 Uhr (an Spieltagen 12.15–15 Uhr) ▪ Eintritt ▪ www.msg.com

In dem rund 20 000 Zuschauer fassenden Stadion spielen die Knicks Basketball und die Rangers Eishockey. »The Garden« wird auch für Rockkonzerte, Eislaufshows, Tennis, Boxen und Hundeshows genutzt.

TOP10 Musikclubs

Beacon Theatre

1 Beacon Theatre
Karte G2 ▪ 2124 Broadway Ecke West 74th St ▪ 1 Std. vor Veranstaltungsbeginn geöffnet ▪ Eintritt

Auf der Bühne spielten bereits Stars wie Bob Dylan, Sting und B. B. King. Die Konzerte reichen von Pop und Rock bis hin zu Gospel.

2 Village Vanguard
Karte M3 ▪ 178 7th Ave South ▪ tägl. 20 – 24 Uhr ▪ Eintritt

Die Liste der Musiker, die in dem seit 1935 existierenden Club bereits auftraten, liest sich wie ein »Who's who« des Jazz.

3 Birdland
Karte J2 ▪ 315 West 44th St, zwischen 8th & 9th Ave ▪ tägl. 17 – 1 Uhr ▪ Eintritt

Der berühmte Club, in dem 1949 Charlie »Bird« Parker spielte, ist nicht mehr am ursprünglichen Standort, sondern nahe dem Times Square ansässig. Montags ist die Birdland Big Band zu hören.

4 SOBs
Karte N3 ▪ 204 Varick St Ecke West Houston St ▪ variierende Öffnungszeiten ▪ Eintritt

»SOB« steht für »Sounds of Brazil«, doch die Musik reicht von Reggae und Hip-Hop bis zu Soul und Jazz. Die Rhythmen locken viele Besucher auf die Tanzfläche.

5 Music Hall of Williamsburg
66 North 6th St, Brooklyn ▪ Auftritte: tägl. 18 – 20 Uhr ▪ Eintritt

Der Konzertsaal mit riesiger Bühne, exzellenter Akustik und drei Bars zählt zu den wichtigsten Veranstaltungsorten in Brooklyn. Die Betreibergesellschaft gehören auch Brooklyn Steel, die Webster Hall und die SummerStage im Central Park.

6 The Iridium
Karte J3 ▪ 1650 Broadway Ecke West 51st St ▪ tägl. 19 – 24 Uhr ▪ Eintritt

Der Club mit flippigem Dekor bietet gute Küche und exzellenten Jazz. Von 1995 bis 2009 trat der Gitarrist Les Paul regelmäßig im Iridium auf.

7 Dizzy's Club
Karte H2 ▪ Broadway Ecke 60th St ▪ Auftritte: tägl. 19.30 & 21.30 Uhr (Di – Sa auch 23.30 Uhr) ▪ Eintritt

Der Club ist einer der Veranstaltungsorte des Jazz at Lincoln Center (siehe S. 142). Der Gedeckpreis ist hoch, der Eintritt für die Late-Night-Sessions (ab 23.30 Uhr) variiert (Di & Mi 5 $, Do & Fr 10 $, Sa 20 $). Das Essen ist preiswert.

8 **Brooklyn Steel**
319 Frost St Ecke Debevoise Ave, East Williamsburg ▪ variierende Öffnungszeiten ▪ Eintritt

Der Club in einem ehemaligen Stahlwerk wurde 2017 eröffnet. Auf der Bühne geben Bands aus der Region, aber auch internationale Stars wie LCD Soundsystem und die Arctic Monkeys Konzerte.

9 **Bowery Ballroom**
Karte N4 ▪ 6 Delancey St, zwischen Bowery & Chrystie St ▪ variierende Öffnungszeiten ▪ Eintritt

Die Eröffnung des Clubs im Jahr 1998 leitete den Aufschwung der Lower East Side ein. Das einstige Revuetheater bietet eine hervorragende Akustik und gute Sicht auf die Bühne. Auf dem Programm stehen Konzerte von Stars, Indie-Bands und Musikern aus New York.

10 **Blue Note**
Karte N3 ▪ 131 West 3rd St, zwischen MacDougal St & 6th Ave ▪ So – Do 19 – 2 Uhr, Fr & Sa 19 – 4 Uhr ▪ Eintritt

Tony Bennett, Natalie Cole, Ray Charles und viele weitere Größen des Jazz standen in dem Club bereits auf der Bühne. Jazz steht eindeutig im Vordergrund, hin und wieder gibt es aber auch Blues, Latin, R & B, Soul und Big Band-Sound zu hören.

Blue Note

Dance Clubs

Tanzfläche im Schimanski

1 Schimanski
54 North 11th St, Williamsburg
Der Club ist in der New Yorker Underground-Techno-Szene sehr beliebt.

2 House of Yes
2 Wyckoff Ave, Bushwick
Der beliebte Club in Brooklyn lockt mit Dance-Partys, Theater und Cabaret.

3 Rumpus Room
Karte N4 ▪ 249 Eldridge St
Studenten schätzen den Club, da er auch an Werktagen Partys bietet.

4 Eris Evolution
167 Graham Ave, Williamsburg
Neben Kunstausstellungen und Theateraufführungen finden auch Partynächte statt, meist mit Musik der 1980er Jahre.

5 Marquee
Karte L2 ▪ 289 10th Ave
Der Club bietet House und Hip-Hop. Einlass zu finden ist allerdings schwer.

6 bOb Bar
Karte N4 ▪ 235 Eldridge St
Der Club in der Lower East Side legt alles auf, was tanzbar ist.

7 Beauty Bar
Karte M4 ▪ 231 East 14th St
In dem Club liefern DJs den Sound der 1980er und 1990er Jahre.

8 The 40/40 Club
Karte L3 ▪ 6 West 25th St
In der Sportbar mit R & B-Club des Rappers Jay-Z gibt es VIP-Bereiche.

9 Le Bain
Karte M2 ▪ 848 Washington St
Der Club befindet sich in der obersten Etage des Hotels The Standard High Line.

10 Bar 13
Karte M4 ▪ 35 East 13th St
In dem Club mit drei Ebenen und Dachterrasse legen erstklassige DJs auf.

🔟 Restaurants

Eleganter Gastraum des Le Bernardin

① Le Bernardin

Viele halten die im Le Bernardin servierten Fischgerichte für unübertrefflich; Küchenchef Eric Ripert genießt außerordentliches Renommee. Die Einrichtung des französischen Restaurants zeigt dezente Eleganz. Perfektion hat auch im Le Bernardin ihren Preis, ein Abend in dem Lokal ist jedoch ein unvergessliches Erlebnis *(siehe S. 133)*.

Tische im Daniel

② Daniel

Das von dem Starkoch Daniel Boulud betriebene Restaurant verströmt venezianisches Flair. Gäste genießen köstliche Gerichte wie Kabeljau mit Perigord-Trüffeln. Die Speisekarte variiert nach Saison. Die Mittagsgerichte sind oft preiswerter *(siehe S. 141)*.

③ Eleven Madison Park

Von zartem Entenbraten bis zu deliziöser Schokoladentorte – das Restaurant an der Madison Avenue begeistert Liebhaber der französischen Spitzengastronomie. Es wird von dem renommierten Gastronomen Brian Lockwood geführt. Für die köstlichen Kreationen zeichnet Küchenchef Daniel Humm verantwortlich *(siehe S. 119)*.

④ Gotham Bar and Grill

Der ehemalige Küchenchef Alfred Portale kreierte als einer der Ersten »vertikale Gerichte«, einen kunstvoll angerichteten Gaumenschmaus. Heute wird in dem eleganten Restaurant, das 2021 den Besitzer gewechselt hat, neue amerikanische Küche geboten *(siehe S. 113)*.

⑤ Jean-Georges

Jean-Georges Vongerichten gilt seit seiner Tätigkeit in den Restaurants JoJo und Mercer Kitchen als Star der Kochszene. Heute serviert er in seinem eigenen Restaurant exquisite Gerichte mit feinen Saucen. Der New Yorker Innenarchitekt Adam Tihany schuf eine fast asketische Einrichtung, die von den Kreationen des Sternekochs nicht ablenkt *(siehe S. 147)*.

⑥ Russ & Daughters Café

Das 2014 eröffnete Café mit offener Küche gehört zu dem beliebten jüdischen Feinkostladen in der Lower East Side. Zum Angebot zählen knackige Salate und geräucherter Lachs. Die klassischen Bagels mit Lachs oder Stör sind besonders zu empfehlen *(siehe S. 98)*.

⑦ Momofuku Noodle Bar

»Wunderkind« David Chang bietet in dem innovativen Restaurant überwiegend Gerichte mit Schweinefleisch. Die gedünsteten Teigtaschen sind exzellent. Stets stehen auch Seafood und vegetarische Speisen auf der Karte *(siehe S. 101)*.

⑧ Per Se

Um in Thomas Kellers Restaurant mit Aussicht auf den Central Park zu speisen, muss man zwei Monate im Voraus reservieren. Das Restaurant zählt zu den wenigen in der Stadt, die von der *New York Times* mit vier Sternen bedacht wurden *(siehe S. 147)*.

⑨ Babbo

In dem italienischen Restaurant bereitet Küchenchef Joe Bastianich aus Käse, Wild, Seafood und anderen Zutaten der Saison kreative Gerichte zu. *Salumi*, *soppressata* und *lardo* sind in der Regel hausgemacht *(siehe S. 113)*.

Gramercy Tavern

⑩ Gramercy Tavern

Das von Danny Meyer geführte Spitzenrestaurant präsentiert sich bodenständig. Küchenchef Michael Anthony verleiht dem Traditionslokal die gewohnte Exzellenz *(siehe S. 119)*.

Preiswerte Restaurants

Shake Shack

1 Shake Shack
Karte L4 ▪ Madison Square Park, südöstliche Ecke ▪ +1-212-889-6600
Die Burger sind saftig und lecker.

2 Superiority Burger
Karte M5 ▪ 430 East 9th St
Neben vegetarischen / veganen Burgern gibt es Sandwiches, Salate und Wraps.

3 Laoshan Shandong Fried Dumpling
Karte P4 ▪ 106 Mosco St ▪ +1-212-693-1060
Fünf der leckeren mit Schweinefleisch gefüllten Teigtaschen kosten 1,50 Dollar.

4 Nyonya
Karte P4 ▪ 194 Grand St ▪ +1-212-334-3669
Die malaysischen Gerichte sind lecker.

5 NY Dosas
Karte N3 ▪ 50 Washington Square S Blvd ▪ +1-917-710-2092
Der Imbisswagen begeistert auch Veganer mit Dosas nach sri-lankischer Art.

6 Flor de Mayo
Karte D2 ▪ 2651 Broadway ▪ +1-212-595-2525
Die Rezepte für die Gerichte stammen aus Peru, Kuba und China.

7 Joe's Pizza
Karte N3 ▪ 7 Carmine St ▪ +1-347-312-4955
Die Pizzas sind exzellent.

8 Tasty Hand-Pulled Noodles
Karte P4 ▪ 1 Doyers St ▪ +1-212-791-1817
Es locken chinesische Nudeln in Suppe oder gebraten mit allerlei Zutaten.

9 La Bonne Soupe
Serviert werden Zwiebelsuppe und weitere Bistrogerichte *(siehe S. 133)*.

10 Corner Bistro
Karte M2 ▪ 331 West 4th St ▪ +1-212-242-9502
Das Lokal bietet gute Burger.

⊞⓾ Bars & Lounges

① King Cole Bar and Lounge

Karte H4 ■ St. Regis Hotel, 2 East 55th St, zwischen 5th & Madison Ave
■ +1-212-753-4500

Maxfield Parrishs bekanntes Wandgemälde von Old King Cole, Mahagonitäfelung und Polstermöbel kennzeichnen die berühmteste Hotelbar New Yorks. In dem luxuriösen Ambiente genießen Gäste dezente Pianomusik.

② Dead Rabbit

Karte R4 ■ 30 Water St
■ +1-646-422-7906

Das gemütliche Lokal – eine Mischung aus Cocktail-Lounge und irischem Pub – ist in einem rund 200 Jahre alten Haus in Lower Manhattan direkt am Ufer untergebracht. Gedämpftes Licht, Holzbalken und Sägespäne auf dem Boden schaffen ein bemerkenswertes Ambiente.

③ Gansevoort Rooftop

Karte M2 ■ Gansevoort Hotel, 18 9th Ave Ecke 13th St ■ +1-212-206-6700

Von der Dachbar des Gansevoort Hotel im Meatpacking District er-öffnet sich eine exzellente Sicht auf die New Yorker Skyline und den Hudson River. Die Preise sind hoch, doch vor allem im Sommer ist die Bar überaus einladend.

④ Angel's Share

Karte M4 ■ 8 Stuyvesant St
■ +1-212-777-5415

Der Weg in die asiatisch angehauchte Bar im East Village führt durch ein beliebtes japanisches Restaurant. Das elegant gekleidete Publikum genießt die hervorragenden, teuren Cocktails und ordert Platten mit *dim sum* und frittierten Austern aus dem Restaurant nebenan.

⑤ Flûte

Karte H3 ■ 205 West 54th St, zwischen 7th Ave & Broadway
■ +1-212-265-5169

Von den mehr als 150 Champagnersorten werden einige offen ausgeschenkt. Der aufmerksame Service, die opulente Einrichtung und die romantische Atmosphäre sorgen für einzigartiges Flair. Während der Prohibition wurde die Bar von der Schauspielerin Texas Guinan geführt.

Gansevoort Rooftop

The Loeb Boathouse im Central Park

⑥ The Loeb Boathouse
Karte G3 ▪ Central Park nahe East 72nd St ▪ +1-212-517-2233

Auf der Terrasse am See im Central Park kann man den Sonnenuntergang und die Lichter der Skyline genießen – besonders romantisch an lauen Sommerabenden.

⑦ Salon de Ning
Karte H3 ▪ Peninsula Hotel, 700 5th Ave Ecke 55th St ▪ +1-212-956-2888

Die Asia-Bar in der 23. Etage bietet einen atemberaubenden Blick auf Manhattan. Im Sommer lädt die Terrasse ein. Der traumhafte Ausblick rechtfertigt die hohen Preise.

⑧ Bemelmans Bar
Karte F4 ▪ Carlyle Hotel, 35 East 76th St ▪ +1-212-744-1600

Die Bar bietet Cocktails, Livemusik und herrlich nostalgisches Flair. Der Name geht auf Ludwig Bemelmans, den Schöpfer der *Madeline*-Kinderbücher zurück, der die Malereien an den Wänden schuf. Die mit Leder bezogenen Bänke und die 24-Karat-Blattgolddecke sind Highlights des Art-déco-Ambientes.

⑨ Paul's Casablanca
Karte N3 ▪ 305 Spring St ▪ +1-212-620-5220

Die Cocktailbar im marokkanischen Stil ist während der Fashion Week besonders beliebt. DJs bedienen jeden Abend wechselnde Genres von Rock bis Hip-Hop. Sonntags läuft Musik der Band The Smiths.

⑩ Employees Only
Karte N3 ▪ 510 Hudson St ▪ +1-212-242-3021

Die schicke Bar mit Restaurant bietet hervorragende Cocktails. Mahagoniholz und gedämpfte Beleuchtung schaffen gemütliches Flair.

Rooftop-Bars

1 Wythe Hotel Rooftop Bar
80 Wythe Ave, Williamsburg
▪ www.wythehotel.com
Die Bar lockt mit vernünftigen Preisen und grandiosem Blick auf Manhattan.

2 Cantor Roof Garden Bar
Karte F3 ▪ 5th Ave & 82nd St
▪ www.metmuseum.org
Zu Cocktails genießt man herrlichen Blick auf den Central Park.

3 Hotel Chantelle
Karte N5 ▪ 92 Ludlow St
▪ www.hotelchantelle.com
Die Lounge Pariser Stils zieren Pflanzen.

4 Gansevoort Rooftop
Karte M2 ▪ 18 9th Ave
▪ www.gansevoorthotelgroup.com
Die Bar ist ideale Party-Location.

5 Broken Shaker
In der Bar werden hervorragende Cocktails kreiert *(siehe S. 118)*.

6 Jimmy
Karte P3 ▪ 15 Thompson St
▪ www.jimmysoho.com
Der Blick über Manhattan ist grandios.

7 Berry Park
4 Berry St, Brooklyn
▪ www.berryparkbk.com
Die Bar in Brooklyn bietet eine wunderschöne Aussicht auf Manhattan.

8 Empire Rooftop
Karte H2 ▪ 4 West 63rd St
▪ www.empirehotelnyc.com
In der Jazzbar genießt man zur Musik den Blick auf die Upper West Side.

9 Loopy Doopy Rooftop Bar
Karte Q3 ▪ 102 North End Ave
▪ www.conradnewyork.com
Der Blick geht zur Freiheitsstatue.

10 230 Fifth Rooftop Bar
Die beliebte Bar bietet Blick auf das Empire State Building *(siehe S. 118)*.

230 Fifth Rooftop Bar

TOP10 **Shopping**

Macy's, das größte Kaufhaus in New York

1 Macy's

Das gigantische Sortiment im göbten Kaufhaus New Yorks reicht von Lebensmitteln bis zu Futons. Macy's prägt das Gesicht der Stadt u. a. mit der im Frühjahr (März / Apr) veranstalteten Blumenschau und der berühmten Weihnachtsdekoration *(siehe S. 123)*.

2 Bloomingdale's
Karte H4 ▪ 1000 Lexington Ave Ecke 59th St

Das nach Macy's bekannteste Kaufhaus New Yorks bietet exklusive Mode für Damen und Herren. Im Erdgeschoss locken Kosmetika, Schmuck und Accessoires Scharen an, in den oberen Etagen herrscht deutlich weniger Betrieb.

Schuhe von Bloomingdale's

3 Bergdorf Goodman
Karte H3 ▪ 754 5th Ave Ecke 57th St

Das seit 1928 existierende Luxuskaufhaus bietet Designermode von bekannten Labels für Herren, Damen und Kinder sowie elegante Wohnaccessoires. Die nach Jahreszeiten wechselnden Schaufenster-

dekorationen sind überaus schick und allein schon einen Besuch wert.

4 Saks Fifth Avenue
Karte K3 ▪ 611 5th Ave Ecke 50th St

Die Filiale an der Fifth Avenue ist die älteste der Luxuskaufhauskette. Sie wurde 1924 eröffnet. Das Sortiment umfasst Designermode von großen Namen wie Alexander McQueen, Balenciaga und Gucci sowie eine große Auswahl an Accessoires.

5 Nordstrom

Die 2019 eröffnete Filiale der Luxuskaufhauskette befindet sich in einem siebenstöckigen Gebäude mit beeindruckender Glasfassade. Neben Kleidung, Schuhen, Accessoires und Haushaltswaren bietet der Standort Schönheitssalons, Restaurants, Cafés und Bars *(siehe S. 130)*.

6 Brooklyn Flea
Karte M7 ▪ Kent Ave Ecke N 6th St, Williamsburg; 80 Pearl St, Dumbo

Der Markt in Brooklyn besitzt unter den Flohmärkten in New York die längste Tradition. An Hunderten Ständen werden Möbel, Kleidung und Antiquitäten angeboten. Der Flohmarkt findet üblicherweise von April bis Oktober an den Wochenenden statt – samstags in Williamsburg, sonntags in Dumbo. Auch der Streetfood-Markt Smorgasburg, der an Wochenenden in Williamsburg und im Prospect Park abgehalten wird, lohnt einen Besuch.

Brooklyn Flea

⑦ Marc Jacobs
Karte N4 ▪ 127 Prince St

Der New Yorker Designer ist seit Langem international bekannt. Die in seiner Boutique erhältlichen Taschen, Schuhe und Kleider locken modebewusste Damen in Scharen an. Zum Sortiment gehören auch Uhren, Brieftaschen, Sonnenbrillen und Herrenmode.

⑧ Designermode an der Madison Avenue
Karte F – H4 ▪ Giorgio Armani: 760 Madison Ave ▪ Ralph Lauren: 867 Madison Ave

Einst befanden sich die meisten Designerboutiquen an der 57th Street zwischen 5th Avenue und Madison Avenue. Dort ist heute noch u. a. Burberry ansässig. Als sich Ketten wie Nike und Levi's ansiedelten, zogen die Designerboutiquen, darunter Stores von Armani und Ralph Lauren, an die Madison Avenue – überwiegend an den Abschnitt zwischen 59th und 79th Street.

⑨ Boutiquen in SoHo
Karte N3 – 4 ▪ Anna Sui: 484 Broome St ▪ A.P.C.: 131 Mercer St ▪ Miu Miu: 100 Prince St ▪ Prada: 575 Broadway ▪ Portico: 139 Spring St ▪ Kirna Zabête: 477 Broome St

Trendsetter wie Anna Sui, A. P. C., Miu Miu, Kirna Zabête und Prada locken eine Kundschaft von Zwanzig- bis Dreißigjährigen an. Die Boutiquen liegen zwischen Thompson Street und Broadway sowie zwischen Prince und Greene Street. Möbel findet man z. B. bei Portico.

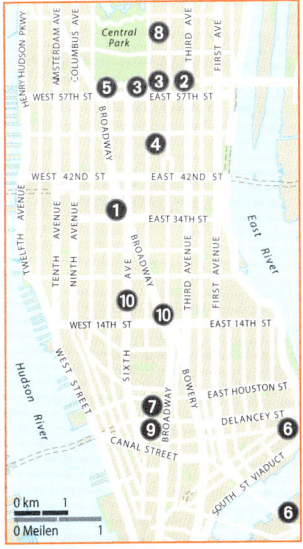

Filiale von Miu Miu in SoHo

⑩ Union Square & 6th Avenue
Karte L3 ▪ Whole Foods Market: 4 Union Square South

Den Union Square säumen Läden und Märkte wie der Whole Foods Market. Das Shopping-Angebot an der 6th Avenue konzentriert sich auf den Bereich an der 18th Street – die historischen Gebäude bergen Läden mit Mode und Haushaltswaren.

TOP10 Kostenlose Attraktionen

Staten Island Ferry im Hafen von New York

① Fahrt mit der Staten Island Ferry

Karte R4

Zu den schönsten Aktivitäten, die New York zu bieten hat, gehört eine Fahrt mit der Fähre von Lower Manhattan nach Staten Island. An Bord genießt man gratis die Aussicht auf den Hafen, die Freiheitsstatue und die glitzernde Skyline von Manhattan (*siehe S. 159*).

② Konzert der New Yorker Philharmoniker

Juli – Aug ▪ www.nyphil.org/parks

Bei den alljährlich veranstalteten »Concerts in the Parks« der New Yorker Philharmoniker kann man unter freiem Himmel kostenlos klassische Musik genießen. Die Konzertreihe findet in Parks in allen fünf New Yorker Bezirken statt.

Konzert der New Yorker Philharmoniker

③ Aufzeichnungen von TV-Shows

The Late Show with Stephen Colbert: https://colbert.1iota.com ▪ Rachael Ray: www.rachaelrayshow.com

In New York werden viele TV-Shows produziert, zu den beliebtesten zählen *The Late Show with Stephen Colbert* und *Rachael Ray*. Im Publikum kann man kostenlos einer Show beiwohnen. Über die Websites der einzelnen Shows kann man sich um einen Platz bewerben.

④ Kajaktour mit Downtown Boathouse

Karte P2 ▪ Pier 26, Hudson River Greenway Ecke North Moore St ▪ Mitte Mai – Mitte Okt: Sa, So, Feiertage 9 – 16.30 Uhr (Mitte Juni – Mitte Sep: auch Di, Mi, Do 17.30 – 19 Uhr) ▪ www.downtownboathouse.org

Der Hudson River eignet sich wunderbar für Kayaktouren. Downtown Boathouse verleiht an mehreren Stellen entlang dem Fluss und auf Governors Island kostenlos Boote.

⑤ Chelsea Art Galleries

Karte L2 ▪ zwischen 10th & 11th Ave, von West 18th bis West 28th St

Ein Bummel durch Chelsea ist donnerstagabends besonders lohnenswert, wenn viele Galerien in dem Viertel zur freien Besichtigung geöffnet haben – Wein und Häppchen sind bei einem Besuch inklusive.

6 Open House New York
Ein Wochenende im Okt

▪ www.ohny.org

Unter dem Motto »Open House New York« sind viele sonst für die Öffentlichkeit geschlossene Bauwerke, u. a. Regierungsgebäude, zugänglich. Neben Führungen werden Gesprächsrunden, Performances und andere Veranstaltungen geboten.

7 Brooklyn Brewery
79 North 11th St, Williamsburg, Brooklyn ▪ **Gratisführungen: Sa, So 13–18 Uhr**

Die Brooklyn Brewery in Williamsburg lässt hinter die Kulissen der Bierproduktion blicken. Bei der halbstündigen Tour kann man Biere probieren.

Bier, Brooklyn Brewery

8 New York Public Library
Karte K3

In der staatlichen Bibliothek finden zahlreiche kostenlose Veranstaltungen statt, darunter Lesungen, Kurse und Seminare *(siehe S. 128)*.

9 Museen
Freien Eintritt bieten freitags die Asia Society (18–21 Uhr, www.asiasociety.org), das Museum of the Moving Image (16–20 Uhr, *siehe S. 158)*, das Museum of Modern Art (17.30–21 Uhr, *siehe S. 132)*, Morgan Library & Museum (19–21 Uhr, *siehe S. 132)*, die New-York Historical Society (18–20 Uhr, www.nyhistory.org) und das Whitney Museum of American Art (19–21.30 Uhr, *siehe S. 109)*.

10 Parks
New York bietet wunderschöne Parks, in denen man gratis für einige Stunden oder einen ganzen Tag lang Erholung findet. The High Line *(siehe S. 121)* und der Central Park *(siehe S. 32f)* zählen zu den schönsten. Auch der Bryant Park *(siehe S. 57)*, der Washington Square Park *(siehe S. 108)* und der Prospect Park *(siehe S. 156)* lohnen einen Besuch.

New York für wenig Geld

Union Square Greenmarket

1 Bauernmärkte
Der Union Square Greenmarket *(siehe S. 115)* bietet vernünftige Preise.

2 New York Pizza
Bei vielen Pizzerias ist ein Stück Pizza für nur 1 $ erhältlich.

3 TKTS-Schalter
Karte J3 ▪ 47th St Ecke Broadway
▪ www.tdf.org
TKTS bietet ermäßigte Theaterkarten für Aufführungen am selben Tag.

4 Geldwechsel
An Geldautomaten sind die Gebühren niedriger als bei Currency Exchanges.

5 Nahverkehr
Metropolitan Transportation Authority: www.mta.info
Mit der sieben Tage gültigen MetroCard kann man Subway und Busse für nur 33 $ unbegrenzt nutzen.

6 Restaurant Week
Jan & Juli ▪ www.nycgo.com/restaurant-week
Mittagsmenü für 26 $, Dinner für 42 $.

7 Ermäßigungen
CityPass: www.citypass.com ▪ New York Pass: www.newyorkpass.com
Der CityPass verhilft bei drei oder fünf, der New York Pass bei über 100 Attraktionen zu Ermäßigungen.

8 Schlussverkäufe
Winterbekleidung ist Nov–Feb, Bademode ab dem 4. Juli reduziert erhältlich. Um Weihnachten ist alles günstiger.

9 Gratis-Snacks zur Happy Hour
Viele Bars bieten Snacks zum Wein.

10 Discount Stores & Malls
In Secondhandläden und den 200 Outlets von Woodbury Common kann man Schnäppchen machen (www.woodburybus.com; Busticket ab 40 $).

TOP10 Festivals & Events

Feuerwerk am 4. Juli – farbenprächtiges Spektakel

① St. Patrick's Day Parade
Karte H3 ■ 5th Ave ■ 17. März, 11 Uhr ■ die Route ist der Presse zu entnehmen

Marschkapellen, Politiker und verschiedene Gruppen demonstrieren auf der 5th Avenue ihre Liebe zu Irland. Millionen feiern bis spät in die Nacht – und alle sind grün gekleidet.

② Easter Parade
Karte HJ3 ■ 5th Ave ■ Ostersonntag, 11 Uhr

Einer langen Tradition folgend wird die 5th Avenue in Midtown für den Verkehr gesperrt. New Yorker Familien flanieren in Sonntagskleidung auf der Straße. Die Damen tragen elegante und ausgefallene Hüte.

③ 9th Avenue International Food Festival
Karte H – K2 ■ 9th Ave, zwischen 37th & 57th St ■ Mitte Mai

Das seit 1974 veranstaltete, größte kulinarische Fest New Yorks lockt Tausende Besucher aus ganz Amerika an. Es werden internationale Spezialitäten von Burritos bis Samosas angeboten.

④ Feuerwerk am 4. Juli
Karte R3 ■ East River oder Hudson River ■ 4. Juli, 21.30 Uhr

Menschenmengen bewundern am Unabhängigkeitstag das Feuerwerk über dem East oder Hudson River. Das mehr als sechs Millionen Dollar teure Spektakel wird von Macy's finanziert.

⑤ West Indian Day Carnival
Karte R6 ■ Eastern Parkway, Brooklyn ■ Subway C bis Franklin Ave ■ Labor Day (1. Mo im Sep)

Brooklyns karibische Einwohner feiern ihre Heimat mit einer Parade mit Festwagen, bunten Kostümen und Musik. An Straßenständen gibt es karibische Spezialitäten.

⑥ Feast of San Gennaro
Karte P4 ■ Mulberry St ■ zehn Tage Ende Sep

Eine Figur des Schutzheiligen von Neapel wird durch die Straßen von Little Italy getragen. In der Mulberry Street gibt es Musik und Imbissbuden. Typisch sind Wurst- und Pfeffersandwiches, die Stände bieten jedoch auch andere Spezialitäten.

⑦ New York City Marathon
Karte H5 ▪ sehr guter Ort für Zuschauer: 1st Ave oberhalb 59th St ▪ 1. So im Nov ab 10.45 Uhr

Rund 50000 Teilnehmer bestreiten die 42 Kilometer lange Strecke, die auf Staten Island beginnt und durch alle fünf Bezirke der Stadt in den Central Park führt. Am Straßenrand jubeln New Yorker den Läufern zu und bieten ihnen Wasser an.

⑧ Macy's Thanksgiving Day Parade
Karte G2 ▪ Central Park West & 77th St, am Broadway bis zur 34th St ▪ Thanksgiving Day (4. Do im Nov), 9 Uhr

New Yorker säumen die Straße und ganz Amerika sieht die TV-Übertragung an, wenn riesige Comicfiguren zusammen mit Musikkapellen, den tanzenden Rockettes und TV- und Kinostars auf aufwendig geschmückten Festwagen die Weihnachtszeit begrüßen.

Macy's Parade

⑨ Christmas Tree Lighting Ceremony
Karte J3 ▪ Rockefeller Center ▪ 1. Woche im Dez

Der größte Weihnachtsbaum der USA ist mit kilometerlangen Lichterketten geschmückt. Er steht neben der Eislaufbahn im Rockefeller Center. Dekorationen aus Engeln mit Trompeten in den Channel Gardens und geschmückte Kaufhäuser verbreiten Weihnachtsstimmung.

⑩ New Year's Eve Ball Drop
Karte K4 ▪ Times Square ▪ 31. Dez

Wenn um Mitternacht die Waterford-Kristallkugel hinabgesenkt wird, bricht Jubel aus. An Silvester werden in den Clubs Partys gefeiert, im Central Park gibt es ein Feuerwerk.

Sport-Events & Mannschaftssport

Athleten bei den Millrose Games

1 Millrose Games
Feb ▪ www.nyrrmillrosegames.org
Die Wettkämpfe der Leichtathleten finden in der Halle statt.

2 New York Red Bulls & New York City FC (NYCFC)
März – Okt ▪ New York Red Bulls: www.newyorkredbulls.com ▪ NYCFC: www.nycfc.com
Die beiden Teams aus New York spielen in der Major League Soccer (MLS).

3 Wood Memorial Stakes
Mitte Apr ▪ www.nyra.com
Das Pferderennen bestreiten Kandidaten für das Kentucky Derby.

4 New York Yankees & Mets
Apr – Sep ▪ www.mlb.com
Die Rivalen konkurrieren seit Jahren um die Baseball-Krone in New York.

5 New York Liberty
Mai – Sep ▪ https://liberty.wnba.com
Das Damenteam spielt in der Basketball-Profiliga.

6 Belmont Stakes
2. Sa im Juni ▪ www.belmontstakes.com
Das Pferderennen ist Teil der »Triple Crown«.

7 US Open Tennis Championships
Aug – Sep ▪ www.usopen.org
In New York findet das letzte Grand-Slam-Turnier des Jahres statt.

8 New York Jets & Giants
Sep – Dez ▪ NY Jets: www.newyorkjets.com ▪ NY Giants: www.giants.com
Die Footballteams spielen in New Jersey.

9 New York Rangers & Islanders
Sep – Apr ▪ www.nhl.com
New York hat zwei NHL-Eishockeyteams.

10 New York Knicks & Brooklyn Nets
Okt – Apr ▪ www.nba.com
New York ist zweimal in der NBA (National Basketball Association) vertreten.

Stadtteile

Blick über den Central Park

TOP10 Lower Manhattan

September 11
Museum

Der Stadtteil an der südlichen Spitze Manhattans vereint Historie und Moderne. In dem Gebiet gründeten Holländer die Stadt Neu-Amsterdam, das spätere New York. Nach dem Amerikanischen Unabhängigkeitskrieg (1775–1783) wurde New York Hauptstadt der Vereinigten Staaten von Amerika. 1817 eröffnete in Lower Manhatten die New York Stock Exchange, die wichtigste Börse der Welt. Im 20. Jahrhundert wurden in dem Stadtteil viele Wolkenkratzer errichtet. Der Anschlag auf das World Trade Center am 11. September 2001 traf die Nation ins Mark. Das National September 11 Memorial & Museum erinnert an die Tragödie. 2014 wurde das One World Trade Center fertiggestellt.

1 **TOP10-Attraktionen**
siehe S. 79–81

1 **Restaurants**
siehe S. 83

1 **Dies & Das**
siehe S. 82

① New York Stock Exchange

Karte Q4 ■ 20 Broad St Ecke Wall St ■ für die Öffentlichkeit geschl. ■ www.nyse.com

Das Gebäude der Börse wurde im Jahr 1903 errichtet. Hinter der klassizistischen Fassade schlägt das Finanzherz der USA. Die Börse entwickelte sich vom kleinen Marktplatz zu einem globalen Unternehmen. An Spitzentagen werden Milliarden Aktien von mehr als 2800 notierten Firmen gehandelt, zwischen fünf und sieben Milliarden Aktien wechseln die Besitzer. Durch die Digitalisierung wurde die bei den Verkäufen übliche Hektik ein wenig reduziert.

Historischer Börsenschreiber

② Trinity Church

Karte Q4 ■ 75 Broadway Ecke Wall St ■ Kirche & Friedhof: tägl. 7–18 Uhr ■ Führungen: tägl. 14 Uhr (auch So nach der Messe um 11.15 Uhr)

Die beeindruckende neugotische Kirche ist an dieser Stelle das dritte Bauwerk für eine der ältesten, 1697 gegründeten anglikanischen Ge-

meinden der USA. Seit der Fertigstellung 1846 erhielt das Gotteshaus bemerkenswerte Anbauten wie etwa die Sakristei, die Kapelle und den Manhattan-Flügel. Die Bronzetüren sind eine Spende im Gedenken an John Jacob Astor III. In der Kirche finden montags und donnerstags um 13 Uhr Konzerte statt, zuweilen singt sonntags der Chor. Auf dem Friedhof der Trinity Church befindet sich das Grab von Alexander Hamilton.

③ Federal Hall National Memorial

Karte Q4 ■ 26 Wall St Ecke Nassau St ■ Mo–Fr 9–17 Uhr ■ frei ■ www.nps.gov/feha

Die Bronzestatue auf den Stufen markiert die Stelle, an der der erste US-Präsident, George Washington, den Amtseid ablegte. Das ursprüngliche Bauwerk wurde 1842 durch das schöne klassizistische Gebäude ersetzt, das als US-Zollhaus und als Filiale der Federal Reserve Bank diente. 1955 wurde es in ein Museum umgewandelt, in dem die Originale der Verfassung der USA und der *Bill of Rights* zu sehen sind. Mehrmals täglich werden Führungen angeboten.

④ Alexander Hamilton US Custom House

Karte R4 ■ 1 Bowling Green, zwischen State & Whitehall St ■ Museum: tägl. 10–17 Uhr (Do bis 20 Uhr)

Seit der Renovierung 1994 umgeben prächtige Galerien die große Rotunde des klassizistischen Gebäudes. Es beherbergt das George Gustav Haye Center des Smithsonian National Museum of the American Indian. Wechselausstellungen informieren über das Leben der Ureinwohner und zeigen z. B. Kleidung und Kunsthandwerk. Auch der Beaux-Arts-Bau selbst ist sehenswert. Er wurde 1907 fertiggestellt und bis 1973 als Zollhaus genutzt. Die fein gearbeiteten Statuen an der Fassade stammen von Daniel Chester French.

Buntglasfenster, Trinity Church

One World Trade Center

der Terroranschläge mit Namen, die in Bronzetafeln eingraviert wurden. An der Stelle der beiden Türme des World Trade Center wurden Wasserbecken angelegt. Von diesen fällt Wasser neun Meter tief in ein Untergeschoss. Das Museum zeigt Objekte und Fotografien, die in Zusammenhang mit den Opfern stehen. Für den Besuch des Museums muss man auf der Website ein zeitgebundenes Ticket reservieren. Die Gedenkstätte selbst ist frei zugänglich.

⑤ One World Trade Center
Karte Q3 ▪ 285 Fulton St (Eingang West St Ecke Vesey St) ▪ One World Observatory: tägl. 9 – 21 Uhr (Mai – Aug: ab 8 Uhr); Eintritt; www. oneworldobservatory.com
Der 541 Meter (1776 Feet) hohe Wolkenkratzer ist, wenn man die Spitze mitrechnet, das höchste Gebäude in den USA. In dem funkelnden Turm aus Glas und Stahl fahren fünf Hochgeschwindigkeitsaufzüge in 60 Sekunden zum One World Observatory in den Etagen 100, 101 und 102. Dort hat man einen atemberaubenden Blick auf den Hafen, Staten Island und die Dächer von Manhattan.

⑥ National September 11 Memorial & Museum
Karte Q3 ▪ 180 Greenwich St ▪ Museum: tägl. 9 – 20 Uhr (Fr & Sa bis 21 Uhr) ▪ Eintritt (nur Museum) ▪ www.911memorial.org
Die am 11. September 2011 eröffnete Gedenkstätte ehrt jedes Opfer

⑦ Museum of Jewish Heritage
Karte R3 ▪ 36 Battery Place, Battery Park City ▪ So – Do 10 – 18 Uhr (Mi bis 21 Uhr), Fr & jüdische Feiertage 10 – 15 Uhr (Mitte März – Okt: Fr 10 – 17 Uhr) ▪ Eintritt (Mi abends frei) ▪ www.mjhnyc.org
Mehr als 2000 Fotografien sowie Hunderte Exponate und originale Filmdokumente erzählen vom Schicksal der Juden im 20. Jahrhundert vor, während und nach dem Holocaust.

⑧ Federal Reserve Bank
Karte Q4 ▪ 33 Liberty St, zwischen William & Nassau St ▪ Führungen: Mo – Fr 13 & 14 Uhr außer Feiertage ▪ frei; Reservierung erforderlich unter www.newyorkfed.org
Gold dient heute zwar nicht mehr als Zahlungsmittel zwischen einzelnen Staaten, dennoch lagern unter diesem Gebäude die weltweit größten Goldvorräte in einem fünfstöckigen Gewölbe.

Wasserbecken am National September 11 Memorial & Museum

Fearless Girl und Charging Bull

2017 wurde gegenüber der berühmten Skulptur *Charging Bull* die von Kristen Visbal gestaltete Bronzefigur *Fearless Girl* (rechts) aufgestellt, die dem aggressiven Bullen selbstbewusst ins Auge blickt. Die Figur wurde zu einem Symbol des Feminismus. 2019 erhielt die Statue einen neuen Standort vor der New York Stock Exchange.

⑨ Charging Bull
Karte R4 ■ Broadway
Ecke Bowling Green Park
■ www.chargingbull.com

Im Dezember 1989 stellte Arturo Di Modica die Bronzeskulptur heimlich vor der New York Stock Exchange ab. Später wurde sie am Broadway nahe dem Bowling Green installiert.

Castle Clinton, Battery Park

⑩ Battery Park
Karte R3–4 ■ Broadway & Battery Place ■ tägl.

Der Park am Hafen wurde im 18. und 19. Jahrhundert auf Aufschüttungen von Aushubmaterial angelegt. Am Castle Clinton National Monument (1808–11) legen heute die Fähren nach Ellis Island und zur Freiheitsstatue ab. Der Park birgt viele Denkmäler und Skulpturen.

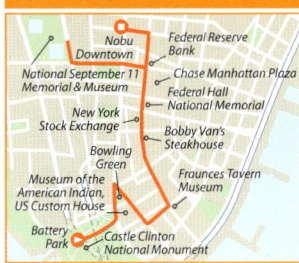

▶ Vormittags

Genießen Sie am Morgen den Meerblick vom **Battery Park** und besichtigen Sie die historischen Dioramen im **Castle Clinton National Monument** *(siehe S. 20)*. Danach lockt das **Museum of the American Indian** im **Alexander Hamilton US Custom House** *(siehe S. 79)*. Wenn Sie **Bowling Green** durchqueren und bei der Whitehall Street rechts abbiegen, gelangen Sie über die Pearl Street zum **Fraunces Tavern Museum** *(siehe S. 82)*, wo sich George Washington von seinen Truppen verabschiedete.

Über die Broad Street erreichen Sie die Wall Street mit der **New York Stock Exchange** *(siehe S. 79)*. In der Nähe steht das **Federal Hall National Memorial**. Hier leistete der erste US-Präsident den Amtseid. Steak ist eine Spezialität im Financial District. Probieren Sie eines in **Bobby Van's Steakhouse** *(siehe S. 83)*.

Nachmittags

Auf der Nassau Street gelangen Sie Richtung Norden zur **Chase Manhattan Plaza** (28 Liberty St) mit den berühmten Skulpturen. Hier fällt die reich verzierte Fassade der **Federal Reserve Bank** ins Auge. Weiter nördlich befindet sich der Louise Nevelson Square mit dem Werk *Shadows and Flags*.

Gehen Sie über die Liberty Street zurück und besuchen Sie das **National September 11 Memorial & Museum**. Im japanischen Restaurant **Nobu Downtown** *(siehe S.83)* beschließen Sie den Tag.

Siehe Karte S. 78

Dies & Das

(1) Freiheitsstatue
Die 93 Meter hohe Statue dominiert den Hafen von New York und gilt weltweit als Symbol der Freiheit *(siehe S. 20f)*.

(2) Ellis Island
Das historische Ellis Island ist heute ein bemerkenswertes Museum, das den Erfahrungen jener Menschen, die in die USA einwanderten, huldigt *(siehe S. 22f)*.

(3) Governors Island
Governors Island ist in New York einzigartig. Der Park mit bezaubernden Grünflächen und historischen Gebäuden bietet eine willkommene Abwechslung zum hektischen Stadtleben *(siehe S. 56)*.

(4) Oculus
Karte Q3 ▪ 185 Greenwich St
▪ Mo – Sa 10 – 21 Uhr, So 11 – 19 Uhr
Das markante, von dem spanischen Architekten Santiago Calatrava entworfene Bauwerk beherbergt eine Subway-Station und eine Westfield-Shoppingmall.

(5) Pier A Harbor House
Karte R3 ▪ 22 Battery Place
Es gibt Pläne, den schmucken Pier aus dem 19. Jahrhundert am Rand des Battery Park für Fährverbindungen nach Liberty Island zu nutzen.

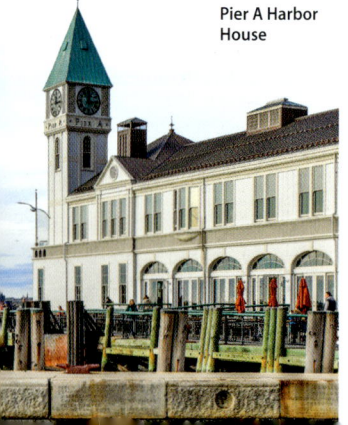

Pier A Harbor House

(6) Stone Street
Karte Q4
Die kopfsteingepflasterte Straße zwischen Hanover Square und Coenties Alley säumen Häuser im Greek-Revival-Stil. Vor allem im Sommer, wenn Picknicktische die Straße in einen riesigen Biergarten verwandeln, kann man hier wunderbar eine Mahlzeit oder einen Drink genießen.

Besucher im 9/11 Tribute Museum

(7) 9/11 Tribute Museum
Karte R3 ▪ 92 Greenwich St
▪ www.911tributemuseum.org
Seit 2006 erinnert das Museum an die Anschläge vom 11. September anhand persönlicher Erfahrungen von Betroffenen.

(8) Irish Hunger Memorial
Karte Q3 ▪ 290 Vesey St Ecke
North End Ave ▪ tägl. 8 – 18.30 Uhr
Das Denkmal ist dem irischen Volk gewidmet, das von 1845 bis 1849 unter der Großen Hungersnot litt.

(9) Skyscraper Museum
Karte R3 ▪ 39 Battery Place
▪ www.skyscraper.org
Das Museum würdigt das architektonische Erbe New Yorks.

(10) Fraunces Tavern Museum
Karte R4 ▪ 54 Pearl St ▪ tägl. 12 – 17 Uhr (Sa & So ab 11 Uhr)
George Washington nahm 1783 in dieser Taverne von seinen Offizieren Abschied. Die historisch möblierten Räume beherbergen Ausstellungen zur frühen US-Geschichte.

Restaurants

Preiskategorien

Preis für ein Drei-Gänge-Menü pro
Person mit einem Glas Hauswein, inkl.
Steuern und Service.

$ unter 25 $ ■ $$ 25 – 75 $ ■ $$$ über 75 $

① The View at The Battery
Karte R4 ■ Battery Park, gegenüber 17 State St ■ +1-212-269-2323
■ $$$

Genießen Sie neue amerikanische
Küche mit asiatischen Akzenten
und den Ausblick auf den Hafen.

② Gigino at Wagner Park
Karte R3 ■ 20 Battery Place,
neben dem Museum of Jewish
Heritage ■ +1-212-528-2228 ■ $$

Das Lokal bietet ausgezeichnete
italienische Küche. Von dem eleganten Gastraum und der Terrasse
eröffnet sich ein schöner Blick auf
das Wasser.

③ Adrienne's Pizzabar
Karte R4 ■ 54 Stone St Ecke
William St ■ +1-212-248-3838 ■ $$

Leckere Pizza vom Blech gibt es
mit roter oder weißer Sauce. Den
Belag kann man sich selbst zusam-
menstellen.

④ Bobby Van's Steakhouse
Karte R4 ■ 25 Broad St Ecke
Exchange Place ■ +1-212-344-8463
■ $$$

In dem Beaux-Arts-Gebäude von
1898 genießt man exzellente Steaks
bei Aussicht auf die Börse.

Bobby Van's Steakhouse

⑤ Fraunces Tavern
Karte R4 ■ 54 Pearl St
Ecke Broad St ■ +1-
212-968-1776 ■ $$

Die historische
Taverne (18. Jh.) ist
ein hübsches mit Ei-
chenholz getäfeltes
Restaurant für tra-
ditionelle amerika-
nische Gerichte und
Bierspezialitäten.

Fraunces Tavern

⑥ Harry's
Karte R4 ■ 1 Hanover Square,
zwischen Pearl & Stone St ■ +1-212-
785-9200 ■ $$$

In dem historischen Gebäude ist ein
Steakhaus mit Café. Es lockt Scharen von Bankangestellten an.

⑦ George's
Karte R3 ■ 89 Greenwich St
Ecke Rector St ■ +1-212-269-8026 ■ $$

Das Lokal in Downtown bietet mit
Burgern, Suppen, Omeletts, Sand-
wiches und Salaten herzhafte ame-
rikanische Kost.

⑧ Nobu Downtown
Karte Q4 ■ 195 Broadway,
zwischen Dey & Futon St ■ +1 212
219-0500 ■ $$$

Nobu Matsuhisas Kultrestaurant
bezog 2017 diese luxuriösen Räumlichkeiten. Probieren Sie den Koh-
lenfisch mit Miso.

⑨ Joseph's
Karte R4 ■ 3 Hanover Square
■ +1-212-747-1300 ■ $$

Das Restaurant bietet gute italie-
nische Küche, u. a. Calamari und
Fettuccine »Alfredo«.

⑩ 2West
Karte R3 ■ 2 West St Ecke
Battery Park ■ +1-917-790-2525 ■ $$$

Im französisch inspirierten Steakhaus im Hotel Wagner at the Battery
speist man mit Aussicht auf Hudson
River und Battery Park.

Siehe Karte S. 78

TOP10 Civic Center & Seaport District NYC

Woolworth Building

Das Verwaltungs- und Regierungsviertel Civic Center mit dem Rathaus, dem Hauptsitz der New Yorker Polizeibehörde und dem Bezirksgericht beeindruckt mit grandiosen Bauwerken aus mehreren Jahrhunderten – von der St. Paul's Chapel (18. Jh.) bis zum Woolworth Building (20. Jh.). In der Nähe befindet sich die Brooklyn Bridge. Das benachbarte Seaport District NYC ist das historische Hafenviertel der Stadt. Die Piers und die original erhaltenen Handelshäuser wurden sorgfältig restauriert. Die Museen, Cafés und Restaurants in den historischen Gebäuden sorgen heute für eine lebhafte Atmosphäre.

1 TOP**10**-Attraktionen *siehe S. 85 – 87*

1 Restaurants *siehe S. 89*

1 Maritime Sehenswürdigkeiten *siehe S. 88*

White Street
Franklin Street
Leonard Street
Worth Street
Duane Street
Chambers Street
Murray Street
Park Place
Barclay Street
Fulton Street
John Street

Chinatown
Bayard Street
Columbus Park
Worth Street
Foley Square
Pearl Street
Andrew's Plaza
City Hall Park
Brooklyn Bridge-City Hall
Ann Street
Beekman Street
Frankfort St
Dover Street
Pearl Street
Legion Square
Maiden Lane
Pine Street
Water Street
South Street

Franklin St
Chambers St
City Hall
World Trade Center
Cortlandt St
Fulton St
Wall St

Broadway
Church Street
West Street
Park Row
Gold Street
Nassau Street
William Street
St James Place
Catherine Street
R F Wagner Sr Place
Peck Slip
Ave of the Finest

Lower Manhattan

Brooklyn Bridge
Pier 17
Pier 16
Pier 15

Pace Plaza

0 Meter 250
0 Yards 250

Spaziergänger auf der Brooklyn Bridge

❶ Seaport District NYC
Karte Q4 ■ www.seaport
district.nyc

Die Kopfsteinpflasterstraßen, Piers und Gebäude waren im 19. Jahrhundert das Zentrum der New Yorker Seefahrt. Der bis heute andauernde Sanierungsprozess verwandelte das Viertel in ein für Besucher überaus ansprechendes Areal. Es gibt Schiffe zu besichtigen, Läden, Restaurants, Bars, das South Street Seaport Museum (siehe S. 88) und viele Aktivitäten im Freien.

Seaport District NYC

❷ Brooklyn Bridge
Karte Q5 ■ (Manhattan-Seite)
Park Row nahe dem Municipal Building

Bei der Einweihung 1883 war die Verbindung zwischen Manhattan und Brooklyn die erste aus Stahl gefertigte und die größte Hangebrücke der Welt. 600 Arbeiter erbauten sie innerhalb von 16 Jahren – 20 verloren dabei ihr Leben, auch der Konstrukteur John A. Roebling. Spaziergänger werden auf dem Fußweg (1,8 km) mit märchenhafter Aussicht durch das kunstvolle Geflecht der Stahlseile auf die Wolkenkratzer der Stadt belohnt.

❸ Woolworth Building
Karte Q4 ■ Broadway, zwischen
Park Pl & Barclay St ■ nur zu Führungen ■ www.woolworthtours.com

Das Innere des 1913 errichteten Gebäudes bezaubert mit Marmor, Filigranarbeiten aus Bronze, der Mosaikdecke und Buntglas. Architekt Cass Gilbert besaß auch Humor: Skulpturen zeigen den Mogul Woolworth beim Geldzählen und den Meister selbst, wie er ein Modell des Gebäudes im Arm hält. Der Bau setzte Maßstäbe für die Wolkenkratzer der 1920er und 1930er Jahre (siehe S. 52).

»Boss« Tweed Courthouse

Das erste New Yorker Bezirksgericht (52 Chambers St) wurde 1881 von William »Boss« Tweed errichtet. Der korrupte Politiker *(rechts)* gab ein Vermögen für das Marmormonument aus – und zwackte dabei viel für sich selbst ab. Seit 2002 sind in dem renovierten Gebäude das Department of Education und die City Hall Academy untergebracht.

6 City Hall
Karte Q4 ■ Broadway & Park Row ■ Mi 12 Uhr, Do 10 Uhr (nur Führungen mit Voranmeldung; +1-212-788-2656) ■ www.nyc.gov

Seit 1812 ist eines der schönsten öffentlichen US-Gebäude aus dem 19. Jahrhundert Sitz der Stadtregierung von New York. Eine Justitia-Statue krönt die Spitze. Die Rückseite der City Hall wurde erst 1954 mit Marmor verkleidet – die Architekten Mangin und McComb Jr. hatten die weite Ausdehnung der Stadt nach Norden nicht vorhergesehen *(siehe S. 54)*.

4 195 Broadway
Karte Q4 ■ 195 Broadway ■ während der Geschäftszeiten

Der ursprüngliche AT & T-Hauptsitz (1922) ist überbordend gestaltet. Die Fassade galt einst als die am reichsten mit Säulen dekorierte der Welt. Auch die Lobby birgt viele Marmorsäulen. Exzessive Architektur bietet auch das einstige Equitable Building (1915), Nr. 120 Broadway. Der riesige Schattenwerfer bewirkte neue Baugesetze: Wolkenkratzer müssen sich seither nach oben verjüngen.

5 St. Paul's Chapel
Karte Q4 ■ 209 Broadway, zwischen Fulton & Vesey St ■ tägl. 10–18 Uhr ■ Messe: So 8 & 9.15 Uhr ■ www.trinitywallstreet.org

Manhattans älteste Kirche wurde im Jahr 1766 als »Uptown«-Kapelle für die Trinity Church erbaut. Während des Wiederaufbaus der Trinity Church nach dem Brand von 1776 gewann sie an Bedeutung. Vorbild für die bis heute im Wesentlichen unveränderte Kirche war St Martin-in-the-Fields in London. Einen Straßenblock von Ground Zero entfernt zeigt die Kirche in der Chapel of Remembrance eine Ausstellung zum 11. September *(siehe S. 54)*.

7 Municipal Building
Karte Q4 ■ 1 Centre St Ecke Chambers St

Municipal Building

Der das Civic Center überragende Sitz der Stadtverwaltung war New Yorks erster »Wolkenkratzer«. Die Architekten McKim, Mead & White entwarfen das eindrucksvolle Bauwerk. Den Oberbau des 25-stöckigen Gebäudes von 1914, ein Ensemble in fantastischer Zuckerbäckerarchitektur, krönt Adolph Wienmans berühmte Statue *Civic Fame*. Für das bemerkenswerte Terrakottagewölbe über der Straße orientierte man sich am Eingang des Palazzo Farnese in Rom. Guastavino-Fliesen zieren den Subway-Eingang an dem von Arkaden gesäumten Platz an der Südseite.

8 New York County Courthouse
Karte P4 ■ 60 Centre St ■ Mo–Fr 9–17 Uhr

Neben dem 31 Stockwerke hohen U.S. Courthouse (1933) mit der architektonisch interessanten Dachpyramide führt eine breite Freitreppe in das New Yorker Bezirksgericht (1926). Die Rotunde mit Marmorsäulen zieren Tiffany-Leuchter und Wandgemälde mit Szenen aus dem Gerichtsleben. Jeder Flügel des sechseckigen Gebäudes beherbergt einen Gerichtssaal.

Surrogate's Court & Hall of Records

⑨ Surrogate's Court & Hall of Records

Karte Q4 ▪ 31 Chambers St
▪ Lobby: Mo–Fr 9–17 Uhr

Die prächtige Zentralhalle des Beaux-Arts-Gebäudes von 1907 – mit Marmortreppen und Deckenmosaiken – ist der Pariser Oper nachempfunden. Die Statuen an der Fassade stellen u. a. Justitia, New Yorker Persönlichkeiten und die Lebensstadien des Menschen dar.

⑩ African Burial Ground

Karte P4 ▪ Duane & Elk St
▪ Visitor Center: 290 Broadway ▪ Di–Sa 10–16 Uhr (an manchen Feiertagen geschl.) ▪ www.nps.gov/afbg

1991 entdeckten Bauarbeiter Überreste von 419 Skeletten auf dem Gelände, das einst Teil eines größeren afrikanischen Gräberfelds (18. Jh.) war. Nach einer Untersuchung wurden die Gebeine 2003 erneut an der Stätte beigesetzt und mit einem schwarzen Granitmonument geehrt.

Ausstellung im African Burial Ground

Spaziergang

▶ Vormittags

Viele Subway-Linien fahren zur **City Hall.** Folgen Sie dem Broadway und bewundern Sie die Lobbys von **Woolworth Building** und **195 Broadway** sowie die überaus beeindruckende georgianische Innenausstattung der **St. Paul's Chapel.**

Der Rückweg führt durch die Park Row. Sie wurde früher »Newspaper Row« genannt, weil hier viele Zeitungsredaktionen ansässig waren. Am Printing House Square steht Benjamin Franklins Statue mit der *Pennsylvania Gazette.* Westlich liegt der **City Hall Park,** in dem im Juli 1776 die Unabhängigkeitserklärung vor Washingtons Truppen verlesen wurde. Ein Zeitrad aus Granit dokumentiert die Stadtgeschichte.

Über die Chambers und die Centre Street kommen Sie am **Municipal Building** vorbei.

Nachmittags

Mittags führt der Weg nach Osten zu **Jeremy's Ale House** *(siehe S. 89).* Gehen Sie danach über die Straße zum East River, um die Aussicht auf Brooklyn zu genießen.

Nachmittags haben Sie im **Seaport District NYC** Gelegenheit, das Handwerkszentrum und das **South Street Seaport Museum** *(siehe S. 88)* zu besichtigen und eine Bootstour zu machen. Steuern Sie zum Abendessen den **Fish Market** *(siehe S. 89)* an, alternativ empfiehlt sich das hervorragende italienische Restaurant **Il Brigante** *(siehe S. 89).*

Siehe Karte S. 84 ←

Maritime Sehenswürdigkeiten

Ambrose, South Street Seaport Museum

① South Street Seaport Museum
Karte Q4 ▪ 12 Fulton St ▪ Apr–Dez: Mi–So 11–19 Uhr (Jan–März: nur Fr–So) ▪ Eintritt ▪ www.southstreet seaportmuseum.org

Das Häuserensemble im Federal Style beherbergt exquisite maritime Kunst. Die historischen Schiffe an Pier 16 sind ebenfalls sehenswert.

② Schermerhorn Row
Karte Q4 ▪ Fulton St, zwischen Front & South St

In den von Peter Schermerhorn 1811 und 1812 im Federal Style erbauten Häusern befinden sich das South Street Seaport Museum, Läden und Restaurants.

③ Wavertree
Karte Q4 ▪ Pier 16, Seaport District NYC ▪ Apr–Dez: Mi–So 11–17 Uhr ▪ Eintritt

Der 1885 in Southampton (England) gebaute Dreimaster war bis 1910 als Frachtsegler im Einsatz.

④ Bowne & Co.
Karte Q4 ▪ 211 Water St ▪ tägl. 11–17 Uhr

Die Druckerpressen in der rekonstruierten Druckerei (19. Jh.) funktionieren noch immer.

⑤ Ambrose
Karte Q4 ▪ Pier 16, Seaport District NYC ▪ Apr–Dez: Mi–So 11–17 Uhr ▪ Eintritt

Das 1907 fertiggestellte Feuerschiff war bis 1964 in Betrieb. Heute ist es eines der Highlights im South Street Seaport Museum.

⑥ Pilot House
Karte Q4 ▪ 89 South St (Pier 16) ▪ für die Öffentlichkeit geschl.

Die Schiffsbrücke im Zentrum von Pier 16 stammt von der *New York Central No. 31*, einem 1923 von der New York Central Railroad gebauten Schlepper.

⑦ Pier 17
Karte Q5 ▪ Seaport District NYC

Der Pier bietet Läden, Restaurants, einen Dachbiergarten und Blick auf East River und Brooklyn Bridge.

⑧ Hafenrundfahrten
Karte Q4 ▪ Pier 16, Seaport District NYC ▪ Mai–Sep: Mi–So ▪ Eintritt

Auf dem Schoner *Pioneer* von 1885 kann man nachmittags und abends 90-minütige oder zweistündige Hafenrundfahrten unternehmen.

⑨ Titanic Memorial
Karte Q4 ▪ Fulton St Ecke Water St

Der Leuchtturm erinnert an die *Titanic*. Das seinerzeit größte Schiff der Welt sank 1912.

⑩ Fulton Market Building
Karte Q4 ▪ 11 Fulton St

Das Gebäude, das einst den Fulton Fish Market beherbergte, wurde renoviert und bietet heute elegante Boutiquen sowie ein Kino der Kette iPic Theaters.

Titanic Memorial

Restaurants

(1) Nobu Downtown
Karte Q4 ▪ 195 Broadway
▪ +1-212-219-0500 ▪ $$$

Blickfang in dem Restaurant von Nobu Matsuhisa ist eine von japanischer Kalligrafie inspirierte Skulptur. Zu den Spezialitäten des Starkochs zählen Zackenbarsch mit Miso und Nikuman mit Wagyū-Füllung.

Nobu Downtown

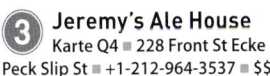

(2) Crown Shy
Karte Q4 ▪ 70 Pine St
▪ +1-212-517-1932 ▪ $$$

Die Küche verbindet verschiedenste Kochstile und Aromen. Der gebratene Gruyère, die Messermuscheln mit Karotten und das gebratene Banananeneis bilden ein köstliches Menü.

(3) Jeremy's Ale House
Karte Q4 ▪ 228 Front St Ecke Peck Slip St ▪ +1-212-964-3537 ▪ $$

Die Bar, in der BHs und Krawatten von den Deckenbalken hängen, serviert Bier vom Fass ab 8 $ und exzellente Burger.

(4) Il Brigante
Karte Q4 ▪ 214 Front St
▪ +1-212-285-0222 ▪ $$

Die Trattoria lockt mit köstlicher Pasta, Pizzas aus dem Holzofen, Fleischgerichten und guten Weinen.

(5) Manhatta
Karte Q4 ▪ 28 Liberty St, 60. Stock ▪ +1-212-230-5788 ▪ $$$

Die Gerichte in dem modernen amerikanischen Restaurant von Manager Danny Meyer und Chefkoch Jason

---

Preiskategorien
Preis für ein Drei-Gänge-Menü pro Person mit einem Glas Hauswein, inkl. Steuern und Service.
··········
$ unter 25 $ ▪ $$ 25 – 75 $ ▪ $$$ über 75 $

Pfeifer variieren nach Saison – von pochiertem Kabeljau bis zu zartem Rehrücken.

(6) Luchadores
Karte Q4 ▪ 87 South St
▪ +1-646-398-7499 ▪ $$

Das beliebte Lokal serviert traditionelle mexikanische Gerichte von bester Qualität.

(7) Fish Market
Karte Q4 ▪ 111 South St
▪ +1-212-227-4468 ▪ $$

Das Gebäude diente im 19. Jahrhundert als Fischmarkt. Im Gastraum mit Holz- und Ziegelwänden wird pikante Kost mit Einflüssen der Küche Malaysias serviert.

(8) Suteishi
Karte Q5 ▪ 24 Peck Slip St
▪ +1-212-766-2344 ▪ $$

Das Lokal nördlich des Seaport District NYC nahe der Brooklyn Bridge ist bei Einheimischen beliebt, da es Sushi zu vernünftigen Preisen bietet.

(9) Fresh Salt
Karte Q4 ▪ 146 Beekman St
▪ +1-212-962-0053 ▪ $$

Das Fresh Salt ist Bar und Café, in dem man Suppen, Gourmetsandwiches und Salate genießen kann. Der Brunch am Wochenende ist sehr beliebt.

(10) The Fulton
Karte Q5 ▪ 89 South St (Pier 17)
▪ +1-212-838-1200 ▪ $$$

Das Seafood-Restaurant des Starkochs Jean-Georges Vongerichten bietet grandiosen Blick auf den East River und die Brooklyn Bridge. Zum Brunch gibt es u. a. Sashimi, Königskrabben und Kammuscheln.

Siehe Karte S.84 ➤

TOP 10 Chinatown & Little Italy

Chinatown

Die beiden Viertel, in denen sich im 19. Jahrhundert Einwanderer niederließen, zählen zu den lebhaftesten New Yorks. Little Italy nimmt heute nur mehr wenige Blocks ein, hat dank der italienischen Läden und Restaurants aber noch immer authentisches Flair. In Chinatown leben etwa 150 000 Chinesen. Läden und Märkte bieten köstliche Speisen, edle Antiquitäten und originelle Geschenkartikel an.

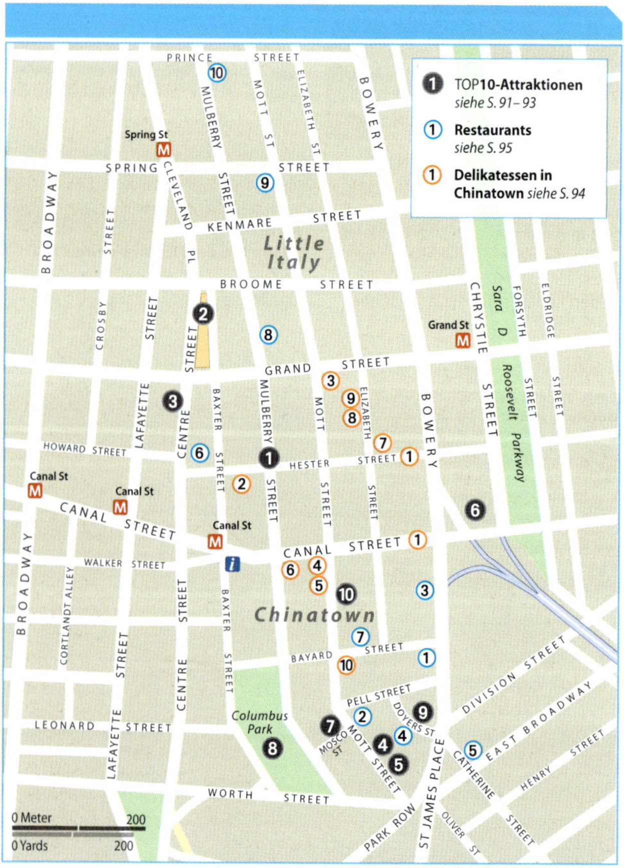

1 TOP**10**-Attraktionen
siehe S. 91–93

1 **Restaurants**
siehe S. 95

1 **Delikatessen in Chinatown** *siehe S. 94*

Mulberry Street, Little Italy

➊ Mulberry Street
Karte P4 ▪ Mulberry St, zwischen Broome & Canal St

Zwischen Houston und Spring Street gibt es viele schicke Läden. Die stetig wachsende Chinatown nimmt zwar immer größere Teile von Little Italy ein, der Block zwischen Canal und Broome Street ist jedoch noch fest in italienischer Hand. Er bietet Cafés, die italienisches Gebäck servieren, und zahlreiche Restaurants. In den Läden sind Pasta-Zubehör, Heiligenstatuen und T-Shirts mit dem Aufdruck »Kiss Me, I'm Italian« erhältlich. Im September wird in dem Viertel das Feast of San Gennaro (siehe S. 74) gefeiert.

➋ Old Police Headquarters Building
Karte P4 ▪ 240 Centre St ▪ für die Öffentlichkeit geschl.

Da die städtische Polizeibehörde nach dem Zusammenschluss der Stadtbezirke zu Greater New York 1898 (siehe S. 47) anwuchs, wurde 1905 nahe Little Italy ein neuer Hauptsitz erbaut. Die Kuppel des barocken, mit Säulen ausgestatteten Bauwerks ist von der City Hall aus zu sehen. Der ungewöhnliche Grundriss rührt

von der Keilform des Grundstücks. Nach dem Auszug der Behörde 1973 stand das Gebäude zehn Jahre lang leer. Dann wurde es zu einem Luxuswohnhaus, den Police Building Apartments, umgebaut.

➌ Museum of Chinese in America
Karte P4 ▪ 215 Centre St ▪ Di–So 11–18 Uhr (Do bis 21 Uhr) ▪ Eintritt (1. Do im Monat frei) ▪ www.mocanyc.org

Das Museum dokumentiert die Erfahrungen chinesischer Einwanderer. Die Ausstellung »Where is Home?« zeigt Lebensgeschichten, Fotos und Gedichte, thematisiert werden auch Religion und die Rolle der Frau. Wechselausstellungen widmen sich zum Beispiel der Kunst oder der chinesischen LGBTQ+ Community in China. Es werden Bücher, Stadtteilführer und Gratisbroschüren angeboten.

Old Police Headquarters

➍ Wing On Wo & Co.
Karte P4 ▪ 26 Mott St ▪ www.wingonwoand.co

Das 1890 eröffnete Geschäft ist einer der ältesten familiengeführten Läden in Chinatown. Ursprünglich ein Gemischtwarenladen, bietet er heute eine große Auswahl an Porzellan aus China und Ostasien.

Die Anfänge von Chinatown

Der 1882 erlassene *Chinese Exclusion Act* verbot den Familien chinesischer Arbeiter, nach New York zu ziehen. In der damaligen Chinatown zwischen Pell, Mott und Doyers Street lebten aus diesem Grund fast ausschließlich Männer. Seinen schlechten Ruf verdankte das Viertel vor allem den *tongs*, die soziale Vereinigung, aber auch kriminelle Bruderschaft sein konnten.

⑤ Mott Street Shopping
Karte P4 ■ Mott St

Die Läden an der Straße verkaufen Produkte aus Ostasien. Das New York Chinatown Souvenir Gift Center (Nr. 49) bietet Geschenkartikel wie Papierschirme und Drucke an. Uniqulee (Nr. 36) führt Secondhandschmuck sowie Taschen und Kerzen. Bei New Age Designer (Nr. 38), auch »Noble Madam« genannt, können sich Kunden Seidenkleidung in vielen Farben schneidern lassen. Essstäbchen in zahlreichen Variationen findet man bei Yunhong Chopsticks (Nr. 50).

⑥ Mahayana Buddhist Temple
Karte P4 ■ 133 Canal St

Der prächtige buddhistische Tempel wurde 1997 im klassischen chinesischen Stil erbaut. Die fünf Meter hohe, aus massivem Gold gefertigte Buddhastatue hinter dem Hauptaltar ist in blaues Licht getaucht und von Kerzen umgeben. 32 Wandtafeln zeigen Buddhas Lebensgeschichte.

⑦ Church of the Transfiguration
Karte P4 ■ 29 Mott St ■ Fr 8.30–15.30 Uhr, Sa 13–18 Uhr & zu Gottesdiensten

Die georgianische Steinkirche mit den gotischen Fenstern wurde 1801 von der English Lutheran Church errichtet. Im Jahr 1853 wurde sie an die katholische Church of the Transfiguration verkauft. Mit den wechselnden Einwandererströmen passte sich das Gotteshaus an die jeweilige Nationalität der Gemeinde an – zunächst irisch, später italienisch, nun chinesisch. Das heutige Zentrum der chinesischen katholischen Gemeinde unterstützt Neuankömmlinge. Die Gottesdienste werden auf Kantonesisch und Mandarin gehalten.

Church of the Transfiguration

⑧ Columbus Park
Karte P4 ■ Bayard & Mulberry St

Chinatowns einziger Park ist das Resultat einer Kampagne im ausgehenden 19. Jahrhundert, die von dem Journalisten Jacob Riis und anderen Sozialreformern initiiert wurde. Damals befand sich auf dem Gelände New Yorks schlimmster Slum – Riis zählte mindestens eine Messerstecherei oder Schießerei pro Woche. Der Park ist zwar keine grüne Oase, bei den Anwohnern

Xiangqi-Spieler im Columbus Park

aber beliebt. Hier toben Kinder, man spielt *xiangqi*, übt Tai-Chi oder Kampfsportarten.

⑨ Bloody Angle
Karte P4 ▪ Doyers St nahe Pell St

Eine Zeitung gab der Kurve an der Doyers Street den Namen »Blutecke«, da sie in den 1920er Jahren tragischer Schauplatz zahlreicher Bandenüberfälle war. Zu jener Zeit kämpften die *tongs* genannten, berüchtigten Gangs Hip Sing und On Leong um die Kontrolle des Opiumhandels und der Spielhöllen in Chinatown. Die erbitterten *Tong*-Kriege dauerten mit unterschiedlicher Intensität bis in die 1940er Jahre an. Auch heute noch rivalisieren in Chinatown verschiedene Jugendbanden.

⑩ Eastern States Buddhist Temple
Karte P4 ▪ 64B Mott St ▪ tägl. 8–18 Uhr

Der Tempel ist vom Duft der Räucherstäbchen durchzogen. Im Kerzenlicht erstrahlen über 100 Buddhastatuen. Gläubige bringen in dem Gotteshaus frisches Obst als Opfergabe dar. Besucher können sich vor dem Tempel für einen Dollar die Zukunft vorhersagen lassen.

Statue, Eastern States Buddhist Temple

Spaziergang

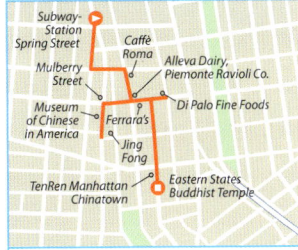

▶ Vormittags

Nehmen Sie die Subway-Linie 6 zur **Subway-Station Spring Street** und biegen Sie nach der Lafayette Street in die **Mulberry Street** ein, wo Little Italy beginnt. Verpassen Sie nicht die altmodischen Läden in der Grand Street, etwa **Alleva Dairy** (188 Mulberry St Ecke Grand St) mit Käsespezialitäten und **Piemonte Ravioli Co.** (190 Grand St) mit riesiger Pasta-Auswahl. Bei **Di Palo Fine Foods** (206 Grand St) wird Mozzarella hergestellt. Rasten Sie in einem italienischen Café wie dem **Caffè Roma** (176 Mulberry St) oder dem **Ferrara's** (195–201 Grand St).

Gehen Sie von der Grand bis zur Centre Street, dann links und besuchen Sie das **Museum of Chinese in America**. Gegenüber dem Museum befindet sich das Lokal **Jing Fong** (*siehe S. 95*) – bestellen Sie *dim sum* zum Mittagessen.

Nachmittags

In der Mott Street können Sie einen ausgedehnten Bummel durch die Galerien, Lebensmittelläden und Märkte unternehmen. Wenn Ihnen der Sinn nach einer Erfrischung steht, kosten Sie in **TenRen Manhattan Chinatown** (*siehe S. 94*) einen Bubble Tea – einen gesüßten grünen oder schwarzen Tee mit farbigen Tapioka-Kügelchen.

Zum Abschluss des Tages können Sie im **Eastern States Buddhist Temple** die goldenen Buddhas besichtigen und sich die Zukunft vorhersagen lassen.

Siehe Karte S. 90

Delikatessen in Chinatown

Straßenstand in Chinatown

① Straßenmärkte
Karte P4 ▪ Chinatown, inklusive Canal & Hester St

In dem Viertel um Canal und Hester Street verkaufen Stände chinesisches Gemüse, Früchte und getrocknete Lebensmittel.

② Taiyaki NYC
Karte P4 ▪ 119 Baxter St

Der kleine Laden, der japanische Eiscreme in fischförmigen Waffeln verkauft, besitzt eine treue Stammkundschaft. Die Sorte »Unicorn« ist besonders beliebt.

③ Kamwo Meridian Herbs
Karte P4 ▪ 211 Grand St

Der Laden führt chinesische Kräuter, die angeblich alle Leiden von Arthritis bis Impotenz heilen. Ginseng ist als Tee und in Tablettenform erhältlich.

④ Fay Da Bakery
Karte P4 ▪ 83 Mott St Ecke Canal St

Der Laden bietet köstliche Brötchen mit gebratenem Schweine- oder Rindfleisch für weniger als 1,50 $, Mandelkekse, Rote-Bohnen-Kekse, Sahnetorten und *cream buns*.

⑤ TenRen Manhattan Chinatown
Karte P4 ▪ 75 Mott St

Die Angestellten kennen sämtliche Besonderheiten der zahllosen Teesorten und erklären die richtige Art der Zubereitung.

⑥ New Kam Man
Karte P4 ▪ 200 Canal St

Der Lebensmittelladen zählt zu den größten Chinatowns. Er bietet Tees, Ginseng, Gemüse in allen erdenklichen Farben und Formen, unzählige Saucen und vieles mehr.

⑦ Hong Kong Supermarket
Karte P4 ▪ 157 Hester St Ecke Elizabeth St

Die Regale sind mit getrocknetem Seafood, Nudeln und Wassermelonenkernen sowie Nahrungsmitteln aus China gefüllt. Verführerisch sind vor allem die preiswerten Bonbons.

⑧ Deluxe Food Market
Karte P4 ▪ 79 Elizabeth St

Die Auswahl an Fleisch, Fisch und Fertiggerichten ist bei Einheimischen beliebt.

⑨ Malaysia Beef Jerky
Karte P4 ▪ 95A Elizabeth St

Der winzige Laden bietet Beef, Pork und Chicken Jerky (Trockenfleisch) malaysischer Art, darunter auch sehr scharfe Varianten. *Bak Kwa* (Hühnchen) wird gerne am Chinese New Year gegessen.

⑩ Chinatown Ice Cream Factory
Karte P4 ▪ 65 Bayard St Ecke Mott St

Eis mit Ingwer-, Litschi-, Rote-Bohnen- und Kürbisgeschmack sowie viele andere außergewöhnliche Sorten locken junge Kunden an.

Chinatown Ice Cream Factory

Restaurants

1 Great N. Y. Noodletown
Karte P4 ▪ 28½ Bowery St Ecke Bayard St ▪ +1-212-349-0923 ▪ keine Kreditkarten ▪ $$

Das einfache Lokal serviert leckere Suppen, Nudeln, Fleischgerichte und fantasievoll zubereitete Speisen mit Seafood.

Peking Duck House

2 Peking Duck House
Karte P4 ▪ 28 Mott St ▪ +1-212-227-1810 ▪ $$

Das Lokal befindet sich in einer ruhigeren Ecke des Viertels. Serviert werden chinesische Spezialitäten, darunter auch Ente.

3 Joe's Shanghai
Karte P4 ▪ 46 Bowery, zwischen Canal & Bayard St ▪ +1-212-233-8888 ▪ keine Kreditkarten ▪ $$

Die Filiale des Restaurants in Flushing (Queens) ist für die mit Brühe und Fleisch gefüllten Teigtaschen bekannt. Die köstlichen *steamed buns* sollte man keinesfalls versäumen.

4 Chinese Tuxedo
Karte P4 ▪ 5 Doyers St, nahe Bowery ▪ +1-646-895-9301 ▪ $$

Das Restaurant in einem ehemaligen Opernhaus bietet gehobene chinesische Küche.

5 Golden Unicorn
Karte P4 ▪ 18 East Broadway Ecke Catherine St ▪ +1-212-941-0911 ▪ $$

Die *dim sum* sind ein Gedicht, aber auch die anderen Gerichte des gut besuchten Restaurants im zweiten Stock sind köstlich.

6 Jing Fong
Karte P4 ▪ 202 Centre St, zwischen Hester & Grand St ▪ +1-212-964-5256 ▪ $$

Die *dim sum* locken täglich zahlreiche Gäste an. Zeigen Sie auf die von Ihnen gewünschten Speisen.

7 Deluxe Green Bo
Karte P4 ▪ 66 Bayard St, zwischen Mott & Elizabeth St ▪ +1-212-625-2359 ▪ keine Kreditkarten ▪ $$

Der Service in dem lebhaften Shanghai-Lokal lässt zwar zu wünschen übrig, aber die Teigtaschen und die Pfannkuchen sind exzellent.

8 Da Nico
Karte P4 ▪ 164 Mulberry St, zwischen Broome & Grand St ▪ +1-212-343-1212 ▪ $$

Das rustikale Lokal mit schönem Garten ist in Familienhand. Es bietet viele Pizzasorten.

9 Lombardi's Pizza
Karte P4 ▪ 32 Spring St, zwischen Mott & Mulberry St ▪ +1-212-941-7994 ▪ keine Kreditkarten ▪ $$

Das klassische, schlichte Restaurant serviert köstlich knusprige Pizzas – sie zählen zu den besten, die in der Stadt erhältlich sind.

Lombardi's Pizza

10 Parm
Karte P4 ▪ 248 Mulberry St ▪ +1-212-993-7189 ▪ $$

Italienisch-amerikanische Küche mit sensationellen Sandwiches ist das Markenzeichen des überaus beliebten Lokals.

Siehe Karte S. 90 ←

TOP10 Lower East Side & East Village

Dampfbügel-
eisen, Tenement
Museum

Die Mietskasernen in der Lower East Side wurden einst von Einwanderern bewohnt. Nach dem Zustrom unzähliger Juden wurden die Kirchen in Synagogen verwandelt. In jüngerer Zeit verliehen Zuwanderer aus Lateinamerika und China dem Viertel multikulturelles Flair. Das East Village war ursprünglich eine holländische Enklave. Später wurde es erst von Deutschen, dann von Juden bewohnt. Es wurde Hochburg der Hippies und Geburtsort des Punkrock. Eine ukrainische Gemeinde hat all diese Veränderungen überdauert.

1 TOP**10**-Attraktionen
siehe S. 97–99

1 **Restaurants**
siehe S. 101

1 **Shopping**
siehe S. 100

1 Lower East Side Tenement Museum

Karte N5 ▪ 103 Orchard St ▪ +1-212-431-0233 ▪ Führungen: tägl. 10–18 Uhr nach tel. Anmeldung ▪ Eintritt ▪ www.tenement.org

Führungen durch die ehemalige Mietskaserne vermitteln einen Eindruck von den Lebensumständen verschiedener Immigranten: einer deutsch-jüdischen Familie (1874), einer orthodoxen jüdischen Familie aus Litauen (1918) und einer katholischen Familie aus Sizilien, die zur Zeit der Wirtschaftskrise (1930er Jahre) hier lebte. Die Ausstellung »Under One Roof« widmet sich der Zeit nach dem Zweiten Weltkrieg.

2 Essex Crossing

Karte N5 ▪ Essex & Delancey St ▪ www.essexcrossingnyc.com ▪ International Center of Photography: Öffnungszeiten variieren (siehe Website); Eintritt; www.icp.org

Das riesige Bauprojekt Essex Crossing – neun Straßenblocks rund um die Delancey und Essex Street – umfasst Wohnungen, Büros, Läden, den historischen Essex Market und das International Center of Photography (ICP). Das 1974 von Cornell Capa gegründete ICP besitzt rund 12 500 Originalabzüge, u. a. von Fotografen wie Henri Cartier-Bresson, Ansel Adams und W. Eugene Smith.

3 New Museum

Karte N4 ▪ 235 Bowery St ▪ Di–So 11–18 Uhr (Do bis 21 Uhr) ▪ Eintritt ▪ www.newmuseum.org

Das Museum zeigt experimentelle Werke, in der Regel handelt es sich um Multimediakunst und faszinierende Video-Installationen. 2007 zog es in ein hochmodernes Gebäude um, das die aus Tokyo stammenden Architekten Sejima und Nishizawa entwarfen. Es beinhaltet einen Buchladen, ein Theater, ein Lernzentrum und ein Café.

4 Museum at Eldridge Street

Karte P5 ▪ 12 Eldridge St ▪ So–Do 10–17 Uhr, Fr 10–15 Uhr ▪ Führungen: stündl. bis 16 Uhr ▪ Eintritt (Mo Spende) ▪ www.eldridgestreet.org

Die 1887 erbaute Synagoge war das erste in den Vereinigten Staaten errichtete Gotteshaus für jüdische Einwanderer aus Osteuropa. Um 1900 besuchten bis zu 1000 Menschen die Gottesdienste. Als die Gläubigen zu Beginn des 20. Jahrhunderts abwanderten, verfiel das Gebäude. 1950 wurde es geschlossen. Die 20 Jahre während Restaurierung wurde 2007 vollendet. Die Synagoge dient zwar heute als Museum und Kulturzentrum, wird aber auch noch immer für Gottesdienste genutzt.

Museum at Eldridge Street

Russ & Daughters

⑤ Russ & Daughters
Karte N5 ■ 179 East Houston St
■ Fr–Mi 8–18 Uhr, Do 8–19 Uhr
(Öffnungszeiten können an jüdischen
Feiertagen variieren) ■ www.russand
daughters.com

Der polnische Einwanderer Joel
Russ begann 1907 *Schmaltz*-Hering
aus einem Fass zu verkaufen, bis er
genug Geld für einen Handkarren
beisammenhatte. 1920 eröffnete er
den Feinkostladen, in dem er auch
gesalzenen Hering anbot. Heute
wird der Laden von Russ' Urenkeln
betrieben. Der geräucherte Lachs
und die anderen Produkte sind erstklassig. Zu den Spezialitäten zählt
Kaviar.

⑥ Bialystoker Synagogue
Karte N5 ■ 7 Willett St, nahe der
Kreuzung Grand St & East Broadway
■ Mo–Do 7–10 Uhr (erkundigen Sie
sich vorab unter +1-212-475-0165)

Das Gotteshaus wurde 1826 als
methodistische Kirche erbaut. 1905
erwarb die jüdische Gemeinde Beth
Haknesseth Anshe Bialystok das
Gebäude. Die graue Steinfassade ist
schlicht, das wundervoll restaurierte
Innere der Synagoge bezaubert jedoch mit Buntglas, Blattgold und
Wandbildern. Eine Gedenktafel erinnert an den Gangster Bugsy Siegel,
der als Kind in der Synagoge betete.

⑦ St. Mark's-in-the-Bowery Church
Karte M4 ■ 131 East 10th St ■ Mo–Fr
8.30–16 Uhr, Gottesdienst So 11 Uhr

Die zweitälteste Kirche New Yorks
steht auf dem Gelände der einstigen
Privatkapelle von Peter Stuyvesant
(17. Jh.). Der Gouverneur der ehemals holländischen Stadt liegt hier
begraben. In den 1960er Jahren
war die Gemeinde eine der politisch
aktivsten. Die progressive Tradition
hat sie bis heute bewahrt.

⑧ St. Mark's Place
Karte M4 ■ East 8th St, zwischen
3rd Ave & Ave A

Das einstige Hippiezentrum verströmt noch immer die Atmosphäre
von Gegenkultur. Es ist heute Treff-

Passanten am St. Mark's Place

punkt für die Jugendszene des East Village. Bis spät in die Nacht strömen Menschenmengen in die Nudelbars, asiatischen Restaurants, Piercing- und Tattoostudios oder Läden, in denen Bücher, T-Shirts, Vintagemode, Perlen und Poster verkauft werden.

⑨ Ukrainian Museum

Karte N4 ▪ 222 East 6th St, zwischen 2nd & 3rd Ave ▪ Mi – So 11.30 – 17 Uhr ▪ Eintritt ▪ www. ukrainianmuseum.org

Das Museum zeigt ukrainische Trachten, üppig bestickte Bauernblusen, bunte Schärpen, Mäntel aus Schafsleder und Schafsfell, Hochzeitsgirlanden aus Garn und Bändern sowie Keramiken, Schmuck und reich verzierte ukrainische Ostereier (pysanky).

Ukrainische Tracht

⑩ Merchant's House Museum

Karte N4 ▪ 29 East 4th St ▪ Fr – Mo 12 –17 Uhr (Do bis 20 Uhr) ▪ Eintritt ▪ www.merchantshouse.org

1835 erwarb der reiche Kaufmann Seabury Tredwell das Stadthaus im Federal Style des 19. Jahrhunderts. Es blieb bis 1933 im Besitz der Familie. Das Museum wurde 1936 inklusive der Originaleinrichtung eröffnet. Die Salons im ersten Stock zeigen, wie gut die New Yorker Kaufleute in den 1800er Jahren lebten.

Spaziergang

▶ Vormittags

Von der **Subway-Station Delancey Street** gehen Sie Richtung Süden zur Grand Street. Genießen Sie bei **Kossar's Bagels & Bialys** (367 Grand St) Zwiebelbrötchen oder in der **Doughnut Plant** (379 Grand St) süße Köstlichkeiten. Ein Stück ostwärts steht die **Bialystoker Synagogue**. Das jüdische Gotteshaus war einst eine methodistische Kirche. Der Rückweg führt über den East Broadway zum **Henry Street Settlement** , (Nr. 281). Im **Manny Cantor Center** (Nr. 197) gibt es gute Kunstausstellungen zu sehen. In der Orchard Street locken Läden zur Schnäppchenjagd und das **Lower East Side Tenement Museum** (siehe S. 97). Il Laboratorio del Gelato (188 Ludlow St) bietet 50 verschiedene Eissorten. In der East Houston Street können Sie bei **Katz's Delicatessen** (siehe S. 101) Mittag essen oder bei **Russ & Daughters** Bagles mitnehmen.

Nachmittags

Folgen Sie nun der 2nd Avenue in Richtung Uptown. Bewundern Sie im **Ukrainian Museum** die Trachten und die Volkskunst. Erkunden Sie dann am St. Mark's Place die Läden und Lokale. Weiter geht es Richtung Osten auf der Stuyvesant Street, wo Sie die historischen Stadthäuser des **Renwick Triangle** beachten sollten. Die **St. Mark's-in-the-Bowery Church** ist eine der ältesten Kirchen der Stadt. Beschließen Sie den Tag in einem der Lokale im East Village.

Siehe Karte S.96

Shopping

1 Zarin Fabrics
Karte P5 ■ 69 Orchard St

In dem seit 1936 bestehenden riesigen Laden mit Werkstatt werden Stoffe und Möbelbezüge zu Großhandelspreisen verkauft.

2 Katinka
Karte M4 ■ 303 East 9th St

Diese bunte Schatztruhe für indische Stoffe und Bekleidung bietet auch Schmuck zu sensationellen Preisen.

3 L Train Vintage
Karte M5 ■ 204 1st Ave, zwischen 12th & 13th St

Das Angebot an T-Shirts, Jacken, Mänteln, Kleidern und Anzügen in dem Secondhandladen ist riesig. Dreimal pro Woche wird neue Ware aus den gesamten USA angeliefert.

4 Exit 9 Gift Emporium
Karte N5 ■ 51 Ave A

Der Laden bietet ein wundervolles Sortiment an Krimskrams, Kitsch und Souvenirs. Wer ein ausgefallenes Mitbringsel sucht – eine knallbunte Einkaufstasche oder einen aufblasbaren Elchkopf –, wird sicher fündig.

5 ExtraButter
Karte N5 ■ 125 Orchard St

Der Laden mit Designersneakers, Hemden, T-Shirts, Hoodies, Shorts und Accessoires ist Kult.

6 A. W. Kaufman
Karte P5 ■ 73 Orchard St

Das seit 1924 bestehende Geschäft bietet in dritter Generation in Europa gefertigte Unterwäsche für Damen, Herren und Kinder in guter Qualität zu vernünftigen Preisen. Die gute Beratung ist ein weiterer Pluspunkt.

7 Jodamo
Karte N5 ■ 321 Grand St

Der riesige Laden verkauft europäische Designermode für Herren, u. a. von Versace, Valentino und Missoni, sowie Lederwaren und Schuhe.

8 Altman Luggage
Karte N5 ■ 135 Orchard St

Von Computertaschen bis hin zu Koffern: Altman Luggage bietet eine große Auswahl zu günstigen Preisen. Zu den Marken gehören Lark, TravelPro und American Tourister.

9 Moo Shoes
Karte P5 ■ 78 Orchard St

Bei Moo Shoes gibt es neben Schuhen auch Taschen, T-Shirts, Geldbörsen, Bücher und jede Menge weiterer Accessoires – Hauptsache flippig und bunt.

10 Economy Candy
Karte N5 ■ 108 Rivington St

Der bezaubernde altmodische Laden verkauft seit 1937 Kaugummi, Schokolade und andere Süßigkeiten – zum Teil mit New Yorker Motiven.

Mit Süßigkeiten gefüllte Regale bei Economy Candy

Restaurants

1 ### Dirty French
Karte N5 ■ 180 Ludlow St, zwischen Stanton & Houston St
■ +1-212-254-3000 ■ $$

Das französische Bistro serviert Klassiker mit besonderer Note, etwa Ente à l'orange und Bachforelle mit Sesam und Aprikosen.

2 ### Katz's Delicatessen
Karte N5 ■ 205 East Houston St Ecke Ludlow St ■ +1-212-254-2246 ■ $$

Die Pastrami-Roggensandwiches machen dem guten Ruf des New Yorker *deli* alle Ehre.

3 ### Ivan Ramen
Karte N5 ■ 25 Clinton St
■ +1-646-678-3859 ■ $$

Ivan Orkin, der in Tokyo erfolgreich mehrere Ramen-Lokale betrieb, serviert seit 2012 in New York neben Ramen köstliche Sesamnudeln und Teigtaschen mit Schweinefleisch.

4 ### Dirt Candy
Karte N5 ■ 86 Allen St
■ +1-212-228-7732 ■ $$

Das schicke Restaurant in der Lower East Side bietet experimentelle vegane Küche – abends mit einem fünfgängigen Degustationsmenü.

5 ### Tim Ho Wan
Karte M4 ■ 85 4th Ave Ecke East 10th St ■ +1-212-228-2800 ■ $$

Die *Dim-sum*-Kette, deren Hongkonger Filialen die »preiswertesten Sternerestaurants der Welt« sind, ist seit 2017 in New York ansässig.

6 ### Veselka
Karte M4 ■ 144 2nd Ave Ecke 9th St ■ +1-212-228-9682 ■ $$

Das ukrainische Lokal bietet Boršč, Blinys und Piroggen zu sehr günstigen Preisen. Im hinteren Teil des rund um die Uhr geöffneten Restaurants sitzt man ruhiger.

7 ### The Dumpling Man
Karte M4 ■ 124 2nd Ave
■ +1-917-388-3782 ■ $$

Die hausgemachten Teigtaschen mit Schwein, Huhn oder Gemüse sind sehr beliebt. Zum Dessert gibt es Halbgefrorenes.

8 ### Freemans
Karte N4 ■ 191 Chrystie St
■ +1-212-420-0012 ■ $$$

Die Speisekarte des Restaurants mit viel Holz erinnert an die 1950er Jahre: Rippchen im Schinkenmantel oder Gerichte mit Stilton.

Freemans

9 ### Veniero's Pasticceria & Caffé
Karte M5 ■ 342 East 11th St, zwischen 1st & 2nd Ave ■ +1-212-674-7264 ■ $

Cannoli und Ricotta-Kuchen sind in dem seit 1894 existierenden italienischen Lokal besonders beliebt. Die Leckereien kann man im Gastraum genießen oder mitnehmen.

10 ### Momofuku Noodle Bar
Karte M5 ■ 171 1st Ave Ecke East 11th St ■ +1-212-777-7773 ■ $$

Das Restaurant von David Chang bietet eine große Auswahl an Nudel-Bowls, Southern Fried Chicken und süße Brötchen chinesischer Art.

Siehe Karte S. 96 ←

SoHo & Tribeca

Das nach dem dreickigen Grundriss benannte Viertel Tribeca (Triangle Below Canal) prägten verlassene Lagerhäuser, bis Robert De Niro 1988 das Tribeca Film Center gründete. In der Folge eröffneten elegante Restaurants und viele Prominente zogen in den Stadtteil. Heute zählt Tribeca zu den angesagtesten Vierteln New Yorks und ist Schauplatz des Tribeca Film Festival. Die lange Zeit leer stehenden Lofts in SoHo (South of Houston) verwandelten Künstler in Ateliers und Ausstellungsflächen. Heute prägen das Viertel vor allem Designerboutiquen für Mode und Mobiliar. Viele Bauten in Tribeca und SoHo zeigen die für New York typische Gusseisenarchitektur.

Statue, Fire Museum

1 Greene Street
Karte N4

Die Gusseisenarchitektur erblühte in New York im 19. Jahrhundert: In den Gießereien konnten dekorative Elemente wie Säulen und Bogen preiswert vorgefertigt werden. Die etwa 50 Gebäude, die die Greene Street zwischen Canal und Grand Street sowie zwischen Broome und Spring Street säumen, schaffen ein beeindruckendes Straßenbild.

Häuser in der Greene Street

2 Children's Museum of the Arts
Karte N3 ■ 103 Charlton St, zwischen Hudson & Greenwich St ■ Mo & Fr 12–17 Uhr, Do 12–18 Uhr, Sa, So 10–17 Uhr ■ Eintritt ■ www.cmany.org

Das im Jahr 1988 gegründete Museum bietet Kindern bis zum Alter von zwölf Jahren eine Gelegenheit, ihr gesamtes künstlerisches Potenzial zu entfalten. Bei der Arbeit mit Farbe, Leim, Papier und recycelten Materialien sind der Fantasie keinerlei Grenzen gesetzt. Im Bällepool und im Kunsthaus darf gespielt werden. Es werden auch Ausstellungen gezeigt. Bei den Aktivitäten lernen die kleinen Besucher automatisch andere Kinder kennen (siehe S. 59).

3 Prada
Karte N4 ■ 575 Broadway Ecke Prince St ■ Mo – Sa 11–19 Uhr, So 11–18 Uhr

Das Gebäude, in dem ein Flagship-Store des italienischen Modelabels eingerichtet wurde, beeindruckt. Der niederländische Architekt Rem Koolhaas schuf fließende Treppen, wogende Wände, futuristische Aufzüge und luxuriöse Anproberäume. Mode- und Architekturfans kommen gleichermaßen auf ihre Kosten.

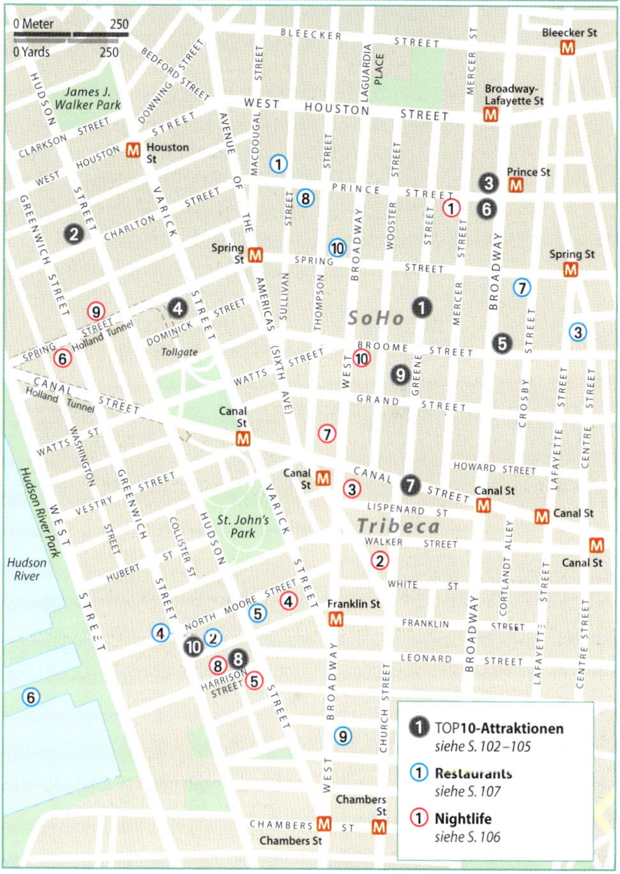
0 Meter 250
0 Yards 250
James J. Walker Park
Houston St
Spring St
Canal St
St. John's Park
Hudson River
Hudson River Park
SoHo
Tribeca
Bleecker St
Broadway-Lafayette St
Prince St
Spring St
Canal St
Canal St
Canal St
Canal St
Franklin St
Chambers St
Chambers St
Holland Tunnel
Tollgate
BLEECKER STREET
WEST HOUSTON STREET
PRINCE STREET
SPRING STREET
BROOME STREET
GRAND STREET
CANAL STREET
HOWARD STREET
LISPENARD ST
WALKER STREET
WHITE ST
FRANKLIN
LEONARD STREET
NORTH MOORE STREET
HARRISON STREET
CHAMBERS ST
HUBERT ST
VESTRY STREET
WATTS ST
WATTS STREET
DOMINICK STREET
CHARLTON STREET
CLARKSON STREET
BEDFORD STREET
DOWNING STREET
LAGUARDIA PLACE
MERCER ST
MACDOUGAL STREET
SULLIVAN STREET
THOMPSON STREET
WEST BROADWAY
WOOSTER STREET
GREENE STREET
BROADWAY
CROSBY STREET
LAFAYETTE STREET
CENTRE STREET
CORTLANDT ALLEY
CHURCH STREET
AVENUE OF THE AMERICAS (SIXTH AVE)
VARICK STREET
HUDSON STREET
GREENWICH STREET
WASHINGTON ST
WEST STREET
COLLISTER ST
TOP10-Attraktionen siehe S. 102–105
Restaurants siehe S. 107
Nightlife siehe S. 106

4 New York City Fire Museum

Karte N3 ■ 278 Spring St ■ tägl. 10–17 Uhr ■ Eintritt ■ www.nycfiremuseum.org

Die vortreffliche Sammlung in einer 1904 errichteten Feuerwache beinhaltet Löschfahrzeuge, Werkzeuge, Uniformen und viele weitere Exponate vom 18. Jahrhundert bis zur Gegenwart. Die Fotoausstellung über den Anschlag auf das World Trade Center am 11. September 2001, bei dem 343 Feuerwehrleute im Einsatz starben, ist bewegend.

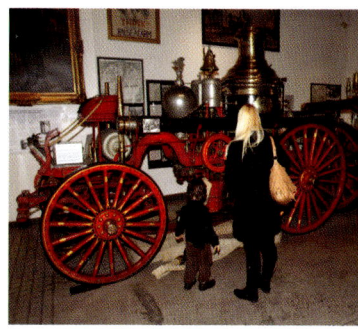

New York City Fire Museum

Das Haughwout Building zeigt beeindruckende Gusseisenarchitektur

(5) Haughwout Building

**Karte P4 ▪ 488–492 Broadway
Ecke Broome St**

Das Meisterwerk der Gusseisenarchitektur wurde 1857 für eine
Glas- und Porzellanwarenfirma errichtet. Das Muster der von hohen
korinthischen Säulen flankierten
Bogen der Fensterreihen wiederholt
sich an der Vorderseite des Gebäudes 92-mal. Vorbild war die Fassade
der Sansovino-Bibliothek in Venedig.
Die seit 1995 vom Ruß befreite Fassade erstrahlt in der eleganten hellen Originalfarbe. In dem
Gebäude kam erstmals ein
Otis-Sicherheitsfahrstuhl
zum Einsatz – eine Inno-
vation, die Wolkenkratzer
erst möglich machte.

(6) »Little« Singer Building

**Karte N4 ▪ 561–563 Broad-
way, zwischen Prince
& Spring St**

Nach 1900 lösten Stahl-
ziegel und Terrakotta

»Little« Singer Building

Gusseisen als Baumaterial ab. Ein
schönes Beispiel ist das stark von
der damaligen Pariser Architektur
beeinflusste »kleine« Singer Building (zur Unterscheidung von einem
weiteren, großen Singer-Gebäude)
von Ernest Flagg. Dunkelgrün ge-
strichene Bogen und Balkone mit
schmiedeeisernen Gittern zieren
die zwölfstöckige Fassade.

(7) Canal Street

Karte P3–4

An der Grenze zwischen Tribeca und
SoHo eröffnet sich eine eigene Welt. Die Kontraste
New Yorks zeigen sich
nirgendwo deutlicher
als in der Canal Street:
Straßenhändler bieten
gefälschte Rolex-Uhren
und Gucci-Taschen
sowie vermeintlich neue
elektronische Geräte
feil. In Billigläden gibt
es Pullover, Jeans und
Flohmarktware. Rich-
tung Osten beginnen
Chinatowns Gemüse-
und Fischstände.

Harrison Street
Karte P3

Das Ensemble der Häuser im Federal Style von 1796 bis 1828 entstand 1975, als die Gebäude an diesen Standort versetzt wurden, um sie vor dem Abriss zu bewahren. Am Ende des Blocks steht die einstige New York Mercantile Exchange (Nr. 6). Die Börse befand sich bis 1977 in dem Gebäude (1884) im Queen-Anne-Stil. Dann zog sie in das World Financial Center um.

 The Drawing Center
Karte P4 ▪ 35 Wooster St ▪ Mi & Fr – So 12 – 18 Uhr, Do 12 – 20 Uhr ▪ www.drawingcenter.org

Das gemeinnützige Zentrum führt die Tradition der Kunstgalerien in SoHo fort. Der Schwerpunkt liegt auf Wechselausstellungen mit historischen und zeitgenössischen Zeichnungen. Neben berühmten Künstlern wie Marcel Duchamp und Richard Tuttle werden auch junge Talente präsentiert. Jedes Jahr erhält ein Künstler den Auftrag für die Wandzeichnung im Treppenhaus. Bis Ende 2022 war *Hand Palm* von Christine Sun Kim zu sehen *(siehe S. 51)*.

 Tribeca Film Center
Karte P3 ▪ 375 Greenwich St

Ein umgebautes Kaffeelager aus der Zeit um 1900 ist heute ein Zentrum der Film- und Unterhaltungsindustrie. Vorreiter war die 1988 von Robert De Niro gegründete Gesellschaft Tribeca Productions. Das Gebäude beherbergt Büros von Miramax sowie das Restaurant Tribeca Grill *(siehe S. 107)* von Robert De Niro und Drew Nieporent.

Tribecas Filmindustrie
Der Filmstar Robert De Niro veranstaltete das erste Tribeca Film Festival im Jahr 2002, um dem Viertel nach dem 11. September 2001 neue Impulse zu geben. Seit Jahren zählt das zehntägige Festival zu den bedeutendsten des Landes. Das ganze Jahr über sind immer wieder Filmstars zu sehen, die zum Roxy Cinema im Roxy Hotel *(siehe S. 173)* unterwegs sind.

Spaziergang

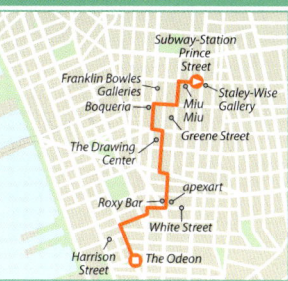

▶ **Vormittags**

Beginnen Sie an der **Subway-Station Prince Street**. Besuchen Sie eine der interessanten Fotogalerien, etwa die **Staley-Wise Gallery** (100 Crosby St). Einen Block weiter westlich können Sie in der italienischen Designerboutique **Miu Miu** (100 Prince St) stöbern, dann geht es zu einem der meistgeschätzten Kunstorte in SoHo: den **Franklin Bowles Galleries** (431 West Broadway).

Gehen Sie ein Stück zurück: In der **Greene Street** *(siehe S. 102)* in Richtung Süden befinden sich Boutiquen und Designershops wie Louis Vuitton (Nr. 116), Stella McCartney (Nr. 112) und Tiffany & Co. (Nr. 97). An der Spring Street biegen Sie rechts ab und gehen ein paar Blocks weiter: In der **Boqueria** *(siehe S. 107)* essen Sie zu Mittag.

Nachmittags

Nach dem Essen besuchen Sie **The Drawing Center**, wo Werke aufstrebender Künstler und Dichterlesungen geboten werden. Danach geht es nach Tribeca zu den Ausstellungen bei **apexart** *(siehe S. 51)*.

Bewundern Sie die historische Architektur in der **White Street**, bevor Sie sich in der **Roxy Bar** *(siehe S. 106)* einen Drink gönnen. Von hier aus geht es zur **Harrison Street** mit den beeindruckenden Reihenhäusern aus dem 19. Jahrhundert. Das Beste der Tribeca-Küche erwartet Sie dann im Restaurant **The Odeon** *(siehe S. 107)*.

Nightlife

① Fanelli Café
Karte N4 ▪ 94 Prince St
Ecke Mercer St ▪ +1-212-226-9412

An dem Standort herrscht seit 1847 Schankbetrieb. Das Fanelli Café eröffnete 1922 als Speakeasy. Heute gehört es zu den beliebtesten Kneipen in SoHo.

② Roxy Bar
Karte N3 ▪ Roxy Hotel, 2 6th Ave
▪ +1-212-519-6600

Die beliebte Bar mit Plüschsesseln in dem imposanten achtstöckigen Atrium nimmt fast das gesamte Erdgeschoss des Hotels ein.

③ Nancy Whiskey Pub
Karte P3 ▪ 1 Lispenard St
▪ +1-212-226-9943

In der bei Arbeitern sehr beliebten Kneipe in Tribeca kann man Burger essen, Whiskey trinken und Shuffleboard spielen.

Brandy Library

④ Brandy Library
Karte P3 ▪ 26 North Moore St
Ecke Varick St ▪ +1-212-226-5545

In der eleganten Lounge werden Single-Malt-Whiskeys, einige Sorten Cognacund über 100 Cocktails angeboten.

⑤ Puffy's Tavern
Karte P3 ▪ 81 Hudson St
Ecke Harrison St ▪ +1-212-227-3912

In der netten kleinen Bar sorgen die preiswerten alkoholischen Getränke und die italienischen Sandwiches für regen Zulauf. Man kann Dart spielen und auf Großbildfernsehern Sportübertragungen sehen.

An der Theke des Ear Inn

⑥ Ear Inn
Karte P3 ▪ 326 Spring St Ecke
Greenwich St ▪ +1-212-226-9060

Die seit 1830 existierende Bar ist vermutlich die älteste der Stadt. Sie ist mittags und abends gut besucht. Das Essen ist preiswert und gut.

⑦ Grand Bar
Karte P3 ▪ SoHo Grand Hotel,
310 West Broadway, zwischen Canal & Grand St ▪ +1-212-965-3588

Die in gedämpftes Licht getauchte Bar ist urgemütlich. Es werden auch Speisen angeboten. Die Grand Bar besitzt eine vornehme Klientel.

⑧ Terroir Tribeca
Karte P3 ▪ 24 Harrison St
▪ +1-212-625-9463

Die Weinbar ist ein hervorragender Startpunkt für eine Tour durchs Nachtleben. Zu edlen Tropfen aus aller Welt genießt man Snacks.

⑨ Paul's Casablanca
Karte N3 ▪ 305 Spring St
▪ +1-212-620-5220

Der Club mit Cocktailbar ist bei Prominenten beliebt. Die Einrichtung mit Mosaikfliesen, Laternen und ledernen Sitzsäcken erinnert an einen marokkanischen Palast.

⑩ Kenn's Broome Street Bar
Karte P3 ▪ 363 West Broadway Ecke
Broome St ▪ +1-212-925-2086

Die alteingesessene Bar bietet eine gute Bierauswahl und solide Kost.

Restaurants

Preiskategorien

Preis für ein Drei-Gänge-Menü pro Person mit einem Glas Hauswein, inkl. Steuern und Service.

$ unter 25 $ $$ 25–75 $ $$$ über 75 $

1 The Dutch
Karte N3 ▪ 131 Sullivan St
▪ +1-212-677-6200 ▪ $$$

Austern und Steaks gehören zu den Spezialitäten der holzgetäfelten Taverne des renommierten Küchenchefs Andrew Carmellini.

Seafood-Platte im The Dutch

2 Tribeca Grill
Karte P3 ▪ 375 Greenwich St
▪ +1-212-941-3900 ▪ $$

Im Tribeca Grill in einem einstigen Lagerhaus werden amerikanische Gerichte mit asiatischem und italienischem Touch serviert. Robert De Niro ist Miteigentümer des Lokals.

3 La Esquina
Karte P4 ▪ 114 Kenmare St
▪ +1-646-613-7100 ▪ $$

Das farbenfrohe mexikanische Lokal bietet eine preisgünstige Taqueria-Theke und eine Cocktail-Lounge.

4 Locanda Verde
Karte P3 ▪ 377 Greenwich St
▪ +1-212-925-3797 ▪ $$$

Starkoch Andrew Carmellini sorgt für außergewöhnliche italienische Kreationen. Probieren Sie das Por-

chetta-Sandwich, die gebratene Ente oder die himmlische Pasta.

5 Bubby's
Karte P3 ▪ 120 Hudson St
▪ +1-212-219-0666 ▪ $$

Egal, wie spät es ist: In diesem kinderfreundlichen Restaurant bekommt man immer etwas zu essen – sei es ein leichter Snack oder eine komplette Mahlzeit.

6 Grand Banks
Karte P2 ▪ Pier 25, North Moore St ▪ +1-212-660-6312 ▪ $$

Der Schoner *Sherman Zwicker* (1942) ist heute ein schwimmendes Restaurant, in dem man Austern und Cocktails genießen kann. Wegen der geringen Anzahl Plätze sollte man frühzeitig erscheinen.

7 Balthazar
Karte N3 ▪ 80 Spring St Ecke Broadway ▪ +1-212-965-1414 ▪ $$$

Das Bistro Pariser Stils lockt Gäste in Scharen an.

8 Raoul's
Karte N4 ▪ 180 Prince St, zwischen Sullivan & Thompson St
▪ +1-212-966-3518 ▪ $$

Die französische Küche und der schöne Garten verströmen einen Hauch *Rive gauche*.

9 The Odeon
Karte P3 ▪ 145 West Broadway Ecke Thomas St ▪ +1-212-233-0507
▪ $$$

Das Restaurant mit der Art-déco-Einrichtung und der köstlichen französisch-amerikanischen Küche überzeugt seit 1980. Zu den Stammgästen zählen auch Prominente.

10 Boqueria
Karte N3 ▪ 171 Spring St
▪ +1-212-343-4255 ▪ $$

Das Lokal serviert erstklassige Tapas – und natürlich Sangria. Auch die gebackene Padrón-Paprika und das marinierte Lamm sind lecker.

Siehe Karte S. 103 ←

TOP10 Greenwich Village

New York University

Der Stadtteil hatte von jeher einzigartigen Charakter. Die baumgesäumten Straßen, die nicht der für New York typischen rasterförmigen Anordnung folgen, verweisen auf die Ursprünge als eigenständiges Dorf. In Greenwich Village ließen sich Künstler, Schriftsteller, Dichter und Musiker nieder, darunter auch der junge Bob Dylan. Später war das Viertel bei der LGBTQ+ Community beliebt. Es bietet viele Cafés und Läden. Abends strömen junge Leute aus ganz New York in die Clubs und Theater in Greenwich Village.

① Washington Square Park
Karte N3 ▪ 5th Ave, zwischen Waverly Pl & 4th St
Das sumpfige Gebiet wurde im Jahr 1892 zu einem Parkgelände aufgeschüttet. Der von Stanford White 1895 errichtete marmorne Torbogen ersetzte ein Holztor, das zur Jahrhundertfeier von George Washingtons Amtseinführung aufgestellt

Washington Square Park

① TOP**10**-Attraktionen
siehe S. 108–111

① Restaurants
siehe S. 113

① Literaten-Tour
siehe S. 112

Stadthaus am Grove Court, Greenwich Village

worden war. Mütter mit Kinderwagen, Schachspieler und Verliebte bevölkern die Parkbänke. Am Brunnen im Zentrum sang Bob Dylan seine ersten Lieder.

② Whitney Museum of American Art

Karte M2 ▪ 99 Gansevoort St ▪ Mi – Mo 10.30 – 18 Uhr (Fr bis 22 Uhr) ▪ Eintritt (Fr abends Spende) ▪ www.whitney.org

Das von Gertrude Vanderbilt Whitney gegründete Museum ist das wichtigste Forum für die amerikanische Kunst des 20. und 21. Jahrhunderts. In der sechsten und siebten Etage des beeindruckenden Gebäudes werden Exponate aus der Sammlung des Museums präsentiert – es gibt keine Dauerausstellung, die Werke wechseln regelmäßig. Die Whitney Biennial beleuchtet alle zwei Jahre Trends der amerikanischen Kunst – das nächste Mal 2023 *(siehe S. 48).*

③ Grove Court

Karte N3 ▪ Grove St nahe Bedford St

Die sechs Stadthäuser an einer Straßenbiegung wurden von dem

Washington Mews

Krämer Samuel Cocks erbaut, der in den Bewohnern Kundschaft für seinen Laden in Nr. 18 sah. Heute sind diese Privatanlagen begehrt, in den 1850er Jahren hatten sie einen schlechten Ruf. Damals erhielt der Komplex aufgrund der neuen Bewohner den verächtlichen Spitznamen »Mixed Ale Alley« (»Biergasse«). Die Handlung des 1902 veröffentlichten Romans *The Last Leaf* des amerikanischen Schriftstellers O. Henry ist in dem Gebiet angesiedelt.

④ Washington Mews

Karte M3 ▪ University Place bis 5th Ave

Die in Häuser umgebauten Stallungen zogen etwa ab 1900 Schriftsteller und Künstler an. In Nr. 14 lebten zu verschiedenen Zeiten John Dos Passos, Edward Hopper, William Glackens und Rockwell Kent. Sherwood Anderson hielt sich mit seiner Freundin und Mäzenin Mary Emmett oft in Nr. 54 auf. Malerische Enklaven wie diese inmitten der modernen Gebäude Manhattans tragen zum Reiz von Greenwich Village bei.

⑤ Jefferson Market Courthouse

Karte M3 ▪ 425 6th Ave, zwischen 9th & 10th St ▪ Mo–Do 10–20 Uhr, Fr & Sa 10–17 Uhr, So 13–17 Uhr

1833 befand sich an der Stelle ein nach Präsident Thomas Jefferson benannter Markt. Der Feuerwachturm besaß eine riesige Glocke, die die freiwillige Feuerwehr alarmierte. 1877 wurde das Gerichtsgebäude errichtet, die Glocke wanderte in den Uhrenturm. Das von den Bewohnern des Viertels geschätzte Bauwerk wurde beliebtes Wahrzeichen von Greenwich Village und in den 1950er Jahren in eine Filiale der New York Public Library umgebaut *(siehe S. 128)*.

Restaurant in der Bleecker Street

⑦ Bleecker Street

Karte N3 ▪ zwischen 6th Ave & West Broadway

Die von Läden und Restaurants gesäumte Straße besitzt eine lange Geschichte: In den Häusern lebten James Fenimore Cooper (1833 in Nr. 145), Theodore Dreiser nach seiner Ankunft in New York (1895 in Nr. 160) und James Agee (1941–51 in Nr. 172). Das Café in Nr. 189, an der Kreuzung von Bleecker und MacDougal Street, war früher die San Remo Bar, in der sich die führenden Köpfe der Beat Generation trafen: Allen Ginsberg, William Burroughs, Gregory Corso und Jack Kerouac.

Jefferson Market Courthouse

⑥ Cherry Lane Theatre

Karte N3 ▪ 38 Commerce St, zwischen Bedford & Barrow St ▪ +1-212-989-2020 ▪ www.cherry lanetheatre.org

1924 wurde ein Lagerhaus in eines der ersten Off-Broadway-Theater umgebaut. Hier spielte man Stücke von Literaten wie Edward Albee, Eugène Ionesco, David Mamet, Samuel Beckett und Harold Pinter. Heute setzt die »Cherry Lane Alternative« große Dramatiker zur Förderung junger Talente ein.

⑧ New York University

Karte N4 ▪ Washington Square ▪ www.nyu.edu

Die 1831 gegründete NYU erweiterte ihr Lehrangebot aus dem frühen 19. Jahrhundert, das sich auf Griechisch und Latein konzentrierte, auf zeitgemäße Fächer. Die heutigen Studenten streben eine Karriere in Wirtschaft, Industrie, Wissenschaft, Verwaltung, Medizin oder Kunst an. Die NYU ist eine der größten Privatuniversitäten in den USA. Sie erstreckt sich über mehrere Blocks rund um den Washington Square.

⑨ Judson Memorial Church

Karte N3 ▪ 55 Washington Square South ▪ nur zur Messe (So 11 Uhr)

Das von Stanford White im romanischen Stil entworfene Gotteshaus wurde von 1888 bis 1893 im Gedenken an Adoniram Judson, den ersten Baptistenmissionar der Vereinigten Staaten in Asien, errichtet. John D. Rockefeller Jr. *(siehe S. 46)* beteiligte sich an der Finanzierung dieses sehenswerten Gebäudes. Marmorierte Ziegel und weiße Elemente aus Terrakotta setzten erstmals Farbakzente in der amerikanischen Kirchenarchitektur.

⑩ 75½ Bedford Street

Karte N3 ▪ zwischen Morton & Barrow St

Das schmalste Haus in New York ist lediglich drei Meter breit. Es wurde 1873 in einer Passage errichtet. Hier lebten die Dichterin Edna St. Vincent Millay sowie die Schauspieler John Barrymore und Cary Grant. Nr. 77 ist das älteste Haus in Greenwich Village (1799). Der »Twin Peaks« genannte Bau in Nr. 103 (1830) wurde 1925 von Clifford Reed Daily zu einem Haus für Künstler umgebaut, die sich von der Architektur inspirieren lassen sollten.

The Halloween Parade

Bei der schrillen Parade mit den fantastischen Kostümen und dem farbenprächtigen Umzug ist so ziemlich alles erlaubt. Ungefähr 60 000 Teilnehmer marschieren jährlich vor geschätzten zwei Millionen Zuschauern. Die längste Halloweenparade der Welt startet um 19 Uhr. Sie führt durch die 6th Avenue in Greenwich Village zur 23rd Street.

Spaziergang

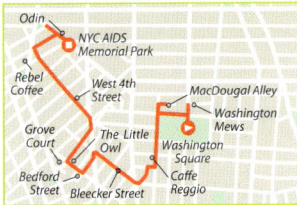

▶ Vormittags

Beginnen Sie am **Washington Square** *(siehe S. 112)* mit den eleganten Häusern, in denen einst Edith Wharton und Henry James wohnten, und den reizenden Bauten in **Washington Mews** *(siehe S. 109)* und der **MacDougal Alley** (östlich der MacDougal St, zwischen 8th St & Waverly Pl). Südwärts auf der MacDougal Street kommen Sie zum **Caffe Reggio** (Nr. 119). Das seit 1927 geöffnete, einst bei Bob Dylan und der Beat Generation beliebte Café besitzt italienische Antiquitäten und Gemälde.

Auf der **Bleecker Street** geht es vorbei an Kultläden wie Rocco's, Murray's Cheese und Faicco's. Nach dem Überqueren der 7th Avenue erreichen Sie die Grove Street. Gehen Sie nach links zur **Bedford Street** und zu **Grove Court** *(siehe S. 109)*. Essen Sie in dem kleinen Bistro **The Little Owl** *(siehe S. 113)* zu Mittag. Der Wohnblock darüber diente für die Außenaufnahmen für Monicas Wohnung in *Friends*.

Nachmittags

Stöbern Sie durch die Läden der **West 4th Street**. In Cafés wie dem **Rebel Coffee** (19 Eighth Ave) kann man hervorragend Leute beobachten. Läden wie **Odin** (106 Greenwich Ave) führen Designermode im Vintage-Stil, weiter westlich, im Meatpacking District, gibt es weitere Boutiquen und Restaurants. Auf dem Weg dorthin kommen Sie am **NYC AIDS Memorial Park** (76 Greenwich Ave) vorbei: Seit 2016 gedenkt man hier aller New Yorker, die seit den 1970er Jahren an Aids gestorben sind.

Siehe Karte S. 108 ←

Literaten-Tour

(1) Washington Square
Karte N3

Viele bekannte Schriftsteller wohnten an dem Platz, zum Beispiel Edith Wharton 1882 in Haus Nr. 7. Henry James wurde 1843 in der Nähe (2 Washington Place) geboren.

(2) St. Luke's Place
Karte N3 ■ zwischen Hudson St & 7th Ave South

In Nr. 14 wohnte die Schriftstellerin Marianne Moore. Theodore Dreiser verfasste im Haus Nr. 16 *Eine amerikanische Tragödie.*

(3) Patchin Place
Karte N3 ■ West 10th St

Die netten Häuser (19. Jh.) zogen E. E. Cummings, John Masefield, Eugene O'Neill und andere an.

(4) Café Wha?
Karte N3
■ 115 MacDougal St, zwischen Bleecker & West 3rd St

Der Beat-Generation-Dichter Allen Ginsberg besuchte das Café regelmäßig. Auch Bob Dylan und Jimi Hendrix waren Gäste.

(5) White Horse Tavern
Karte N3 ■ 567 Hudson St Ecke 11th St

Die White Horse Tavern war das Lieblingslokal von Norman Mailer

White Horse Tavern

und Dylan Thomas, der hier 1953 nach 18 Whiskeys bewusstlos umfiel und am nächsten Tag starb.

(6) Willa Cather Residence
Karte N3 ■ 5 Bank St, zwischen Waverly Pl & Greenwich St ■ für die Öffentlichkeit geschl.

Willa Cather schrieb in dem Haus insgesamt sechs Romane. Bei ihren beliebten Freitagssalons war auch D. H. Lawrence zu Gast.

(7) Mark Twain Residence
Karte M3 ■ 21 5th Ave Ecke 9th St ■ für die Öffentlichkeit geschl.

James Renwick Jr., Architekt der St. Patrick's Cathedral, entwarf das Haus, das Mark Twain von 1904 bis 1908 bewohnte. Der Autor empfing Gäste, während er im Bett lag.

Mark Twain

(8) Emma Lazarus House
Karte M3 ■ 18 West 10th St ■ für die Öffentlichkeit geschl.

Das Haus italienischen Stils war Wohnsitz von Emma Lazarus, die in ihrem Gedicht *The New Colossus* die Freiheitsstatue pries.

(9) James Baldwin Residence
Karte M2 ■ 81 Horatio St, zwischen Washington & Greenwich St ■ für die Öffentlichkeit geschl.

Der bedeutende afroamerikanische Schriftsteller schrieb in diesem Apartment, das er von 1958 bis 1961 bewohnte, seinen dritten Roman *Another Country.*

(10) West 10th Street
Karte M3

In der Straße lebten mehrere berühmte Literaten: Mark Twain von 1900 bis 1901 in Nr. 14, Hart Crane 1917 in Nr. 54 und Edward Albee in den 1960er Jahren in Nr. 50.

Restaurants

Preiskategorien

Preis für ein Drei-Gänge-Menü pro Person mit einem Glas Hauswein, inkl. Steuern und Service.

$ unter 25 $ $$ 25 – 75 $ $$$ über 75 $

1 Babbo
Karte N3 ■ 110 Waverly Place
■ +1-212-777-0303 ■ $$$

Wer die exzellenten Gerichte von Joe Bastianich genießen möchte, muss frühzeitig reservieren.

2 Il Mulino
Karte N3 ■ 86 West 3rd St, zwischen Sullivan & Thompson St
■ +1-212-673-3783 ■ $$$

Die Portionen in dem italienischen Spitzenrestaurant sind groß und stets von guter Qualität.

3 Blue Hill
Karte N3 ■ 75 Washington Place Ecke MacDougal St ■ +1-212-539-1776 ■ $$$

In elegantem Ambiente genießt man exzellente neue amerikanische Küche aus regionalen Zutaten.

4 Gotham Bar and Grill
Karte M3 ■ 12 East 12th St, zwischen 5th Ave & University Place
■ +1-212-620-4020 ■ $$$

Das preisgekrönte Restaurant mit zeitgenössischer amerikanischer Küche ist für die Steaks und Weine aus aller Welt bekannt.

5 John's of Bleecker Street
Karte N3 ■ 278 Bleecker St
■ +1-212-243-1680 ■ $$

In die Holzvertäfelungen des Pizza-Lokals wurden Graffiti geritzt.

6 Minetta Tavern
Karte N3 ■ 113 MacDougal St
■ +1-212-475-3850 ■ $$$

In dem Lokal mit guter Bistroküche waren einst Literaten wie Ernest Hemingway und Eugene O'Neill zu Gast. Es ist heute noch sehr beliebt.

7 Red Farm
Karte N2 ■ 529 Hudson St, zwischen W 10th & Charles St
■ +1-212-792-9700 ■ $$

In dem beliebten chinesischen Lokal werden aus regionalen Zutaten der Saison *dim sum* wie »Pac-Man« – Teigtaschen mit Shrimps – kreiert.

8 Morandi
Karte M3 ■ 211 Waverly Place
■ +1-212-627-7575 ■ $$

Das jederzeit gut besuchte italienische Restaurant serviert exzellente Speisen – von Seafood über Fleisch- bis Pastagerichte.

9 The Little Owl
Karte N3 ■ 90 Bedford St
■ +1-212-741-4695 ■ $$

Das kleine, urgemütliche Restaurant wird von Joey Campanaro betrieben. Serviert wird italienisch angehauchte Bistroküche mit Köstlichkeiten wie Parmesanrisotto mit Trüffeln.

10 Magnolia Bakery
Karte M2 ■ 401 Bleecker St Ecke West 11th St ■ +1-212-462-2572 ■ $

Die Bäckerei bietet eine große Auswahl an Köstlichkeiten. Die meisten Kunden locken jedoch die Cupcakes an – die bunten Leckereien sind ein echter Gaumenschmaus und weit über das Viertel hinaus bekannt.

Magnolia Bakery

Siehe Karte S. 108

TOP10 Union Square, Gramercy Park & Flatiron

Der Union Square, Verkehrsknotenpunkt und hübscher Park, ist Zentrum des geschäftigen Gebiets. Viermal pro Woche findet auf dem Platz ein Lebensmittelmarkt statt. In der Umgebung wächst die Zahl an Wohnungen, Läden und Restaurants ständig. An der Fifth Avenue haben sich Läden und gut besuchte Lokale bis in das ehemals vernachlässigte Flatiron District hinein angesiedelt. Am ruhigen Madison Square gegenüber dem Flatiron Building, das dem Viertel den Namen gab, liegen einige elegante Restaurants und der Madison Square Park. Gramercy Park ist das »europäischste« Viertel New Yorks.

Besucher des Union Square Greenmarket

TOP10-Attraktionen
siehe S. 115–117

Restaurants
siehe S. 119

Nightlife
siehe S. 118

Madison Square Park

1 Union Square Greenmarket

Karte M4 ▪ Ecke Broadway & 17th St ▪ Mo, Mi, Fr & Sa 8–18 Uhr

Kräuter, Beeren, Gemüse, Blumen, hausgemachtes Gebäck, handgesponnene Garne, Schinken, Honig und vieles mehr: An vier Tagen in der Woche bieten mehr als 150 Bauern aus der Region auf dem lebhaften Markt am Union Square ihre Erzeugnisse an.

2 ABC Carpet & Home

Karte L4 ▪ 888 Broadway Ecke East 19th St ▪ Mo – Sa 10–19 Uhr, So 11–18 Uhr ▪ www.abchome.com

Das auffällige Gebaude beherbergt das vielseitigste Kaufhaus der Stadt, einen Mix aus Flohmarkt, Antiquitätenmesse und orientalischem Basar. Auf der Suche nach ausgefallenen französischen oder rustikalen mexikanischen Möbeln, Antiquitäten, Stilmöbeln, Accessoires, Stoffen, Teppichen, Wäsche, Blumen oder Lebensmitteln wird man hier bestimmt fündig. Die beiden Restaurants ABC Cocina und ABC Kitchen sind empfehlenswert.

3 Madison Square Park

Karte L3 ▪ 23rd bis 26th St, zwischen Broadway & Madison Ave

Der 1847 angelegte Platz war einst das Zentrum der Wohngegend, in der der Politiker Theodore Roosevelt und die Schriftstellerin Edith Wharton geboren wurden. An der Ecke Madison Avenue und 26th Street lag der ursprüngliche Madison Square Garden. Später entstanden bekannte Bürogebäude wie Flatiron und Metropolitan Life Building. Die überaus beliebten Burger von Shake Shack *(siehe S. 67)* locken viele Menschen in den Park.

4 Theodore Roosevelt Birthplace

Karte L4 ▪ 28 East 20th St, zwischen Broadway & Park Ave South ▪ Mi – So 9–17 Uhr ▪ nur Führungen ▪ www.nps. gov/thrb

Im Haus, in dem der 1858 geborene 26. US-Präsident aufwuchs, gibt es eine Ausstellung über dessen Leben und Karriere. Auch Embleme des *Rough-Rider*-Regiments aus dem Spanisch-Amerikanischen Krieg sind zu sehen. Besucher erhalten Einblick in den Lebensstil reicher New Yorker im 19. Jahrhundert.

Theodore Roosevelt Birthplace

⑤ Metropolitan Life Tower

Karte L4 ■ **1 Madison Ave, nahe 24th St** ■ **Lobby: während der Geschäftszeiten**

Als das 54-stöckige Gebäude an der Ostseite des Madison Square Park 1909 fertig war, war es das höchste der Welt und der eindrucksvolle Sitz des weltweit größten Versicherungsunternehmens. Vorbild für den von Napoleon LeBrun & Sons gestalteten Bau war der Campanile auf der Piazza San Marco in Venedig. Bei der Renovierung in den 1960er Jahren wurden Veränderungen vorgenommen, die vierseitige verzierte Uhr und die Dachkuppel blieben jedoch als typische Merkmale der New Yorker Skyline erhalten. Der Uhrturm beherbergt das Hotel New York Edition.

⑥ Flatiron Building

Karte L3 ■ **175 5th Ave Ecke Broadway & 23rd St** ■ **Lobby: während der Geschäftszeiten**

Obwohl es im Vergleich zu höheren Gebäuden in der Umgebung fast

Flatiron
Building

Plätze der Stadt

In Manhattan gibt es nur vier großflächige Plätze: Union, Madison und Stuyvesant Square sowie Gramercy Park. Sie wurden im 19. Jahrhundert von Spekulanten angelegt, die die umliegenden Bauplätze an Reiche verkauften. Die Plätze sind als Auflockerung zwischen den Straßenschluchten verblieben, in Privatbesitz ist nur noch der Gramercy Park.

winzig erscheint, ist das 1902 errichtete »Bügeleisengebäude« mit dem ungewöhnlichen Grundriss immer noch beeindruckendes Symbol für den Beginn der Ära der Wolkenkratzer *(siehe S. 52f)*. Es markierte das Nordende der von vornehmen Läden gesäumten Ladies' Mile zwischen Union und Madison Square. Der Chicagoer Architekt Daniel Burnham versah das Gebäude mit Terrakottaverzierungen im Stil der italienischen Renaissance.

⑦ Gramercy Park

Karte L4 ■ **Lexington Ave, zwischen 20th & 21st St** ■ **für die Öffentlichkeit geschl.**

Das um den heute einzigen privaten Park der Stadt gelegene Wohngebiet wurde in den 1830er Jahren von Samuel Ruggles entworfen. 1888 gestaltete Stanford White das Haus Nr. 16 für Edwin Booth – den Schauspieler, der den Club The Players gründete – um. Im Park steht eine Statue Booths.

⑧ National Arts Club

Karte L4 ■ **15 Gramercy Park South** ■ **Mo – Fr 10–17 Uhr** ■ **www.nationalartsclub.org**

Das neugotische Sandsteingebäude war Sitz des Gouverneurs Samuel

Tilden, des Widersachers des berüchtigten William »Boss« Tweed.
Es wurde von Calvert Vaux entworfen. 1906 erwarb der National Arts
Club, dem seit 1898 führende amerikanische Künstler angehören, das
Gebäude. Jedes Mitglied spendet
dem Club ein Werk, die Galerien
sind der Öffentlichkeit zugänglich.

National Arts Club

⑨ 69th Regiment Armory
**Karte L4 ▪ 68 Lexington Ave,
zwischen 25th & 26th St ▪ für die
Öffentlichkeit geschl.**

Das wuchtige Beaux-Arts-Gebäude
(1906) diente als Exerzierhalle und
beherbergte die Büros einer im Jahr
1848 gebildeten privaten Eliteein-
heit. 1913 war es Schauplatz der
Armory Show. Die kontrovers aufge-
nommene Ausstellung zeitgenössischer Kunst zeigte u. a. Werke von
van Gogh, Duchamp und Brancusi.
Sie wurde zwar von der Presse heftig
tig kritisiert, hatte jedoch tief grei-
fenden Einfluss auf die amerikanische Kunst.

⑩ »Curry Hill«
**Karte L4 ▪ Lexington Ave,
zwischen 26th & 29th St**

Unberührt von allen Veränderungen
reihen sich in den drei Blocks südlich des Murray Hill noch immer indische Läden mit Saris in den Aus-
lagen sowie preiswerte Restaurants,
in denen vor allem Vegetarier eine
große Auswahl vorfinden. Duftende
Gewürze und 31 verschiedene Reis-
sorten kann man bei Kalustyan's,
123 Lexington Avenue, erwerben.

Spaziergang

▶ **Vormittags**

Bücherfreunde sollten in der
12th Street starten. Im Haus
Nr. 828 befindet sich **Strand**, das
größte Antiquariat der Stadt. Folgen Sie dann dem **Broadway** nach
Norden und bummeln Sie über
den **Union Square Greenmarket**.
Weiter nördlich befinden sich
die Läden **Paragon Sports** (867
Broadway Ecke 18th St), **Fishs
Eddy** (889 Broadway Ecke
19th St), in dem man Altes und
Neues aus Glas und Porzellan
verkauft, sowie **ABC Carpet &
Home** *(siehe S. 115)*.

Am **Flatiron Building** biegen Sie
Richtung Osten zum **Madison
Square Park** *(siehe S. 115)* ab.
Essen Sie im Shake Shack oder
im Gourmetrestaurant **Eleven
Madison Park** *(siehe S. 119)*. Die
Speiselokale am »Curry Hill«,
etwa Pongal (110 Lexington Ave)
oder Saravanaa Bhavan (81 Le-
xington Ave), sind preisgünstig.

Nachmittags

Erfreuen Sie sich dann an
den Gewürzen bei **Kalustyan's**
(123 Lexington Ave). Weitere
Läden finden Sie in der **Fifth
Avenue** zwischen 14th und 23rd
Street, etwa Free People in Nr. 79,
Zara in Nr. 101, Juicy Couture in
Nr. 103, lululemon in Nr. 114 und
H & M in Nr. 111.

Abschließend sollten Sie sich die
Umgebung des **Gramercy Park**
ansehen. Verpassen Sie auf kei-
nen Fall den »Block Beautiful« an
der **East 19th Street** mit eleganten Häusern der 1920er Jahre.

Siehe Karte S. 114 ⬅

Nightlife

(1) Pete's Tavern
Karte L4 ▪ 129 East 18th St
▪ +1-212-473-7676

Das seit 1864 existierende Lokal war Stammkneipe des Autors O. Henry. Es heißt, seine Kurzgeschichte *The Gift of the Magi* entstand hier.

(2) Bar Jamón
Karte M4 ▪ 125 E 17th St Ecke Irving Place ▪ +1-212-253-2773

In der spanischen Bar kann man zu Wein oder Sherry Tapas genießen. Das benachbarte Restaurant, Casa Mono, gehört denselben Betreibern.

(3) Broken Shaker
Karte L4 ▪ 23 Lexington Ave
▪ +1-212-475-1920

Die Filiale der bekannten Cocktailbar in Miami nimmt die Dachterrasse des Freehand Hotel ein. Sie bietet exzellente Drinks und Snacks.

(4) Molly's
Karte L4 ▪ 287 3rd Ave, zwischen East 22nd & East 23rd St
▪ +1-212-889-3361

Das irische Pub mit freundlichem Personal lockt seit den 1960er Jahren Gäste an.

(5) 230 Fifth Rooftop Bar
Karte L3 ▪ 230 Fifth Ave
▪ +1-212-725-4300

Der Blick auf das Empire State Building von der schicken Bar mit Dachgarten ist grandios. Im Winter werden beheizte »Iglus« aufgebaut.

(6) SERRA by Birreria
Karte L3 ▪ 200 5th Ave (Eataly NYC Flatiron) ▪ +1-212-937-8910

Die Dachterrasse des Eataly ist in einen Biergarten und eine Trattoria unterteilt. Die Speisekarte wechselt nach Saison. Es gibt erstklassige italienische Weine.

(7) Rose Bar
Karte L4 ▪ 2 Lexington Ave
▪ +1-212-920-3300

Die Bar im Gramercy Park Hotel wurde von dem Maler Julian Schnabel mitgestaltet. Es werden Kunstwerke präsentiert. Während der Fashion Week finden Partys statt.

(8) Dear Irving
Karte M4 ▪ 55 Irving Place
▪ www.dearirving.com

Woody Allens Film *Midnight in Paris* war Inspiration für die Gestaltung der Cocktailbar. Ein Bereich ist einem französischen Barockschloss nachempfunden, ein anderer erinnert an John F. Kennedy.

(9) Old Town Bar
Karte L4 ▪ 45 E 18th St, zwischen Broadway & Park Ave
▪ +1-212-529 6732

Der Speiseaufzug, die Mahagonitheke und andere Einrichtungsgegenstände in der seit 1892 existierenden Bar sind original erhalten.

(10) Raines Law Room
Karte M3 ▪ 48 W 17th St, zwischen 5th & 6th Ave
▪ +1-212-213-1350

Raines Law Room ist die moderne Variante eines Speakeasy: Das Gebäude gleicht einem Wohnhaus, um Einlass zu erhalten, muss man die Türklingel betätigen.

230 Fifth Rooftop Bar

Restaurants

① Maialino
Karte L4 ▪ 2 Lexington Ave
▪ +1-212-777-2410 ▪ $$

Der Name des italienischen Restaurants (auf Deutsch: Spanferkel) ist Programm. Weitere Spezialitäten sind exzellente Pastagerichte wie etwa die hausgemachten *spaghetti carbonara*.

② Gramercy Tavern
Karte L4 ▪ 42 East 20th St
▪ +1-212-477-0777 ▪ $$$

Die unprätentiöse, aber köstliche, kreative amerikanische Küche wird rundum gelobt. Es gibt auch großartige Desserts *(siehe S. 67)*.

③ Eleven Madison Park
Karte L4 ▪ 11 Madison Ave Ecke East 24th St ▪ +1-212-889-0905 ▪ $$$

Daniel Humms traumhaft schönes Art-déco-Lokal vereint subtile Eleganz mit fantasievoller neuer amerikanischer Küche *(siehe S. 66)*.

④ Tocqueville
Karte M4 ▪ 1 East 15th St, zwischen Union Square West & 5th Ave ▪ +1-212-647-1515 ▪ $$

Der Küchenchef verleiht französischen Gerichten mit Vorliebe eine japanische Note. Auch die reichhaltige Weinkarte des Tocqueville lässt keine Wünsche offen.

⑤ Sugarfish
Karte L4 ▪ 33 East 20th St, zwischen Park Ave & Broadway ▪ +1-347-705-8100 ▪ $$

Hauptsitz der von Kazunori Nozawa geleiteten Kette von Sushi-Lokalen ist Los Angeles. Auch in der New Yorker Filiale sind Lachs, Seebrasse, Thunfisch und Seriola köstlich.

⑥ ABC Kitchen
Karte M4 ▪ 35 East 18th St, zwischen Park Ave South & Broadway ▪ +1-212-475-5829 ▪ $$$

Das Restaurant mit neuer amerikanischer Küche gehört dem Spitzenkoch Jean-Georges Vongerichten.

> **Preiskategorien**
> Preis für ein Drei-Gänge-Menü pro Person mit einem Glas Hauswein, inkl. Steuern und Service.
> ....
> $ unter 25 $ $$ 25–75 $ $$$ über 75 $

⑦ ABC Cocina
Karte L4 ▪ 38 East 19th St
▪ +1-212-677-2233 ▪ $$

Das Restaurant bringt köstliche Gerichte mit lateinamerikanischem Twist sowie innovativ zubereitete Tapas auf den Tisch.

⑧ Bread and Tulips
Karte L4 ▪ 365 Park Ave South ▪ +1-212-532-9100 ▪ $$

Das gemütliche italienische Restaurant mit grandioser Weinauswahl ist eines des besten Lokale der Gegend.

Eataly

⑨ Eataly
Karte L3 ▪ 200 5th Ave
▪ +1-212-229-2560 ▪ $$

In diesem Tempel der italienischen Küche kann man sich etwas an einer Theke mitnehmen oder in einem der Gourmetlokale Platz nehmen.

⑩ Union Square Café
Karte L4 ▪ 101 East 19th St Ecke Park Ave South ▪ +1-212-243-4020 ▪ $$$

Danny Meyers erstes und bekanntestes New-American-Restaurant ist nicht weit von dem Ort entfernt, wo es seine ersten 30 Jahre verbrachte.

Siehe Karte S.114 ←

TOP10 Chelsea & Herald Square

Chelsea
Flea

Das von Sandsteinhäusern aus dem 19. Jahrhundert geprägte Chelsea führte lange Zeit ein Schattendasein. Es hat von allen New Yorker Vierteln den größten Wandel durchlaufen und ist heute Sitz von Avantgardegalerien und Zentrum der LGBTQ+ Community. Die 6th Avenue säumen Kaufhäuser und kleine Läden, die Chelsea Piers verleihen der Uferpromenade Glanz. Herald Square und Macy's bilden das Zentrum des Garment District, des größten Shoppingviertels New Yorks.

---

1 TOP10-Attraktionen
siehe S. 121–123

① Restaurants
siehe S. 125

① Kunstgalerien in
Chelsea *siehe S. 124*

WEST — 35TH — STREET

34th St
Hudson Yards

WEST — 34TH — STREET — 34th St-
Penn Station

WEST — 33RD — STREET

CALVIN — AVENUE

6

NINTH

James A.
Farley Post
Office Building

EIGHTH

Penn Stati
Madiso
Square
Garden

WEST

3

WEST — 29TH — STREET

WEST — 28TH — STREET

3

4

Chelsea
Park

WEST — 27TH — STREET

Pier 66

3

7

WEST — 26TH — STREE

10

1

5 **2**

Chelsea
Waterside
Park

WEST 23RD — STREET

WEST

23rd St

Pier 64

4

Chelsea

8 **9** **3** **2**

WEST — 21ST — STREET

1

Pier 62

6

Pier 61

2

5

WEST — 19TH — STREET

6

Pier 60

WEST — 17TH — STREET

Pier 59

9

4 **5**

WEST — 15TH — STREET

0 Meter — 250
0 Yards — 250

TWELFTH AVENUE — ELEVENTH AVENUE — TENTH AVENUE — THE HIGH LINE — NINTH AVENUE — EIGHTH AVENUE — Chelsea Piers

Shops in der 6th Avenue

(Nr. 655–671) mit der gusseisernen Fassade ist als Wahrzeichen aus dieser Zeit verblieben. Das Gebiet wurde durch eine Hochbahn angebunden. Mit dem Umzug der Händler Manhattans nach Norden verwaisten die Gusseisengebäude. In den 1990er Jahren siedelten sich neue Läden und Outlets an.

① Shops in der 6th Avenue
Karte L3 ▪ 6th Ave, West 18th bis 23rd St

Die Gegend war einst als »Fashion Row« bekannt. Das Gebäude des Hugh O'Neill Dry Goods Store

② Chelsea Flea
Karte L3 ▪ 29 West 25th St, zwischen 5th & 6th Aves ▪ Sa & So 8–17 Uhr ▪ Eintritt

Das ganze Jahr über verwandelt sich der Platz nahe der St. Sava Serbian Orthodox Cathedral an den Wochenenden in einen der beliebtesten Freiluftmärkte New Yorks. Über 100 Anbieter verkaufen Kleidung, Silber, Möbel, Schmuck, Kunst und *junktiques* – Utensilien wie altes Werkzeug oder altmodische Brillen. Hochwertige Antiquitäten sind im Showplace Antique and Design Center (40 West 25th Street; Mo–Fr 10–18 Uhr, Sa & So 8.30–17.30 Uhr) erhältlich: Über 200 Händler bieten auf vier Etagen Waren an.

③ The High Line
Karte L – M2 ▪ zwischen Gansevoort & 34th St ▪ Apr, Mai, Okt & Nov: tägl. 7–22 Uhr; Juni–Sep: tägl. 7–23 Uhr; Dez–März: tägl. 7–19 Uhr ▪ www.thehighline.org

Die einst von Unkraut überwucherte Hochbahntrasse durch Chelsea und den Meatpacking District ist heute ein Park mit Rasenflächen, Bäumen und Sträuchern. Mehr als fünf Millionen Besucher pro Jahr genießen den Ausblick, die Gärten und Events, darunter Kunstausstellungen.

Unterwegs auf The High Line

Chelsea Market

4 Chelsea Market

Karte M2 ▪ **75 9th Ave, zwischen 15th & 16th St** ▪ **Mo – Sa 7 – 2 Uhr, So 8 – 22 Uhr** ▪ **www.chelseamarket.com**

Der Markt, ein Muss für Foodies, bietet einen überdachten Food Court, eine Shoppingmall und Studios des TV-Senders Food Network. Es werden erlesene Zutaten, exotische Gerichte und reizvolle Geschenke angeboten. Die kleinen Läden und Kioske mit Kunsthandwerk sowie die bunten Shops in der Nähe sollte man nicht versäumen.

5 Chelsea Historic District

Karte L2 ▪ **zwischen 9th & 10th Ave, 20th & 21st St**

Clement C. Moore, der Autor von *Die Nacht vor Weihnachten*, erschloss das Gebiet in den 1830er Jahren. Entlang der West 20th Street bilden sieben Stadthäuser (Nr. 406 – 418), die zu den schönsten klassizisti-

Chelsea Historic District

schen Bauwerken der Metropole gehören, die »Cushman Row«. Die Häuser Nr. 446 bis 450 sind in jenem italienisch anmutenden Stil errichtet, für den Chelsea ebenfalls bekannt ist.

6 Hudson Yards & »Vessel«

Karte K2 ▪ **West 30th bis 33rd St, zwischen 10th & 11th Ave** ▪ **»Vessel«: tägl. 10 – 21 Uhr** ▪ **www.hudsonyards newyork.com**

Das 2019 eröffnete Viertel mit den hoch aufragenden Wolkenkratzern bietet eine Shoppingmall und Thomas Heatherwicks »Vessel«. Von der 45 Meter hohen Kupferspiraltreppe hat man einen grandiosen Blick auf die Stadt und den Fluss – Tickets gibt es an Kiosken vor Ort oder online. Weitere Highlights sind »The Shed«, ein Zentrum mit Werken aufstrebender Künstler, und »Edge«, eines der höchsten Aussichtsdecks der westlichen Hemisphäre.

7 Rubin Museum of Art

Karte F3 ▪ **150 West 17th St** ▪ **Do – Mo 11 – 17 Uhr (Fr bis 22 Uhr)** ▪ **Eintritt** ▪ **www.rubinmuseum.org**

Die Sammlung des Museums umfasst 2000 Gemälde, Skulpturen und Textilien aus dem Himalaja-Gebiet, Tibet, Indien und den Nachbarregionen. Der Tibetan Buddhist Shrine Room ist die Nachbildung eines tibetischen Schreins mit rituellen Gegenständen, flackernden Lampen und einer alle zwei Jahre wechselnden Installation über die vier wichtigsten religiösen Traditionen Tibets. Es gibt Ausstellungen, Konzerte und Filme sowie ein Café, das Gerichte aus der Himalaja-Region serviert.

⑧ Fashion Institute of Technology (F.I.T.)

Karte L3 ■ 227 West 27th St Ecke 7th Ave ■ Museum: Di – Fr 12 – 20 Uhr, Sa 10 – 17 Uhr ■ www.fitnyc.edu

Das im Jahr 1944 gegründete Institut gehört zur State University of New York. Zu den Absolventen der renommierten Schule für Marketing, Kunst und Modedesign zählen Calvin Klein, Norma Kamali und David Chu. Die Studenten können bei New Yorks führenden Boutiquen und Designern Praktika absolvieren und in den Ausstellungen des Museums ihre Kleider- und Stoffkollektionen präsentieren.

⑨ Herald Square

Karte K3 ■ Broadway Ecke 6th Ave

Der Platz war in den 1870er und 1880er Jahren das Zentrum des anrüchigen Amüsierbezirks »The Tenderloin«. Nach dem Abriss des Manhattan Opera House 1901 zogen Macy's und andere Läden in das Viertel. Vom Gebäude, in dem bis 1921 der *New York Herald* residierte, zeugt nur noch die Uhr auf der Verkehrsinsel.

Uhr am Herald Square

⑩ Macy's

Karte K3 ■ 151 West 34th St, zwischen Broadway & 7th Ave ■ tägl. 10 – 22 Uhr ■ www.macys.com

1858 gründete der ehemalige Walfänger Rowland Hussey Macy einen Laden an der 6th Avenue Ecke 14th Street. Das Logo mit dem roten Stern entsprach seiner Tätowierung aus Seefahrerzeiten. Macy's führte als Erstes Preise ein, die wenige Cent unter einem ganzen Dollar lagen, sowie eine Geld-zurück-Garantie. 1888 wurde der Laden verkauft und an der heutigen Stelle eröffnet *(siehe S. 70).*

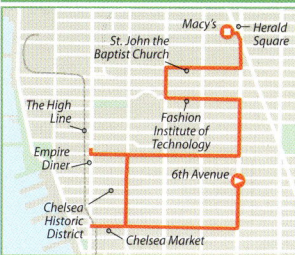

▶ **Vormittags**

Beginnen Sie den Tag mit einem Bummel durch die Kaufhäuser, die an der **6th Avenue** *(siehe S. 121)*, der einstigen »Fashion Row« zwischen 18th und 23rd Street, liegen. Folgen Sie der 16th Street Richtung Westen bis zur 9th Avenue und zum **Chelsea Market**. Wo früher die Nabisco-Fabrik die ersten Oreo-Kekse produzierte, bieten heute zahllose Stände verschiedenste Lebensmittel an. Der TV-Sender Food Network zeichnet hier in einem Studio im Erdgeschoss seine Sendungen auf.

Folgen Sie der 9th Avenue bis zur 20th Street zum **Chelsea Historic District** und zu **The High Line** *(siehe S. 121)*. Besichtigen Sie die »Gallery Row« zwischen 21st und 27th Street bzw. 10th und 11th Avenue. Zum Mittagessen geht es ins **Empire Diner** *(siehe S. 125)*.

Nachmittags

Folgen Sie der 23rd Street nach Osten zum Chelsea Hotel und der 6th Avenue Richtung Uptown zu dem Antiquitätenmarkt und dem farbenfrohen Flower District, der sich um die 27th Street erstreckt. Einen Block weiter westlich liegt das **Fashion Institute of Technology**, dessen Museum oft sehenswerte Ausstellungen zeigt.

Entdecken Sie einen der Geheimtipps des Viertels, die **St. John the Baptist Church** (210 West 31st St) mit der schönen neugotischen Innenausstattung. Folgen Sie der 34th Street zum **Herald Square** und zu **Macy's.**

Siehe Karte S. 120f ←

Kunstgalerien in Chelsea

Vor der Galerie Gagosian

1 Gagosian
Karte L2 ▪ 522 & 541 West 21st St & 555 West 24th St ▪ Mo–Sa 10–18 Uhr

Die Galerie besitzt herausragendes Renommee (siehe S. 50).

2 Matthew Marks Gallery
Karte L2 ▪ 523 West 24th St, zwischen 10th & 11th Ave ▪ Mo–Fr 10–18 Uhr

Die Galerie umfasst eine der größten Ausstellungsflächen in Chelsea. Präsentiert werden großflächige zeitgenössische Werke (siehe S. 51).

3 Paula Cooper Gallery
Karte L2 ▪ 521 West 21st St & 524 West 26th St ▪ Di–Sa 10–18 Uhr

Schon allein die Räume in dieser Galerie sind sehenswert. Viele Ausstellungen lösen Kontroversen aus (siehe S. 51).

4 Kasmin
Karte M2 ▪ 509 West 27th St ▪ Di–Sa 10–18 Uhr

Der Sohn eines britischen Kunsthändlers unterstützt viele neue Talente. Bisherige Ausstellungen widmeten sich Kenny Scharf, Robert Indiana, Deborah Kass und Barry Flanagan (siehe S. 51).

5 Gladstone Gallery
Karte L2 ▪ 515 West 24th St, zwischen 10th & 11th Ave ▪ Di–Sa 10–18 Uhr

Die Gladstone Gallery präsentiert großformatige Werke sowie Arbeiten von Videopionieren und Fotografen.

6 David Zwirner
Karte L2 ▪ 537 West 20th St, zwischen 10th & 11th Ave ▪ Di–Sa 10–18 Uhr

Zwirner ist ein bekannter Name in der New Yorker Kunstszene und ein Förderer von Künstlern wie Félix González-Torres und Yayoi Kusama.

7 Marlborough
Karte L3 ▪ 545 West 25th St, zwischen 10th & 11th Ave ▪ Di–Sa 10–18 Uhr

Die Filiale in New York wurde im Jahr 1963 eröffnet. Die Galerie stellt moderne Skulpturen und Gemälde aus (siehe S. 50).

8 Hauser & Wirth
Karte L2 ▪ 542 West 22nd St ▪ Di–Sa 10–18 Uhr

Die New Yorker Filiale der Schweizer Kunstgalerie mit 36 000 Quadratmetern Ausstellungsfläche wurde von der deutschen Architektin Annabelle Selldorf entworfen.

9 Lehmann Maupin
Karte L2 ▪ 524 West 22nd St, zwischen 10th & 11th Ave ▪ Sep–Juni: Di–Sa 10–18 Uhr; Juli: Mo–Fr 10–18 Uhr

Die renommierte Galerie stellt Werke von frühen Pop-Art-Künstlern aus und ist stets auf der Suche nach Trends.

Galerie Lehmann Maupin

10 Pace Prints
Karte L2 ▪ 536 West 22nd St ▪ Di–Fr 10–18 Uhr, Sa 11–18 Uhr

Hier stehen berühmte Künstler und Newcomer im Fokus (siehe S. 50f).

Restaurants

1 Da Umberto
Karte M3 ▪ 107 West 17th St, zwischen 6th & 7th Ave ▪ +1-212-989-0303 ▪ $$$

Die gute toskanische Küche ist seit Jahren beliebt. Die Tageskarte bietet Spezialitäten.

2 Cookshop
Karte L2 ▪ 156 10th Ave ▪ +1-212-924-4440 ▪ $$

Die Speisen des ländlich wirkenden Restaurants werden aus Zutaten vom Bauernmarkt zubereitet. Die Buchweizenpasta mit Sprossen und Salbei sollte man unbedingt kosten.

Weinbar im Mercado Little Spain

3 Mercado Little Spain
Karte L2 ▪ 10 Hudson Yards (10th Ave & 30th St) ▪ +1-646-495-1242 ▪ $$

Der Mercado, eine Halle für spanische Spezialitäten in den Hudson Yards, entstammt einer Idee der Starköche José Andrés, Ferran Adrià und Albert Adrià.

4 Empire Diner
Karte L2 ▪ 210 10th Ave Ecke West 22nd St ▪ +1-212-335-2277 ▪ $$

In dem klassischen Art-déco-Diner führt Küchenchef John DeLucie das Zepter. Auf der Speisekarte stehen moderne Diner-Gerichte.

Preiskategorien
Preis für ein Drei-Gänge-Menü pro Person mit einem Glas Hauswein, inkl. Steuern und Service.

$ unter 25 $ $$ 25–75 $ $$$ über 75 $

5 Buddakan
Karte M2 ▪ 75 9th Ave Ecke 16th St ▪ +1-212-989-6699 ▪ $$$

Das Restaurant ist wegen der guten asiatischen Küche und des tollen Ambientes sehr beliebt.

6 La Nacional
Karte M3 ▪ 239 West 14th St, zwischen 7th & 8th Ave ▪ +1-212-929-7873 ▪ $$

Das alteingesessene spanische Restaurant serviert authentische Tapas zu vernünftigen Preisen.

7 Hill Country
Karte L3 ▪ 30 West 26th St ▪ +1-212-255-4544 ▪ $$

Rinderbrust und Bratwürste sprechen Grillfans an. Donnerstag bis Samstag gibt es abends Livemusik.

8 NoMad
Karte L3 ▪ 1170 Broadway ▪ +1-212-796-1500 ▪ $$$

Daniel Humm bietet amerikanisch-europäische Küche mit besonderer Note. Klassiker sind Hummer-Minestrone und Brathähnchen.

9 L'Atelier de Joël Robuchon
Karte M2 ▪ 85 10th Ave ▪ +1-212-989-8883 ▪ $$$

Das mit zwei Sternen prämierte Restaurant wurde von dem Starkoch Joël Robuchon gegründet. Vom Tresen blickt man auf die offene Küche.

10 Cho Dang Gol
Karte K3 ▪ 55 West 35th St, zwischen 5th & 6th Ave ▪ +1-212-695-8222 ▪ $$

Tofu und *jjigae* (feurige Eintöpfe) in dem Lokal im Zentrum von Koreatown sind exzellent.

Siehe Karte S. 120f

TOP 10 Midtown

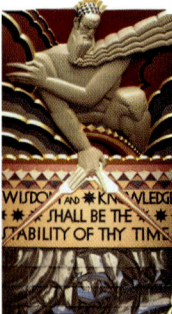

WISDOM AND KNOWLEDGE
SHALL BE THE
STABILITY OF THY TIMES
Fassadenschmuck, 30 Rockefeller Plaza

Die Lichter des Times Square, die Spitzen von Empire State Building und Chrysler Building, das Rockefeller Center, das Hauptquartier der Vereinten Nationen, die Stores an der Fifth Avenue, Museen, Theater, großartige Architektur – all dies macht den Charme des Viertels zwischen 34th & 59th Street, East River und Broadway aus. Die prachtvolle Fifth Avenue, Grenze zwischen East und West Side, gilt als zentrale Achse von Manhattan. Midtown spiegelt auch die Vielfalt New Yorks wider – vom speziellen Flair des Diamond District bis zur ehrwürdigen New York Public Library.

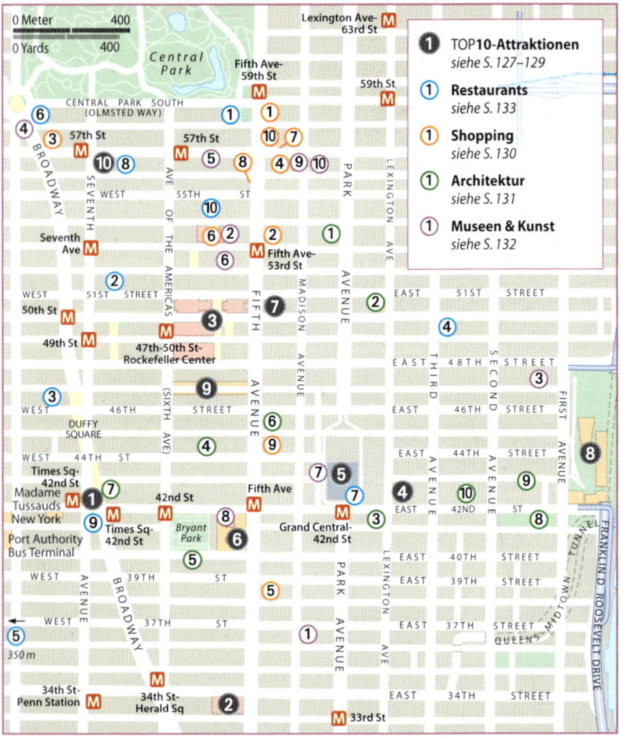
0 Meter 400
0 Yards 400
Central Park
Lexington Ave-63rd St
Fifth Ave-59th St
59th St
CENTRAL PARK SOUTH (OLMSTED WAY)
57th St
57th St
BROADWAY
SEVENTH
WEST 55TH ST
AVE OF THE AMERICAS
PARK
LEXINGTON AVE
Seventh Ave
Fifth Ave-53rd St
FIFTH
MADISON
AVENUE
WEST 51ST STREET
50th St
49th St
47th-50th St-Rockefeller Center
EAST 51ST STREET
EAST 48TH STREET
THIRD
SECOND
WEST 46TH STREET
(SIXTH AVE)
DUFFY SQUARE
AVENUE
EAST 46TH STREET
FIRST AVENUE
WEST 44TH ST
EAST 44TH STREET
Times Sq-42nd St
Madame Tussauds New York
42nd St
Fifth Ave
Times Sq-42nd St
Grand Central-42nd St
42ND ST
Port Authority Bus Terminal
Bryant Park
EAST 40TH STREET
WEST 39TH ST
EAST 39TH STREET
EAST 37TH STREET
QUEENS-MIDTOWN TUNNEL
FRANKLIN D. ROOSEVELT DRIVE
WEST 37TH ST
350 m
34th St-Penn Station
34th St-Herald Sq
EAST 34TH STREET
33rd St
TOP10-Attraktionen siehe S. 127–129
Restaurants siehe S. 133
Shopping siehe S. 130
Architektur siehe S. 131
Museen & Kunst siehe S. 132

Times Square mit glitzernder Neonreklame

① Times Square
Die bekannteste Kreuzung New Yorks ist Zentrum des Theater District *(siehe S. 28–31)*.

② Empire State Building
Der berühmteste Wolkenkratzer der Stadt wurde in ungewöhnlich kurzer Bauzeit errichtet – pro Woche entstanden rund viereinhalb Etagen. Bis 1972 war das Empire State Building das höchste Gebäude der Welt *(siehe S. 12f)*.

③ Rockefeller Center
Die Anlage, ein eigenständiges Viertel mit Läden, Gärten, Restaurants und Büroräumen und einem eigenen Aussichtspunkt, ist rund um die Uhr voller Leben *(siehe S. 16–19)*.

④ Chrysler Building
Karte K4 ■ 405 Lexington Ave Ecke 42nd St ■ Lobby: Mo–Fr 8–18 Uhr
Die unverwechselbare glänzende Spitze des Chrysler Building gehört zu den schönsten Wahrzeichen New Yorks. In der großartigen Art-déco-Lobby wurden früher Chrysler-Autos ausgestellt. Nach einer Renovierung glänzt sie wieder in prachtvollem Marmor und Granit. Ein riesiges Deckengemälde zeigt Motive aus dem Transportwesen der späten 1920er Jahre *(siehe S. 52)*.

⑤ Grand Central Terminal
Karte JK4 ■ 42nd St, zwischen Park & Lexington Ave ■ tägl. 5.30–2 Uhr ■ www.grandcentralterminal.com
Das umgangssprachlich Grand Central genannte Beaux-Arts-Bauwerk *(siehe S. 55)* ist einer der größten Bahnhöfe der Welt und das meistfrequentierte Gebäude in New York. Zu den ca. 500 000 Menschen, die den Bahnhof täglich besuchen, zählen seit der Renovierung nicht nur Reisende: Viele Läden, Imbissstände, Restaurants und das New York City Transit Museum machen das Grand Central Terminal zu einer Attraktion.

Uhr am Grand Central Terminal

New York Public Library

⑥ New York Public Library

Karte K3 ■ 5th Ave Ecke 42nd St ■ +1-917-275-6975 ■ Mo–Sa 10–17.45 Uhr (Di & Mi bis 19.45 Uhr), So 13–16.45 Uhr ■ www.nypl.org

Carrère und Hastings gewannen mit ihrem Entwurf den Wettbewerb für den Bau des Beaux-Arts-Gebäudes. Architektonischer Höhepunkt ist zweifellos der Hauptlesesaal, der sich wie eine Kathedrale fast über zwei Blocks erstreckt. Den Raum mit den Holzpaneelen und dem prächtig verzierten Deckengewölbe erhellen riesige Bogenfenster und 18 große Kronleuchter *(siehe S. 55).*

⑦ St. Patrick's Cathedral

Karte J4 ■ 5th Ave, zwischen 50th & 51st St ■ tägl. 6.30–20.45 Uhr ■ www.saintpatrickscathedral.org

Die Sonntagsmesse in der größten katholischen Kathedrale der USA besuchen mehr als 3000 Gläubige. Als Erzbischof John Hughes 1850 beschloss, an dieser Stelle ein Gotteshaus zu errichten, wurde die damals große Entfernung zum Stadtzentrum heftig kritisiert. Die Zeiten ändern sich: Heute gilt die Lage der Kirche in Manhattan als ideal *(siehe S. 54).*

Fifth Avenue

Der exklusivste Abschnitt der Fifth Avenue *(siehe S. 14f)* führt von der New York Public Library vorbei an der St. Patrick's Cathedral zur Grand Army Plaza mit dem überaus beliebten Apple Store. Die Straße ist gesäumt von schicken Boutiquen, von Juwelieren wie Cartier und Tiffany sowie von berühmten Kaufhäusern wie Bergdorf Goodman und Saks.

---

⑧ United Nations Headquarters

Karte J5 ■ 1st Ave Ecke 46th St ■ Führungen: Mo–Fr 9–16.45 Uhr ■ Eintritt ■ www.un.org

John D. Rockefeller Jr. spendete 8,5 Millionen Dollar für den Erwerb des Grundstücks am East River. Den imposanten Komplex schuf Wallace Harrison in Zusammenarbeit mit internationalen Beratern. Die Vereinten Nationen wurden 1945 mit dem Ziel gegründet, weltweit für Frieden und für wirtschaftliches und soziales Wohlergehen einzutreten. Mittlerweile nehmen 193 Staaten an der Vollversammlung, der Vertretung sämtlicher UN-Mitglieder, teil. Bei Führungen können Besucher die Ratssäle, den Saal der Generalversammlung und viele Werke berühmter Künstler wie Marc Chagall und Henry Moore sehen.

United Nations Headquarters

⑨ Diamond District
Karte J3 ▪ 47th St,
zwischen 5th & 6th Ave

In den Schaufenstern des
Viertels der Diamanten-
händler funkeln Edel-
steine. 80 Prozent
der Diamanten, die
in die USA kommen,
werden hier gehan-
delt. Orthodoxe Juden
bauen das Viertel auf.

**Diamantring
aus einer
Auslage**

Während des Zweiten Weltkriegs
ließen sich Flüchtlinge aus dem na-
tionalsozialistischen Deutschland
sowie aus den Diamantenmetropo-
len Antwerpen und Amsterdam in
dem Areal nieder. Über den Läden
liegen Büros und Werkstätten.

Carnegie Hall

⑩ Carnegie Hall
Karte H3 ▪ West 57th St
Ecke 7th Ave ▪ Museum: Mitte Sep –
Ende Juli: tägl. 11–16.30 Uhr ▪ www.
carnegiehall.org

Als die New Yorker Philharmoniker
in den 1960er Jahren in das Lincoln
Center zogen, verlor die Stadt fast
ihren berühmtesten Konzertsaal.
Eine Initiative unter Führung des
Violinisten Isaac Stern kämpfte je-
doch erfolgreich für den Erhalt des
Gebäudes. 1960 erwarb die Stadt
das Haus, 1964 wurde es unter
Denkmalschutz gestellt, 1986 reno-
viert und umfassend modernisiert.
Die berühmte Akustik blieb erhalten.
Musikalische Andenken füllen die
Säle und das Rose Museum. Füh-
rungen werden gegen geringe
Gebühr angeboten (siehe S. 54).

Spaziergang

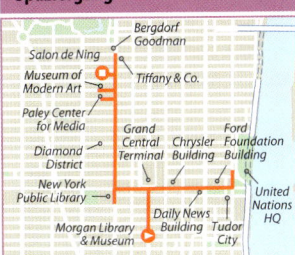

▶ Vormittags

Beginnen Sie mit der Besichti-
gung der Sammlung von **Morgan
Library & Museum** (siehe S. 49).
Danach biegen Sie in der 42nd
Street nach Osten zum **Grand
Central Terminal** ab. Weiter öst-
lich sind die Lobbys von **Chrysler
Building**, **Daily News Building**
(siehe S. 131) und **Ford Foundation
Building** (siehe S. 131) zugänglich.
Erklimmen Sie die Stufen von
Tudor City (siehe S. 131).

Beenden Sie den Vormittag in den
United Nations Headquarters. Mit
einer Reservierung können Sie im
Speisesaal der Delegierten gegenüber dem Museum zu Mittag
essen (Tel. +1-917-367-3314).

Nachmittags

In der 42nd Street nehmen Sie
den Bus zurück zur Fifth Avenue
(siehe S. 14f) und besichtigen die
New York Public Library. Gehen
Sie zur 47th Street, biegen Sie
nach Westen zum **Diamond
District** ab und statten Sie dem
Paley Center for Media (siehe
S. 132) einen Besuch ab. Im Café
in der zweiten Etage des **Museum
of Modern Art** (siehe S. 48) können
Sie eine Pause einlegen, bevor
Sie sich die fabelhafte Sammlung
ansehen.

Zurück in der Fifth Avenue bummeln Sie an dem Luxusjuwelier
Tiffany & Co. (siehe S. 14) vorbei
sowie am **Bergdorf Goodman**
(siehe S. 14). Runden Sie den
Tag im **Salon de Ning** (siehe S. 69)
im Hotel Peninsula mit wunder-
schönem Blick auf den Central
Park ab.

Siehe Karte S. 126 ➜

Shopping

① Apple Store
Karte H3 ▪ 767 5th Ave Ecke 59th St
Der 9,75 Meter hohe gläserne Kubus ist einen Besuch wert. Die rund um die Uhr geöffneten Verkaufsräume im Souterrain sind stets gut besucht.

② Microsoft Store
Karte H3 ▪ 677 5th Ave Ecke 53rd St
Im Flagship-Store des Softwareriesen gibt es Notebooks und Tablets.

③ Nordstrom
Karte H3 ▪ 57th St & Broadway
Der Laden zählt zu den attraktivsten der Stadt. Er bietet Designermode sowie eine große Auswahl an Kosmetikprodukten *(siehe S. 70)*.

④ Tiffany & Co.
Karte H4 ▪ 727 5th Ave
Ein Besuch des Juweliers ist für Fans des Romans *Frühstück bei Tiffany* (1958) oder des gleichnamigen Films ein Muss. Bis zum Abschluss der Renovierung befindet er sich in Räumen an der 6 East 57th Street.

⑤ Department Stores
Karte H – K3 ▪ 5th Ave, zwischen 38th & 58th St
In solch berühmten Kaufhäusern wie Bergdorf Goodman, Saks Fifth Avenue und Bloomingdale's gibt es Schmuck, Mode und Accessoires in großer Auswahl.

⑥ Museum of Modern Art Design Shop
Karte J3 ▪ 44 West 53rd St, zwischen 5th & 6th Ave
Lampen, Möbel, Schmuck, Spielwaren und Poster: Das gesamte Angebot des Shops ist der Inbegriff schönen Designs.

⑦ Designerboutiquen
Karte H4 ▪ 57th St, zwischen 5th & Madison Ave
In der 57th Street zwischen Fifth und Madison Avenue gibt es viele Boutiquen, etwa von Burberry, Saint Laurent, Chanel, Tiffany & Co. und Dior. Prada residiert in 724 5th Avenue.

⑧ Harry Winston
Karte H4 ▪ 701 5th Ave
Angesichts der Preise der bei Prominenten beliebten Diamanten und Edelsteine bleibt es für weniger Betuchte meist beim Schaufensterbummel.

⑨ NBA Store
Karte J3 ▪ 545 5th Ave Ecke 45th St
Der Hightech-Shopping-Spaß verlockt zum Kauf von Sportbekleidung und Fanartikeln der National Basketball Association (NBA).

⑩ Louis Vuitton
Karte H4 ▪ 1 East 57th St
Die Schaufenster sind die wohl auffälligsten unter den gehobenen Läden: Sie tragen das gleiche Muster wie die zum Verkauf stehenden Handtaschen.

Saks Fifth Avenue

Architektur

(1) Lever House
Karte J4
▪ 390 Park Ave
▪ Lobby & Plaza zu Bürozeiten geöffnet

Das 24-stöckige Gebäude von Gordon Bunshaft war 1952 New Yorks erstes Glas-Stahl-Hochhaus *(siehe S. 53)*.

Lever House

(2) General Electric Building
Karte J4 ▪ 570 Lexington Ave ▪ für die Öffentlichkeit geschl.

Die Zeiger der Uhr an dem Art-déco-Gebäude von 1931 scheinen nach Blitzen zu greifen.

(3) Chanin Building
Karte K4 ▪ 122 East 42nd St
▪ Lobby zu Bürozeiten geöffnet

Der Art-déco-Wolkenkratzer (um 1929) besitzt einen Terrakottafries und ein Bronzeband, das die Evolutionstheorie zeigt.

(4) New York Yacht Club
Karte J3 ▪ 37 West 44th St
▪ für die Öffentlichkeit geschl.

In den Erkerfenstern des Privatclubs von 1899 gleiten geschnitzte Schiffshecks durch Wellen.

(5) American Standard Building
Karte K3 ▪ 40 West 40th St ▪ Lobby zu Bürozeiten geöffnet

In Raymond Hoods erstem Wolkenkratzer in New York (1924) ist heute ein Hotel untergebracht.

(6) Fred F. French Building
Karte J3 ▪ 551 5th Ave ▪ Lobby zu Bürozeiten geöffnet

Das 1927 für die damals bekannteste Immobilienfirma errichtete Bauwerk hat eine grandiose Lobby.

(7) 4 Times Square
Karte J3 ▪ 4 Times Square
▪ Lobby zu Bürozeiten geöffnet

Der 48-stöckige Bau von 1999 ist nach hohen Umweltstandards mit Recyclingeinrichtungen und mit Solarzellen an der Fassade ausgestattet.

(8) Tudor City
Karte K5 ▪ 1st bis 2nd Ave, 40th bis 43rd St ▪ Lobby zu Bürozeiten geöffnet

Fred F. French wollte mit diesem Ensemble im Pseudo-Tudorstil beweisen, dass Mittelschichthäuser in Midtown Erfolg haben.

(9) Ford Foundation Building
Karte J5 ▪ 320 East 43rd St Ecke 1st Ave ▪ Lobby: Mo – Fr 8–18 Uhr

Das Gebäude (1967) zählt zu den schönsten Bauwerken der Moderne in New York. Jedes einzelne Büro blickt auf ein zwölfstöckiges lichtdurchflutetes Atrium mit Pflanzen und Teich.

(10) Daily News Building
Karte K4 ▪ 220 East 42nd St Ecke 2nd Ave ▪ Lobby zu Bürozeiten geöffnet

Das Art-déco-Gebäude von 1930 war einst Sitz der *Daily-News*-Redaktion. Der rotierende Globus in der Lobby fasziniert.

Globus im Daily News Building

Siehe Karte S. 126

Museen & Kunst

Morgan Library

① Morgan Library & Museum

Karte K4 ■ 225 Madison Ave Ecke 36th St ■ Di–Do 10.30–17 Uhr, Fr 10.30–21 Uhr, Sa 10–18 Uhr, So 11–18 Uhr ■ Eintritt (Fr ab 19 Uhr frei) ■ www.themorgan.org

Die Bibliothek birgt eine private Sammlung seltener Bücher, Drucke und Manuskripte. Der Veranstaltungssaal im Pavillon aus Glas und Stahl ist beeindruckend *(siehe S. 49)*.

② Museum of Modern Art

Karte J3 ■ 11 West 53rd St ■ tägl. 10.30–17.30 Uhr (1. Do im Monat & Fr bis 21 Uhr) ■ Eintritt (Fr ab 17.30 Uhr frei) ■ www.moma.org

Die Sammlung des MoMA umfasst Filme, Gemälde und Fotografien *(siehe S. 48)*.

③ Japan Society

Karte J5 ■ 333 East 47th St ■ Di–Do 12–19 Uhr, Fr 12–21 Uhr, Sa & So 11–17 Uhr ■ Eintritt ■ www.japansociety.org

Die Kulturorganisation widmet sich der zeitgenössischen japanischen Kunst und dem Kabuki-Theater.

④ Museum of Arts and Design

Karte H3 ■ 2 Columbus Circle ■ Di–So 10–18 Uhr (Do bis 21 Uhr) ■ Eintritt ■ www.madmuseum.org

Die Sammlung mit rund 2000 Exponaten geht auf das Jahr 1900 zurück.

⑤ Marian Goodman Gallery

Karte H3 ■ 24 West 57th St ■ Mo–Sa 10–18 Uhr ■ www.mariangoodman.com

Die Galerie zeigt u. a. Werke von Giovanni Anselmo, Thomas Struth und Steve McQueen.

⑥ Paley Center for Media

Karte J3 ■ 25 West 52nd St, zwischen 5th & 6th Ave ■ Mi–So 12–18 Uhr (Do bis 20 Uhr) ■ Eintritt ■ www.paleycenter.org

Das Medienzentrum hat mehr als 60 000 Radio- und TV-Sendungen archiviert.

⑦ New York Transit Museum Gallery Annex

Karte K4 ■ Shuttle Passage, Grand Central Terminal ■ Mo–Fr 8–20 Uhr, Sa & So 11–18 Uhr ■ www.nytransitmuseum.org

Die Filiale des Verkehrsmuseums zeigt Wechselausstellungen.

⑧ New York Public Library Galleries

Karte K3 ■ 5th Ave Ecke 42nd St ■ Di & Mi 11–18 Uhr, Do–Sa 10–18 Uhr

Die Galerien zeigen Drucke, Poster, Gemälde und Wechselausstellungen.

⑨ Sculpture Garden in 590 Madison

Karte H3 ■ 590 Madison Ave Ecke 57th St

Im Zen-Flair verströmenden Atrium des IBM-Gebäudes stehen Skulpturengruppen.

⑩ Pace Prints

Karte H4 ■ 32 East 57th St ■ Di–Fr 10–17.30 Uhr, Sa 10–17 Uhr ■ www.paceprints.com

Bei Pace Prints sind Drucke führender zeitgenössischer Künstler aus Amerika und Europa zu sehen.

Restaurants

Preiskategorien
Preis für ein Drei-Gänge-Menü pro Person mit einem Glas Hauswein, inkl. Steuern und Service.

$ unter 25 $ $$ 25–75 $ $$$ über 75 $

1 The Palm Court

Karte H3 ■ The Plaza, 768 5th Ave Ecke Central Park South ■ +1-212-546-5300 ■ $$$

Das Restaurant mit der eleganten Glaskuppel, Palmen und maßgefertigten Möbeln ist bekannt für erstklassigen Nachmittagstee.

2 Le Bernardin

Karte J3 ■ 155 West 51st St Ecke 6th Ave ■ +1-212-554-1515 ■ $$$

Der gefeierte französische Chefkoch Eric Ripert bereitet Fisch und Seafood in vielen Variationen vorzüglich zu *(siehe S. 66)*.

3 Blue Fin

Karte J3 ■ 1567 Broadway Ecke 47th St ■ +1-212-918-1400 ■ $$

Das gehobene Restaurant – eines der trendigsten der Stadt – serviert hervorragendes Seafood. Die Sushi und das Angebot an der Raw Bar sind ebenfalls äußerst empfehlenswert.

4 Smith & Wollensky

Karte J4 ■ 797 3rd Ave Ecke East 49th St ■ +1-212-753-0444 ■ $$$

Köstliche Steaks mit Pommes frites gehören zu den unwiderstehlichen Gerichten des renommierten Hauses. Holzböden und Schwarz-Weiß-Fotografien von New York tragen zu der gemütlichen Atmosphäre bei.

5 Chef's Table at Brooklyn Fare

Karte K2 ■ 431 West 37th St, zwischen Ninth & Tenth Ave ■ +1-212-216-9700 ■ $$$

Chefkoch César Ramirez vereint in seinen exquisiten Degustationsmenüs japanische Aromen und französische Kochkunst.

6 Marea

Karte H3 ■ 240 Central Park South ■ +1-212-582-5100 ■ $$$

Schwertmuscheln und Wolfsbarsch sind besonders zu empfehlen, aber auch die Austern, Vorspeisen und der Brunch am Wochenende lohnen.

7 Grand Central Oyster Bar & Restaurant

Karte K4 ■ Grand Central Terminal, untere Ebene, 42nd St Ecke Lexington Ave ■ +1-212-490-6650 ■ $$$

Das renommierte Restaurant serviert fangfrisches Seafood.

Russian Tea Room

8 Russian Tea Room

Karte H3 ■ 150 West 57th St Ecke 7th Ave ■ +1-212-581-7100 ■ $$$

Das opulent eingerichtete russische Restaurant mit dem berühmten Namen ist bekannt für ausgezeichnetes Bœuf Stroganoff und exzellentes Chicken Kiev.

9 The Counter

Karte K3 ■ 7 Times Square Ecke 41st St & Broadway ■ +1-212-997-6801 ■ $

Die Kette ist für ihre leckeren Burger bekannt – Kenner behaupten, dies seien die besten im ganzen Viertel.

10 La Bonne Soupe

Karte H3 ■ 48 West 55th St, zwischen 5th & 6th Ave ■ +1-212-586-7650 ■ $$

Das Restaurant mit Bistrocharme serviert – z. B. nach dem Theaterbesuch – u. a. Crêpes mit Salat für 19 $.

Siehe Karte S. 126

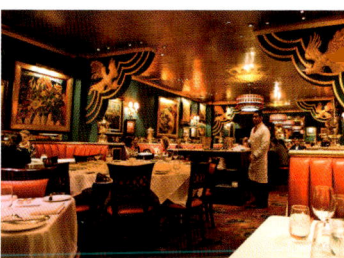

TOP 10 Upper East Side

Vor rund 100 Jahren ließen viele wohlhabende New Yorker in der Upper East Side Herrenhäuser erbauen. Die Beaux-Arts-Gebäude bergen nun größtenteils Botschaften und Museen. Die High Society bevorzugt heute Apartments an Fifth und Park Avenue – in der Nähe der exklusiven Boutiquen, die die Madison Avenue säumen. An die deutschen, ungarischen und tschechischen Viertel, die sich einst östlich der Lexington Avenue erstreckten, erinnern nur noch einige Kirchen und Restaurants. Für Besucher ist die Upper East Side auch wegen der hervorragenden Museen interessant.

Statue im Metropolitan Museum

1 Central Park

In der rund 340 Hektar großen grünen Oase finden jedes Jahr mehr als 25 Millionen Besucher Erholung. Der Park lädt zu sportlichen Aktivitäten wie Rudern und Radfahren ein, interessant sind auch die vielen Skulpturen *(siehe S. 32f)*.

2 Metropolitan Museum of Art

Das Museum zählt zu den größten und bedeutendsten der Welt. Die vielfältigen Sammlungen umfassen mehr als zwei Millionen Exponate aus 5000 Jahren Kulturgeschichte *(siehe S. 34 – 37)*.

Reservoir im herbstlichen Central Park

Vorhergehende Doppelseite Manhattans Wolkenkratzer in der Dämmerung

Atrium des Guggenheim Museum

③ Solomon R. Guggenheim Museum

Das spiralförmige Gebäude, das einzige von Frank Lloyd Wright in New York, birgt eine berühmte Sammlung moderner Kunst *(siehe S. 38f)*.

④ Museum Mile

Karte D3 – F3 ■ 5th Ave, zwischen 82nd & 104th St
■ variierende Öffnungszeiten

An der Meile liegen acht Museen: Metropolitan Museum of Art, Africa Center, Cooper-Hewitt National Design Museum, Solomon R. Guggenheim Museum, Jewish Museum, Neue Galerie, Museum of the City of New York *(siehe S. 49)* und El Museo del Barrio. An einem Dienstag im Juni bieten alle einen kostenlosen Tag der offenen Tür. Dann ist die Fifth Avenue für den Verkehr gesperrt und an der Straße sorgen Musiker für Unterhaltung.

---

① TOP 10-Attraktionen
siehe S. 136 – 139

① Restaurants
siehe S. 141

① Madison-Avenue-Boutiquen
siehe S. 140

⑤ Neue Galerie
Karte F4 ◼ 1048 5th Ave Ecke
East 86th St ◼ Do–Mo 11–18 Uhr
◼ Eintritt ◼ www.neuegalerie.org

Das in einer reich verzierten Villa
(1914) untergebrachte Museum
widmet sich deutscher und öster-
reichischer Kunst vom Beginn des
20. Jahrhunderts. Wertvollstes
Ausstellungsstück ist Gustav Klimts
Gemälde *Adele Bloch-Bauer I* (1907).
Vor der Umgestaltung zum Museum
lebten in der Villa Mitglieder der
Unternehmerfamilie Vanderbilt.

⑥ Roosevelt Island
Karte F6–H5 ◼ Seilbahn
alle 15 Minuten von Tramway Plaza,
2nd Ave Ecke 59th St

Eine Fahrt mit der Seilbahn (»Tramway«) zur Insel im East River dauert
ca. vier Minuten. Auf dem 60 Hektar
großen, einst »Welfare Island«
genannten Areal befanden sich
einst ein Gefängnis, ein Armen-
haus und eine Nervenklinik. In den
1970er Jahren wurde die Insel umbenannt. Philip Johnson und John
Burgee planten die Anlage eines
ruhigen, fast verkehrsfreien Wohn-
gebiets. Trotz 3000 gebauter Wohnungen wurde die Neuerschließung
nicht ganz vollzogen. Von Manhattan
aus fährt die Subway nach Roosevelt
Island, die einzige Anbindung an den
Autoverkehr führt über eine Brücke
in Queens.

Seilbahn nach Roosevelt Island

⑦ Park Avenue Armory
Karte G4 ◼ 643 Park Ave
Ecke 66th St ◼ +1-212-616-3930
◼ nur bei öffentlichen Veranstaltungen
◼ Führungen siehe Website ◼ www.
armoryonpark.org

Mitglieder des 1806 gebildeten Elite-
regiments ließen das Arsenal 1877
bis 1889 bauen – mit einer 60 mal
90 Meter großen, 30 Meter hohen
Exerzierhalle und einem Verwal-
tungsgebäude im Stil einer mittelalterlichen Festung. Die Räume sind
mit viktorianischen Möbeln ausgestattet. In der Exerzierhalle findet
im Januar die Winter Antiques Show
statt. Seit einer rund 150 Millionen
Dollar teuren Renovierung dient
das Gebäude als Raum für Per-
formance- und visuelle Kunst.

⑧ Frick Madison
Karte G4 ◼ 945 Madison Ave,
Ecke East 75th St ◼ variierende Öff-
nungszeiten ◼ Eintritt ◼ www.frick.org

Bis mindestens Ende 2023 wird
ein Großteil der bemerkenswerten
Kunstsammlung des Industriellen
Henry Clay Frick im Breuer Building
präsentiert. Die Exponate verteilen
sich auf drei Stockwerke. Im zweiten
Stock hängen Werke holländischer
Meister, darunter Vermeers *Der
Offizier und das lachende Mädchen*

(Raum 6) sowie ein Selbstporträt und *Der polnische Reiter* von Rembrandt (Raum 4). In Raum 2 birgt zwei berühmte Werke von Hans Holbein d. J. Im dritten Stock sind El Grecos *Der heilige Hieronymus als Studierender* und Bellinis *Der heilige Franziskus in der Wüste* zu sehen. Der vierte Stock ist den Impressionisten und britischer Porträtmalerei gewidmet *(siehe S.49)*.

⑨ Gracie Mansion & Carl Schurz Park

Karte E5 & F5 ▪ East End Ave Ecke 88th St ▪ +1-212-676-3060 ▪ Gratistouren: Mo 10, 11 & 17 Uhr ▪ www1.nyc.gov

Das hölzerne Landhaus mit den breiten Balkonen wurde 1799 von dem Kaufmann Archibald Gracie erbaut. Einst das Museum of the City of New York, wurde es 1942 unter LaGuardia Residenz des Bürgermeisters. Das Haus steht am Nordende eines 1891 angelegten Parks mit Promenade am East River. Der Park ist nach einem prominenten Politiker und Verleger benannt.

Gracie Mansion

⑩ Mount Vernon Hotel Museum & Garden

Karte H5 ▪ 421 East 61st St, zwischen 1st & York Ave ▪ Di – So 11–16 Uhr; Feiertage geschl. ▪ Eintritt ▪ www.mvhm.org

Das einstige Kutschenhaus eines Guts (1799) wurde 1826 nach einem Brand in ein Landhotel verwandelt und zum Erholungsort für New Yorker, die die ländliche Idylle genießen. Gebäude und Garten wurden 1939 von den Colonial Dames of America restauriert.

Spaziergang

▶ Vormittags

Bewundern Sie im **Solomon R. Guggenheim Museum** Frank Lloyd Wrights Architektur und die Sammlung moderner Kunst. Versäumen Sie nicht Chagalls *Paris, durchs Fenster gesehen*, Modiglianis *Liegender Akt* und Picassos *Büglerin*. Vor Verlassen des Museums stärken Sie sich im Café.

Auf der 92nd Street nach Osten erreichen Sie zwei der wenigen noch erhaltenen Holzhäuser der Stadt: **Nr. 120** von 1859, **Nr. 122** von 1871. Östlich liegen **Henderson Place Historic District** (East End Ave, zwischen 86th & 87th St) und **Gracie Mansion**. Rasten Sie im **Carl Schurz Park** auf einer Bank mit Blick auf den Fluss. Per Taxi oder Subway geht es dann in das für seine Desserts berühmte **Serendipity 3** *(siehe S. 141)*.

Nachmittags

Spazieren Sie zu den Designerboutiquen der Madison Avenue. In den Seitenstraßen stehen Stadthäuser reicher New Yorker. Nach dem Besuch des **Frick Madison** können Sie in einem Café in der Madison Avenue pausieren oder sich in der **Neuen Galerie** ein Stück weiter in der 5th Avenue eine weitere Dosis Kunst gönnen.

Besuchen Sie das **Metropolitan Museum of Art** mit Rembrandts *Selbstporträt*, van Goghs *Zypressen* und Michelangelos Studien zur Sixtinischen Kapelle. Krönender Abschluss des Tages ist ein Abendessen bei **Erminia** *(siehe S. 141)*.

Siehe Karte S. 137 ←

Madison-Avenue-Boutiquen

(1) Bottega Veneta
Karte G4 ▪ 740 Madison Ave,
zwischen 64th & 65th St
Die erste in der Reihe von Boutiquen
an der Madison Avenue in Uptown ist
bekannt für luxuriöse Lederwaren,
Schuhe und Mode.

(2) Carolina Herrera
Karte G4 ▪ 954 Madison Ave,
Ecke East 75th St
Die Prêt-à-porter-, Duft- und Ac-
cessoire-Kollektionen der venezo-
lanisch-amerikanischen Designerin
sind wunderschön.

(3) Valentino
Karte G4 ▪ 821 Madison Ave
Ecke 69th St
Wenn Sie es sich leisten können, tun
Sie es den Reichen und Berühmten
gleich. Valentino-Roben werden oft
bei Oscarverleihungen getragen.

(4) Giorgio Armani
Karte G4 ▪ 760 Madison Ave
Ecke 65th St
Der New Yorker Flagship-Store des
italienischen Designers führt eine
große Auswahl seiner Kollektionen.

(5) Ralph Lauren
Karte G4 ▪ 867 Madison Ave
Ecke 72nd St
Die Boutique des Modekönigs ist im
prächtigen Rhinelander Mansion von
1898 untergebracht. Der Laden mit
Sportswear liegt direkt gegenüber.

Fassade der Ralph-Lauren-Boutique

Dolce & Gabbana

(6) Dolce & Gabbana
Karte G4 ▪ 820 Madison Ave,
zwischen 68th & 69th St
In der in Schwarz gehaltenen Filiale
des italienischen Labels gibt es
Mode und VIPs zu bestaunen.

(7) John Varvatos
Karte F4 ▪ 765 Madison Ave
Ecke East 66th St
Der Store des US-Modedesigners
John Varvatos verkauft neben Frei-
zeitkleidung und Anzügen auch Le-
dersneaker, Taschen und Parfum.

(8) Jimmy Choo
Karte H4 ▪ 699 Madison Ave,
zwischen East 62nd & East 63rd St
Die Boutique bietet Schuhe des malaysischen Designers, der in London
erfolgreich wurde (die Marke gehört
heute Michael Kors) sowie Taschen,
Geldbörsen und Sonnenbrillen.

(9) Schutz
Karte H4 ▪ 655 Madison Ave
Ecke 60th St
Der US-Flagship-Store des brasilia-
nischen Labels präsentiert dessen
farbenfrohe Schuhe, von High Heels
bis hin zu Keilsneakern, sowie Accessoires für Damen.

(10) Vera Wang
Karte F4 ▪ 991 Madison Ave
Ecke 77th St
Der Vorzeigeladen der angesehenen
Designerin für Hochzeitskleider ver-
kauft auch Mode und Accessoires für
andere Anlässe.

Restaurants

Preiskategorien

Preis für ein Drei-Gänge-Menü pro Person mit einem Glas Hauswein, inkl. Steuern und Service.

$ unter 25 $ $$ 25 – 75 $ $$$ über 75 $

① Daniel
Karte G4 ▪ 60 East 65th St Ecke Park Ave ▪ +1-212-288-0033 ▪ $$$

Daniel Boulud bietet in seinem reich mit Blumen geschmückten Restaurant köstliche saisonale Küche *(siehe S. 66)*.

② Serendipity 3
Karte H4 ▪ 225 East 60th St ▪ +1-212-838-3531 ▪ $$

Dieses Paradies für Naschkatzen ist berühmt für riesige, sündhaft leckere Eisbecher und bei prominenten Paaren und Familien beliebt.

③ Café d'Alsace
Karte F4 ▪ 1695 2nd Ave Ecke 88th St ▪ +1-212-722-5133 ▪ $$

Eisbecher im Serendipity 3

Das reizende Bistro verbindet regionale französische und moderne New Yorker Küche. Das mittägliche Festpreismenü ist fantastisch, die Auswahl an Biersorten ist groß.

④ Café Boulud
Karte G4 ▪ 20 East 76th St Ecke Madison Ave ▪ +1-212-772-2600 ▪ $$$

Seit der Eröffnung des Daniel ist Bouluds erstes Restaurant zwar etwas legerer geworden, die französische Küche genügt aber weiterhin höchsten Ansprüchen.

⑤ Toloache
Karte F4 ▪ 166 East 82nd St ▪ +1-212-861-4505 ▪ $$

Das lebhafte Restaurant spricht Liebhaber der mexikanischen Küche an. Die Guacamole ist wunderbar cremig, das Spektrum an Füllungen von Tacos ist riesig – von Shrimps bis Hähnchen. Die Auswahl an Saucen lässt ebenfalls keinen Wunsch offen.

⑥ Erminia
Karte F4 ▪ 250 East 83rd St, zwischen 2nd & 3rd Ave ▪ +1-212-879-4284 ▪ $$

Kerzen erhellen das romantische kleine Lokal mit Balkendecke. Es wird gern am Valentinstag besucht. Die klassisch italienische Küche ist ausgezeichnet.

⑦ Uva
Karte F4 ▪ 1486 2nd Ave, zwischen 77th & 78th St ▪ +1-212-472-4552 ▪ $$

Die gemütliche, bei Kennern beliebte Weinbar serviert authentische italienische Küche zu vernünftigen Preisen.

⑧ Orsay
Karte G4 ▪ 1057 Lexington Ave Ecke 75th St ▪ +1-212-517-6400 ▪ $$

Die elegante Brasserie mit typisch französischem Flair ist sehr gemütlich und entsprechend gut besucht. Mit Mahagoni getäfelte Wände und Art-déco-Kronleuchter zaubern eine heimelige Stimmung.

⑨ The Meatball Shop
Karte F4 ▪ 1462 2nd Ave Ecke 76th St ▪ +1-212-257-6121 ▪ $$

Das Paradies für Fans von Fleischbällchen serviert diverse Varianten seiner Spezialität: mit Tomaten-, Käse-, Pilz-, Bratensauce oder Pesto – je nach Gusto des Gastes.

⑩ E. J.'s Luncheonette
Karte G4 ▪ 1271 3rd Ave Ecke 73rd St ▪ +1-212-472-0600 ▪ keine Kreditkarten ▪ $$

Das familienfreundliche Lokal bietet riesige Portionen guter amerikanischer Küche. Den ganzen Tag über sind leckere Pfannkuchen und Müsli mit frischem Obst erhältlich.

Siehe Karte S. 137

TOP 10 Upper West Side

Soldiers' and Sailors' Monument

Die Upper West Side prägen elegante Häuser, in denen sich viele Künstler und Intellektuelle niedergelassen haben. Zu den Attraktionen zählen weltberühmte Kultureinrichtungen wie das Lincoln Center for the Performing Arts und das American Museum of Natural History. Das Stadtviertel entwickelte sich erst nach 1870 zu einem Wohnviertel, als die Hochbahn in der 9th Avenue eine gute Verkehrsverbindung nach Midtown bot. Das 1884 fertiggestellte Dakota, das erste Luxusapartmenthaus in New York, zog weitere Bauten am Central Park West und am Broadway nach sich.

1 American Museum of Natural History

Der Bestand des riesigen Museums, das sich über vier Häuserblocks erstreckt, umfasst ungefähr 32 Millionen Objekte *(siehe S. 40–43)*.

2 Lincoln Center for the Performing Arts

Karte G2 ■ Columbus bis Amsterdam Ave, zwischen 62nd & 66th St ■ Führungen: zweimal tägl. ■ Eintritt

Der sechs Hektar große Komplex entstand in den 1960er Jahren auf dem Gelände eines einstigen Slums. Er birgt eine Fülle namhafter Institutionen *(siehe S. 62f)*: Metropolitan Opera, New York City Ballet, David H. Koch Theater, New York Philharmonic, Vivian Beaumont Theater, Walter Reade Theater, David Geffen

Lincoln Center for the Performing Arts

Hall, Alice Tully Hall und Julliard School. Im Sommer finden die beliebte Konzertreihe *Mostly Mozart* sowie im nahen Park Gratiskonzerte statt. Das Jazz at Lincoln Center ist im Time Warner Building am Columbus Circle ansässig.

3 New-York Historical Society

Karte F2 ■ 170 Central Park West Ecke West 77th St ■ Di–Sa 10–18 Uhr (Fr bis 20 Uhr), So 11–17 Uhr ■ Eintritt ■ www.nyhistory.org

Das im Jahr 1804 gegründete, älteste Museum New Yorks wurde 2011 nach einer dreijährigen, 70 Millionen Dollar teuren Umbauphase wiedereröffnet. Zu den mehr als 40 000 Exponaten zählen Bilder, Skulpturen, Möbel, Silberarbeiten und Tiffanylampen. In einigen Sälen sind Wechselausstellungen zu sehen. Die New-York Historical Society besitzt auch eine Galerie für Kinder und eine Forschungsbibliothek.

4 Columbus Circle

Karte H2 ■ Columbus Circle

Eines der größten Bauprojekte in der Geschichte New Yorks verwandelte ein lange Zeit vernachlässigtes Areal in einen attraktiven öffentlichen Raum. Heute sind hier inter-

nationale Unternehmen an-
sässig, darunter auch der
Multimediagigant Time Warner mit Hauptsitz in einem
80-stöckigen Wolkenkratzer.
Auch Läden, Theater, Restaurants sowie das Hotel Mandarin Oriental und das Jazz at
Lincoln Center, der weltweit
erste Konzertsaal für Jazz-
musik, liegen am Columbus
Circle. In der Umgebung befinden sich Attraktionen wie
das Museum of Arts and Design, den Central Park Information Kiosk, und das USS
Maine Monument.

Wolkenkratzer am Columbus Circle

0 Meter 500
0 Yards 500

Legende:

1 TOP 10-Attraktionen
   siehe S. 142–145

1 Restaurants
   siehe S. 147

1 Apartmenthäuser
   siehe S. 146

Pomander Walk

5 Pomander Walk

Karte E2 ▪ 261–267 West 94th St, zwischen Broadway & West End Ave

In einer Privatstraße verborgen liegt eine der vielen reizvollen Überraschungen, die Manhattan zu bieten hat: eine Doppelreihe kleiner, mit Holzschmuck versehener Ziegelhäuser im Tudorstil. Der Gastronom Thomas Healy ließ sich 1921 von den Kulissen inspirieren, die für Louis Parkers beliebtes Theaterstück *Pomander Walk* verwendet wurden. Er wollte die dörfliche Atmosphäre einfangen, die in dem Stück dargestellt wird. Hier lebten viele Schauspieler, darunter Gloria Swanson, Rosalind Russell und Humphrey Bogart.

6 Riverside Drive & Park

Karte C1–F1 ▪ Park: tägl. 6–1 Uhr

Der Riverside Drive ist eine von New Yorks attraktivsten Straßen mit einem schönen schattigen Blick auf den Hudson River. Sie ist gesäumt von opulenten Stadthäusern des späten 19. Jahrhunderts sowie von einigen modernen Wohnhäusern. Der Riverside Park wurde von Frederick Law Olmsted entworfen. Die Grünanlage mit einer Promenade, Denkmälern sowie Spiel- und Sportplätzen folgt dem Riverside Drive auf einer Länge von 70 Blocks. Sie ist eines von nur acht offiziellen »Scenic Landmarks« der Stadt.

7 American Folk Art Museum

Karte G2 ▪ 2 Lincoln Square (Columbus Ave Ecke 66th St) ▪ Di–Do & Sa 11.30–19 Uhr, Fr 12–19.30 Uhr, So 12–18 Uhr ▪ www.folkartmuseum.org

Das Haus zur Würdigung und zum Studium amerikanischer Volkskunst liegt gegenüber dem Lincoln Center. Das 1961 gegründete Museum beherbergt 7000 Kunstwerke vom 18. Jahrhundert bis zur Gegenwart, u. a. bunte Quilts, beeindruckende Porträts und wichtige Werke autodidaktischer, zeitgenössischer Künstler. Besonders sehenswert sind die Aquarelle von Henry Darger und die einzigartigen urbanen Kommentare von Ralph Fasanella *(siehe S. 49)*.

8 Children's Museum of Manhattan

Karte F2 ▪ 212 West 83rd St Ecke Broadway ▪ Di–So 10–17 Uhr (Sa bis 19 Uhr) ▪ Eintritt ▪ www.cmom.org

Kinder lernen bekanntermaßen am besten, wenn sie etwas selbst entdecken können. Das 1973 gegründete, in einem ehemaligen Schulgebäude untergebrachte Museum folgt diesem Prinzip: Kinder können mit Spaß aktiv werden und mit Fantasie die Welt erforschen. Die zahlreichen Aktivitäten und Ausstellungen sprechen auch ältere Kinder an. Der überaus beliebte Bereich »Adventures with Dora and Diego« erklärt Kindern von zwei bis sechs Jahren Tiere und ihre Lebensräume *(siehe S. 58)*.

Riverside Park

Architektur der Upper West Side

Häuserzeilen, in denen im 19. Jahrhundert Angehörige der New Yorker Mittelschicht wohnten, säumen die Straßen der Upper West Side. Für den Bau der schmalen Häuser verwendete man braunen Sandstein. Die Gebäude haben meist drei oder vier Stockwerke. Über eine »Stoop« genannte Treppe gelangt man in den Eingangsbereich.

⑨ Zabar's
Karte F2 ■ 2245 Broadway Ecke 80th St

Der stets gut besuchte Feinkostladen ist seit seiner Eröffnung im Jahr 1934 eine New Yorker Institution. An den Ständen werden Räucherlachs, Stör und andere jüdische Delikatessen, köstliches Brot, Nachspeisen, zahllose Kaffee-, Käse-, Oliven-, Öl- und Essigsorten sowie Geschenkkörbe angeboten. Im ersten Stock sind alle nur denkbaren Küchenutensilien erhältlich. An dem Kaffeestand an der Ecke 80th Street können Besucher Sandwiches, Smoothies und Kaffee genießen.

Delikatessentheke im Zabar's

⑩ Grand Bazaar NYC
Karte F2 ■ 100 West 77th St Ecke Columbus Ave ■ So 10–17.30 Uhr

Am Sonntag besuchen Flohmarktliebhaber den Schulhof, um an bis zu 300 Ständen nach Vintagemode, Büchern, Kunsthandwerk, Drucken, Schmuck sowie nach profaneren Waren wie T-Shirts oder Socken zu stöbern. Auf dem Gelände wird außerdem jede Woche ein Gemüsemarkt abgehalten, der ebenfalls einen Besuch lohnt.

Spaziergang

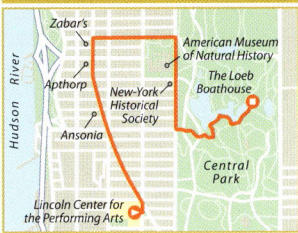

▶ Vormittags

Starten Sie am **Lincoln Center for the Performing Arts** und bewundern Sie die Plaza, die Chagall-Fenster der Metropolitan Opera sowie die Skulptur von Henry Moore vor dem Lincoln Center Theater. Die New York Public Library for the Performing Arts in der Amsterdam Avenue hinter dem Theater ist für die große Sammlung von Büchern über darstellende Kunst berühmt.

Bestaunen Sie die Schaufenster am Broadway und einige Wahrzeichen der Upper West Side wie etwa das **Ansonia** *(siehe S. 146)* und das **Apthorp** *(siehe S. 146)*. In fast allen Seitenstraßen stehen die schönen, für dieses Viertel typischen Häuser aus braunem Sandstein. Foodies schätzen das gastronomische Angebot der West Side, etwa Fairway in der 74th Street und **Zabar's**, dessen Café mittags leckere Smoothies und Panini serviert.

Nachmittags

Im **American Museum of Natural History** kann man einen ganzen Nachmittag verbringen. Die schöne Sammlung der **New-York Historical Society** ist ebenfalls überaus sehenswert.

Am Central Park West befinden sich beeindruckende Apartmenthäuser *(siehe S. 146)*. Im **Central Park** *(siehe S. 32f)* können Sie auf dem See rudern oder eine Gondelfahrt unternehmen. **The Loeb Boathouse** *(siehe S. 69)* bietet sich anschließend an, den Nachmittag gemütlich mit Erfrischungen ausklingen zu lassen.

Siehe Karte S. 143 ←

Apartmenthäuser

John Lennon wohnte im Dakota

1 Dakota
Karte G2 ▪ 1 West 72nd St Ecke Central Park West ▪ für die Öffentlichkeit geschl.

Das Dakota erlangte durch den Mord an John Lennon traurige Berühmtheit. 1884 lag es weit im Westen von New York – »fast in Dakota«.

2 Dorilton
Karte G2 ▪ 171 West 71st St Ecke Broadway ▪ für die Öffentlichkeit geschl.

Das Eingangstor des eindrucksvollen Beaux-Arts-Baus (1902) ist eines Palasts würdig.

3 Ansonia
Karte G2 ▪ 2109 Broadway, zwischen 73rd & 74th St ▪ für die Öffentlichkeit geschl.

Musiker schätzten die schallgeschützten Apartments der Hotelresidenz (20. Jh.).

4 Apthorp
Karte F2 ▪ 2211 Broadway, zwischen 78th & 79th St ▪ für die Öffentlichkeit geschl.

Der Bau von 1908 ähnelt einem italienischen Renaissance-Palast.

5 Belnord
Karte F2 ▪ 225 West 86th St Ecke Amsterdam Ave ▪ für die Öffentlichkeit geschl.

Das im Stil der Neorenaissance errichtete Haus von 1908 ist noch grö-

ßer als das Apthorp. Hier wohnte der Literaturnobelpreisträger Isaac Bashevis Singer.

6 Majestic
Karte G2 ▪ 115 Central Park West, zwischen 71st & 72nd St ▪ für die Öffentlichkeit geschl.

Das erste der beiden von Irwin Chanin 1931 errichteten Gebäude – einer der ursprünglich vier Doppeltürme – dominiert die Skyline der West Side.

7 Century
Karte H2 ▪ 25 Central Park West, zwischen 62nd & 63rd St ▪ für die Öffentlichkeit geschl.

Irwin Chanins zweiter Doppelturm, ein Art-déco-Werk, ist der größte des Blocks.

8 San Remo
Karte G2 ▪ 145–146 Central Park West, zwischen 74th & 75th St ▪ für die Öffentlichkeit geschl.

Emery Roths Art-déco-Bau aus dem Jahr 1930 besitzt Renaissance-Elemente. Die Doppeltürme verbergen Wassertanks.

San Remos Doppeltürme

9 Eldorado
Karte E2 ▪ 300 Central Park West, zwischen 90th & 91st St ▪ für die Öffentlichkeit geschl.

In Roths Art-déco-Bau wohnten Berühmtheiten wie Groucho Marx und Marilyn Monroe.

10 Hotel des Artistes
Karte G2 ▪ 1 West 67th St, zwischen Central Park West & Columbus Ave ▪ für die Öffentlichkeit geschl.

Die 1918 als Künstlerateliers und Wohnungen konzipierten Räume mit ihren hohen Fenstern sind sehr begehrt. Zu den Bewohnern gehörten Noël Coward und Isadora Duncan.

Restaurants

Preiskategorien
Preis für ein Drei-Gänge-Menü pro Person mit einem Glas Hauswein, inkl. Steuern und Service.

$ unter 25 $ $$ 25 – 75 $ $$$ über 75 $

1 Jean-Georges
Karte H2 ▪ 1 Central Park West, Trump International Hotel ▪ +1-212-299-3900 ▪ $$$
Das Restaurant von Jean-Georges Vongerichten zählt zu den besten in New York *(siehe S. 66)*.

2 Per Se
Karte H2 ▪ Time Warner Center, Columbus Circle ▪ +1-212-823-9335 ▪ $$$
Einen Tisch in dem kontrovers diskutierten Restaurant von Thomas Keller muss man weit im Voraus reservieren *(siehe S. 67)*.

3 Shun Lee West
Karte G2 ▪ 43 West 65th St ▪ +1-212-769-3888 ▪ $$
Die Einrichtung des besten *Dim-sum*-Lokals nördlich von Chinatown ist in Schwarz-Weiß gehalten.

Laterne, Shun Lee West

4 Covacha
Karte F2 ▪ 368 Columbus Ave, zwischen West 77th & West 78th St ▪ +1-212-712-2929 ▪ $$
Das lebhafte mexikanische Restaurant ist nicht nur wegen seiner exzellenten Fajitas und Tacos beliebt, sondern auch wegen der spritzigen Margaritas.

5 Mermaid Inn
Karte F2 ▪ 570 Amsterdam Ave ▪ +1-212-799-7400 ▪ $$
Das Lokal bringt einen dezenten Hauch Neuengland ins Herz der Metropole New York. Die einfachen Fisch- und Seafood-Gerichte sind empfehlenswert. Der Brunch am Wochenende mit Räucherfisch und Hummer ist sehr beliebt.

6 Boulud Sud
Karte F4 ▪ 20 West 64th St ▪ +1-212-595-1313 ▪ $$$
Daniel Boulud zelebriert in seinem eleganten Restaurant Aromen des Mittelmeerraums. Köstlich: gegrillter Oktopus mit Mandeln.

Octopus à la Plancha bei Boulud Sud

7 Rosa Mexicano
Karte H2 ▪ 61 Columbus Ave Ecke 62nd St ▪ +1-212-977-7700 ▪ $$
Die Filiale des beliebtesten mexikanischen Restaurants in New York ist für Guacamole und Margaritas bekannt.

8 Café Luxembourg
Karte G2 ▪ 200 West 70th St Ecke Amsterdam Ave ▪ +1-212-873-7411 ▪ $$$
Die Gäste des klassischen Pariser Bistros mit Zinktheke sind meist schick gekleidet. Die *steaks frites* sind grandios.

9 Jacob's Pickles
Karte F2 ▪ 509 Amsterdam Ave, zwischen West 84th & 85th St ▪ +1-212-470-5566 ▪ $$
Das großartige Restaurant serviert Klassiker der Südstaatenküche wie Pancakes, Brathähnchen und scharfe Essiggurken.

10 Gennaro
Karte E2 ▪ 665 Amsterdam Ave, zwischen 92nd & 93rd St ▪ +1-212-665-5348 ▪ keine Kreditkarten ▪ $$
Kenner schätzen die authentische italienische Küche. Kommen Sie früh, sonst müssen Sie warten.

Siehe Karte S. 143 ←

TOP10 Morningside Heights & Harlem

Statue von
St. John the
Divine

Die Columbia University und zwei bedeutende Kirchen dominieren das Gebiet zwischen Morningside Park und Hudson River. Nach Norden erstreckt sich Harlem, das bekannteste afroamerikanische Viertel der USA. Als um 1880 die Bahn die Gegend mit Midtown verband, lebten in den großen Häusern irische, italienische und jüdische, ab den 1920er Jahren vor allem afroamerikanische Familien. In den Clubs der Schwarzen amüsierten sich auch Weiße. Die Große Depression beendete Harlems Blütezeit. Heute erlebt das Viertel eine Renaissance.

1 Columbia University
Karte C2 ▪ West 116th St Ecke Broadway ▪ www.columbia.edu

Die Universität, eine der ältesten in den USA, ist für die Fakultäten Jura, Journalistik und Medizin bekannt. Sie wurde im Jahr 1754 als King's College gegründet. 1897 legte Charles McKim den heutigen Campus an. Die Low Memorial Library von 1898 und die St. Paul's Chapel mit drei von La Farge gestalteten Fenstern sind sehenswert.

2 Cathedral Church of St. John the Divine
Karte C2 ▪ 1047 Amsterdam Ave Ecke 112th St ▪ tägl. 7.30–18 Uhr ▪ www.stjohndivine.org

Die Mutterkirche der Episcopal Diocese of New York ist seit 1892 im Bau und mit 180 Metern Länge und 96 Metern Breite eine der größten Kathedralen der Welt. Zu den Attraktionen des im romanischen und gotischen Stil gehaltenen Bauwerks zählen der Westeingang, die Fensterrosette, die Seitenaltäre und der Peace Fountain südlich der Kathedrale. Die mittelalterlichen Steinmetztechniken werden behinderten Jugendlichen in speziellen Werkstätten beigebracht *(siehe S. 54)*.

St. Paul's Chapel, Columbia University

③ Riverside Church

Karte C1 ■ 490 Riverside Drive, zwischen 120th & 122nd St ■ tägl. 7–22 Uhr ■ www.trcnyc.org

Riverside Church

Die wolkenkratzerhohe Kirche wurde wie ihr Vorbild, die Kathedrale in Chartres, in gotischem Stil errichtet. Die Finanzierung übernahm im Jahr 1930 John D. Rockefeller Jr. Der 21-stöckige Turm, in dem das größte Glockenspiel der Welt erklingt, bietet traumhafte Aussicht auf den Hudson River. Die prachtvollen Fenster sind Nachbildungen der Fenster in Chartres.

- **1** TOP**10**-Attraktionen
  siehe S. 148–151
- **①** Restaurants
  siehe S. 153
- **①** Livemusik
  siehe S. 152

Hamilton Heights Historic District

④ Hamilton Heights Historic District

Karte A2 ▪ West 141 St bis West 145th St

Auf dem Hügel über Harlem befanden sich einst Landsitze der Wohlhabenden, etwa Hamilton Grange, das 1802 errichtete Anwesen von Alexander Hamilton. Die Bahnverbindung ab den 1880er Jahren wertete das Gebiet auf, zwischen 1886 und 1906 entstanden elegante Residenzen. In den 1920er und 1930er Jahren lebte in dem »Sugar Hill« genannten Gebiet Harlems Elite, u. a. Chief Justice Thurgood Marshall und Musiker wie Count Basie, Duke Ellington und Cab Calloway.

⑤ St. Nicholas Historic District (»Strivers' Row«)

Karte A3 ▪ 202 – 250 West 138th St, zwischen Powell & Frederick Douglass Blvd

Die eleganten Häuser wurden 1891, als Harlem noch ein Viertel der Oberschicht war, als »King Model Houses« errichtet. Drei Architekturbüros, darunter McKim, Mead & White, verbanden harmonisch verschiedene Stile: Renaissance, georgianisch und viktorianisch. Der Name »Strivers' Row« (»Streberreihe«) rührt von den in den 1920er und 1930er Jahren hier ansässigen erfolgreichen Afroamerikanern, z. B. Adam Clayton Powell Jr. *(siehe S. 47)*.

⑥ Abyssinian Baptist Church

Karte A3 ▪ 132 West 138th St Ecke Powell Blvd ▪ Sonntagsmesse: 10 Uhr ▪ www.abyssinian.org

1808 gründete eine Gruppe von Gläubigen, die gegen die Segregation innerhalb der baptistischen Kirche protestierte, eine der ersten afroamerikanischen Kirchen der Vereinigten Staaten. Ab 1908 wurde die Gemeinschaft politisch aktiv. Zu den Führern zählte der Kongressabgeordnete Adam Clayton Powell Jr. Heute ziehen die Gospelmessen Besucher an.

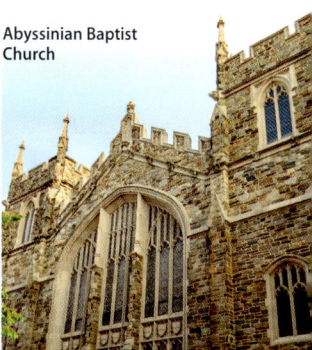

Abyssinian Baptist Church

⑦ Marcus Garvey Park

Karte C3 ▪ West 120th bis West 124th St, zwischen Malcolm X Blvd & 5th Ave

Der ehemalige Mount Morris Park wurde 1973 zu Ehren des afroamerikanischen Politikers Marcus Garvey umbenannt. Er war Gründer der Bewegung Back to Africa und Held des Black Pride Movement. Im benachbarten Mount Morris Historical District stehen Häuser und Kirchen aus der deutsch-jüdischen Zeit des Viertels. Ab dem Jahr 1920 wurden die Synagogen in Kirchen umgewandelt und die Häuser in Wohnungen aufgeteilt.

Studio Museum in Harlem

⑧ Studio Museum in Harlem

Karte B3 ■ 429 West 127th St
■ Do–So 12–18 Uhr ■ Spende
■ www.studiomuseum.org

Die 1967 als Atelier gegründete Einrichtung entwickelte sich zu einem bedeutenden Zentrum für afroamerikanische Kunst. Das 1982 eröffnete Hauptgebäude in der 144 West 125th Street wird bis 2023 renoviert. Übergangsweise sind Ausstellungen im Studio Museum 127 zu sehen.

⑨ Schomburg Center for Research in Black Culture

Karte A3 ■ 515 Malcolm X Blvd Ecke 135th St ■ Di–Do 12–20 Uhr, Fr & Sa 10–18 Uhr

Der 1991 eröffnete Komplex birgt das größte Forschungszentrum der USA für afrikanische und afroamerikanische Kultur. Die Sammlung wurde von Arthur Schomburg zusammengetragen und später der New York Public Library übergeben. Zum Anwesen gehören ein Theater und zwei Kunstgalerien.

⑩ Malcolm Shabazz Mosque & Harlem Market

Karte C3 ■ Moschee: 102 West 116th St; nach Anmeldung ■ Harlem Market: 52–60 West 116th St, zwischen 5th & Malcolm X Blvd; tägl. 10–21 Uhr

Die Moschee ist Kulturzentrum und Treffpunkt der Muslimgemeinde. Die Händler, die einst die Gehsteige der 125th Street bevölkerten, bieten ihre Waren, u.a. afrikanische Kunst, Trommeln, Masken, Stoffe, nun im fest installierten Harlem Market an.

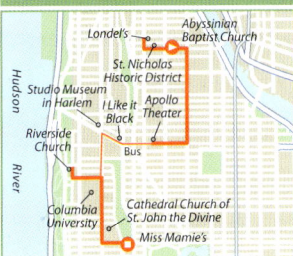

▶ Vormittags

Fahren Sie am Sonntagmorgen mit der Subway-Linie 2 oder 3 zur 135th Street/Lenox Avenue, auch Malcolm X Boulevard genannt. Am Odell Clark Place gehen Sie nach Westen und lauschen dem Gospelchor der **Abyssinian Baptist Church**. Weiter westlich liegt der **St. Nicholas Historic District**. An der 8th Avenue können Sie einen Gospelbrunch im **Londel's** *(siehe S. 152)* genießen.

Nachmittags

Zurück in der Lenox Avenue gehen Sie für einen Shoppingbummel in die 125th Street. Biegen Sie nach Westen ab, um das berühmte **Apollo Theater** *(siehe S. 152)* und afroamerikanische Kunst im **Studio Museum in Harlem** zu besichtigen. Danach gibt es Kaffee bei **I Like It Black** (409 West 125th St).

Nehmen Sie an der Ecke 125th Street und Amsterdam Avenue den Bus M60 zur West 120th Street Ecke Broadway. Steigen Sie den Turm der **Riverside Church** hinauf und genießen Sie den Blick auf den Hudson River. Gegenüber steht das Denkmal des 18. US-Präsidenten Ulysses S. Grant. Folgen Sie der 116th Street nach Osten zum Broadway und zum Eingang der **Columbia University**. Östlich davon steht in der Amsterdam Avenue die imposante **Cathedral Church of St. John the Divine**. Nach einer Stärkung bei **Miss Mamie's** *(siehe S. 153)* fahren Sie ab Broadway mit der Subway 1 zurück nach Downtown.

Siehe Karte S. 149

Livemusik

Bühne des Harlem Stage

① Harlem Stage
Karte A2 ▪ City College Campus, 150 Convent Ave Ecke West 135th St

Das Musikzentrum bietet Jazz, Ballett, Modern Dance und Oper. Hier findet auch das Harlem Film Festival statt.

② Paris Blues
Karte C2 ▪ 2021 Adam Clayton Powell, Jr. Blvd

Die 1968 eröffnete Bar, eine der angesagtesten des Stadtviertels, bietet jeden Abend Livejazz. Kosten für Gedeck fallen nicht an.

③ Showman's Jazz Club
Karte B2 ▪ 375 West 125th St, zwischen St. Nicholas Ave & Morningside Dr

Der Club ist auf Livejazz und -blues spezialisiert. Publikum und Atmosphäre sind etwas Besonderes.

④ Londel's
Karte A3 ▪ 2620 Frederick Douglass Blvd (8th Ave), zwischen West 139th & 140th St

Das elegante Lokal bietet Kellner im Smoking, köstliche Südstaatenküche und hervorragenden Livejazz am Wochenende.

⑤ Bill's Place
Karte B3 ▪ 148 West 133rd St

Das Lokal erinnert an eine Flüsterkneipe, wie es sie einst in Harlem gab. Freitags und samstags betreten um 20 und 22 Uhr Jazzkönner wie der Saxofonist Bill Saxton die Bühne. Kein Alkoholausschank.

⑥ Sylvia's
Karte B3 ▪ 328 Malcolm X Blvd, zwischen West 126th & 127th St

Das Soulfood-Restaurant ist seit 1962 in Betrieb. Samstags und sonntags gibt es Gospelbrunch. Trotz der Urlaubergruppen ist Sylvia's stets unterhaltsam.

⑦ Cotton Club
Karte B2 ▪ 656 West 125th St Ecke Riverside Dr

Duke Ellington und Cab Calloway sind lange verstorben, der berühmte Club der 1920er Jahre erlebt in den neuen Räumen ein Comeback.

Apollo Theater

⑧ Apollo Theater
Karte B3 ▪ 253 West 125th St, zwischen 7th & 8th Ave

Auf Harlems berühmter Bühne begannen die Karrieren von Ella Fitzgerald und James Brown.

⑨ Minton's Playhouse
Karte C4 ▪ 206 West 118th St

Die Wiege des Bebop steht hier. Abends gibt es Jazz. Wer Hunger hat: Das Cecil Steakhouse ist nebenan – und serviert auch Cocktails.

⑩ Smoke
Karte D2 ▪ 2751 Broadway Ecke West 106th St

Musikliebhaber hören hier am Wochenende allerfeinsten Jazz.

Restaurants

Preiskategorien

Preis für ein Drei-Gänge-Menü pro Person mit einem Glas Hauswein, inkl. Steuern und Service.

$ unter 25 $ $$ 25 – 75 $ $$$ über 75 $

1 Red Rooster
Karte B3 ▪ 310 Malcolm X Blvd ▪ +1-212-792-9001 ▪ $$

Starkoch Marcus Samuelsson bringt Downtown-Flair nach Harlem. Die Gerichte würdigen die reiche kulinarische Tradition des Stadtteils.

2 BLVD Bistro
Karte C2 ▪ 2149 Frederick Douglass Blvd ▪ +1-212-678-6200 ▪ $$

Das Restaurant mit angegliederter Weinbar eignet sich wunderbar für einen entspannten Abend. Geboten werden Gerichte der klassischen amerikanischen Küche.

3 Miss Mamie's Spoonbread Too
Karte D2 ▪ 366 Cathedral Pkwy (West 110th St), zwischen Manhattan Ave & Columbus Ave ▪ +1-212-865-6744 ▪ $$

Südstaatenküche ist das Markenzeichen des hübschen, von Norma Jean Darden betriebenen Cafés. Die hohe Qualität und das schöne Ambiente wussten schon Berühmtheiten wie etwa der frühere US-Präsident Bill Clinton zu schätzen.

4 Dinosaur Bar-B-Que
Karte B1 ▪ 700 West 125th St Ecke Riverside Dr ▪ +1-212-694-1777 ▪ $$

Das Lokal bietet üppige Portionen von Grillgerichten und eine große Auswahl an Biersorten.

5 Tom's Restaurant
Karte C2 ▪ 2880 Broadway ▪ +1-212-864-6137 ▪ $$

Das Restaurant wurde durch die TV-Serie *Seinfeld* und durch Suzanne Vegas Song *Tom's Diner* unsterblich. Die Portionen sind groß, die Preise vernünftig.

6 Pisticci
Karte B1 ▪ 125 La Salle St, zwischen Broadway & Claremont Ave ▪ +1-212-932-3500 ▪ $$

In dem überaus gemütlichen italienischen Restaurant werden Pastagerichte in großer Auswahl serviert.

7 Jin Ramen
Karte B1 ▪ 3183 Broadway, zwischen Tiemann Pl & 125th St ▪ +1-646-559-2862 ▪ $$

Das japanische Restaurant ist vor allem für seine günstigen Nudelgerichte *(ramen)* bekannt.

8 Le Baobab
Karte C3 ▪ 120 West 116th St Ecke Lenox Ave ▪ +1-212-864-4700 ▪ keine Kreditkarten ▪ $$

Le Baobab serviert günstige senegalesische Gerichte.

9 Harlem Shake
Karte D2 ▪ 100 West 124th St ▪ +1-212-222-8300 ▪ $

Das Lokal ist ein Tipp für Burger, Hotdogs und sahnige Milchshakes.

10 Amy Ruth's
Karte C3 ▪ 113 West 116th St, zwischen A. C. Powell & Malcolm X Blvd ▪ +1-212-280-8779 ▪ $$

In nettem Ambiente wird moderne Südstaatenküche serviert. Die Waffeln sind köstlich.

Amy Ruth's

Siehe Karte S. 149 ➤

TOP10 Äußere Stadtbezirke

Manhattan ist nur einer von fünf New Yorker Stadtbezirken, die jeweils einzigartige Sehenswürdigkeiten besitzen. Brooklyn mit den schönen Sandsteinhäusern und den zahlreichen Attraktionen wäre als eigene Stadt eine der größten in den USA. Im Norden liegt die Bronx, die mit dem Bronx Zoo, dem New York Botanical Garden und dem Yankee Stadium aufwarten kann. Queens, ein wahrer Schmelztiegel der Kulturen, ist für Museen, Restaurants mit internationaler Küche und Sportveranstaltungen berühmt. Mit der Fähre gelangt man nach Staten Island.

World Fair Unisphere,
Flushing Meadows-Corona Park

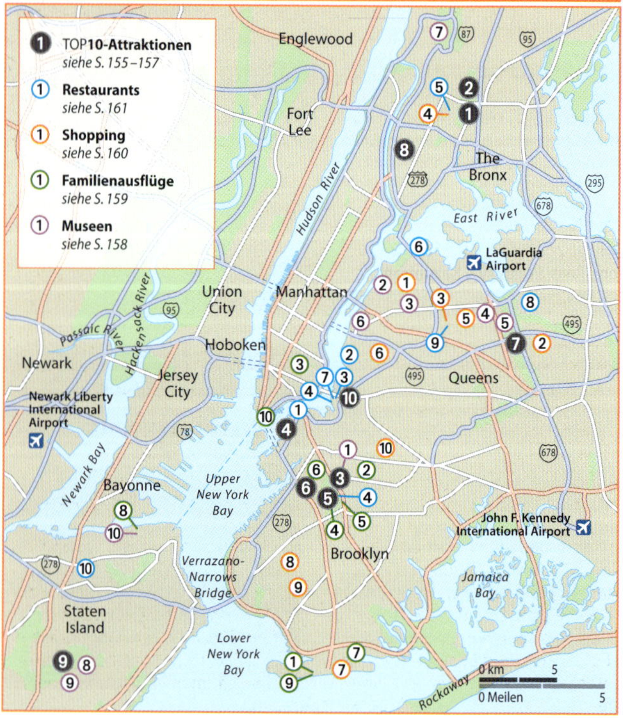

1 TOP10-Attraktionen
siehe S. 155–157

1 Restaurants
siehe S. 161

1 Shopping
siehe S. 160

1 Familienausflüge
siehe S. 159

1 Museen
siehe S. 158

JungleWorld im Bronx Zoo

① Bronx Zoo

Bronx River Parkway & Boston Rd, Bronx ■ Subway 2 & 5 bis West Farms Sq/East Tremont Ave ■ Apr–Okt: Mo–Fr 10–17 Uhr, Sa, So & Feiertage 10–17.30 Uhr; Nov–März: tägl. 10–16.30 Uhr ■ Eintritt ■ www.bronxzoo.com

Der 1895 eröffnete Zoo zählt zu den führenden und artgerechtesten in den USA. Attraktionen sind u. a. Madagascar!, JungleWorld, Tiger Mountain und der Congo Gorilla Forest, ein naturgetreu nachgebildeter afrikanischer Regenwald, in dem die Besucher den Tieren ganz nahe kommen können. Children's Zoo und Bug Carousel sprechen kleine Kinder an.

② New York Botanical Garden

Bronx River Parkway & Kazimiroff Blvd, Bronx ■ Subway B, D & 4 bis Bedford Park Blvd ■ Di–So 10–18 Uhr (Jan & Feb: bis 17 Uhr) ■ Eintritt ■ www.nybg.org

Einer der ältesten und mit über 100 Hektar größten botanischen Gärten der Welt umfasst 50 Gärten und Pflanzensammlungen sowie auf 20 Hektar den einzigen verbliebenen Bestand des Walds, der einst ganz New York bedeckte. Im Enid A. Haupt Conservatory, einem viktorianischen Gewächshaus, wachsen Pflanzen des tropischen Regenwalds und der Wüste. Eine Bahn erleichtert die Besichtigung, zudem gibt es Führungen. Das Leon Levy Visitor Center bietet einen Laden und ein Café.

③ Brooklyn Botanic Garden

900 Washington Ave, Brooklyn ■ Subway 2 & 3 bis Eastern Pkwy ■ März–Okt: Di–Fr 8–18 Uhr, Sa & So 10–18 Uhr; Nov: Di–Fr 8–16.30 Uhr, Sa & So 10–16.30 Uhr; Dez–Feb: Di–So 10–16.30 Uhr ■ Eintritt (Fr vormittags frei) ■ www.bbg.org

Im von den Brüdern Olmsted 1910 entworfenen Garten gedeihen mehr als 12 000 Pflanzen. Berühmt sind die Cranford Rose Gardens, in denen Tausende Rosen blühen, sowie der 1915 angepflanzte Japanese Hill-and-Pond Garden. Außerdem sind die Cherry Esplanade und der Cherry Walk – die größte Kirschblütenanlage außerhalb Japans – sehenswert. Im Steinhardt Conservatory gedeihen tropische Gewächse und Wüstenpflanzen sowie eine umfangreiche Bonsaisammlung.

New York Botanical Garden, Bronx

④ Brooklyn Heights Historic District

Court St bis Furman St, zwischen Fulton & State St ■ Subway 2 & 3 bis Clark St

Beim Blick auf den East River und die Skyline von Lower Manhattan lässt sich der Charme der Alten Welt genießen. Holz- und Ziegelhäuser aus den 1820er Jahren sowie prächtige klassizistische Stadthäuser späterer Zeit säumen die malerischen Straßen.

Soldiers' and Sailors' Arch am Haupteingang zum Prospect Park, Brooklyn

⑤ Prospect Park
Zwischen Eastern Pkwy & Parkside Ave, Brooklyn ■ Subway 2 & 3 bis Grand Army Plaza

Frederic Olmsted und Calvert Vaux betrachteten den 1867 eröffneten Park als ihr Meisterwerk. Long Meadow ist die größte zusammenhängende Grünfläche der Stadt. Das Vale of Cashmere mit Teichen und Trauerweiden sowie Vaux' Oriental Pavilion und Concert Grove sind bezaubernd.

Ursprung des Hip-Hop

Der Hip-Hop entstand in New York. In den 1970er Jahren begründeten Pioniere wie Kool DJ Herc die Hip-Hop-Szene in der Bronx. Die Band Run-D.M.C *(unten)* wurde in Queens gegründet, Fab 5 Freddy stammt aus Brooklyn. Die »Birthplace of Hip Hop Tour« von Hush Hip Hop Tours (www.hushtours.com) führt durch Harlem und die Bronx.

⑥ Park Slope Historic District
Prospect Park West bis 8th Ave, zwischen 14th St & St. John's Pl, Brooklyn ■ Subway F bis 7th Ave

Nach der Eröffnung der Brooklyn Bridge 1883 wurde der Westrand des Prospect Park begehrte Wohngegend. Das Areal birgt neoromanische Sandsteinhäuser aus dem späten 19. und frühen 20. Jahrhundert.

⑦ Flushing Meadows-Corona Park
Queens ■ Subway 7 bis 111th St, Willets Pt/Shea Stadium

Auf dem Gelände zweier Weltausstellungen erstreckt sich nun ein großer Park mit Picknick-, Cricket- und Fußballplätzen, Skating- und Radwegen, Seen, Booten und anderen Attraktionen. Das Areal birgt auch das Citi Field der New York Mets, das USTA Billie Jean King National Tennis Center, die New York Hall of Science, das Queens Museum of Art sowie die Unisphere, Symbol der Weltausstellung von 1964.

⑧ Yankee Stadium
East 161st St & River Ave, Bronx ■ Subway B, D & 4 bis 161st St-Yankee Stadium ■ variierende Öffnungszeiten ■ Eintritt

Im alten Yankee Stadium von 1923 jubelten einst zahllose Fans Superstars wie Babe Ruth zu – daher stammte auch der Beiname »Das

Haus, das Ruth baute«. Weitere Legenden des erfolgreichsten US-Baseballteams sind Joe DiMaggio und Mickey Mantle. 2008 wurde das Stadion geschlossen, 2010 abgerissen. Zum heutigen Stadion auf der anderen Straßenseite gehört der Monument Park. Die besten Spieler werden in einer Ausstellung mit Plaketten und Statuen geehrt.

⑨ Historic Richmond Town

441 Clarke Ave, Staten Island
■ Fähre nach Staten Island, dann Bus S74 ■ Mi – So 13 – 17 Uhr (Führungen: Mi – Fr 13.30 Uhr, Sa & So 13.30 Uhr & 15 Uhr) ■ Eintritt ■ www.historic richmondtown.org

Das restaurierte Dorf besitzt etwa 30 Gebäude aus der Stadt Richmond, ab 1729 Regierungssitz auf Staten Island. Weitere historische Bauten wurden von anderen Orten hierher verbracht.

Bar des Wythe Hotel, Williamsburg

⑩ Williamsburg

Bedford Ave, Brooklyn
■ Subway J, M, Z bis Marcy Ave & G bis Metropolitan Ave; Bus B39 oder B61

Bis in die 1990er Jahre hinein lebten in Williamsburg überwiegend Juden, Puerto Ricaner und Italiener, dann siedelten sich Künstler aus Manhattan an. Pulsierendes Zentrum ist die Bedford Avenue mit Designershops, Bars und Restaurants. Zu den Attraktionen zählen die Russian Orthodox Cathedral of the Transfiguration, die Brooklyn Brewery, Smorgasburg und der Flohmarkt Brooklyn Flea *(siehe S. 70)*. Williamsburg ist auch für Indie-Rockkonzerte bekannt.

Spaziergang

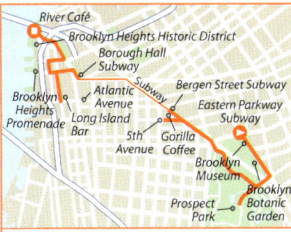

▶ Vormittags

Fahren Sie mit der Subway-Linie 2 oder 3 bis **Eastern Parkway / Brooklyn Museum** und besichtigen Sie das **Brooklyn Museum** *(siehe S. 49)*. Es ist Teil eines Komplexes, zu dem die Grand Army Plaza, der **Brooklyn Botanic Garden** mit dem berühmten japanischen Garten und der benachbarte **Prospect Park** gehören.

Am westlichen Rand des Prospect Park erstreckt sich der Park Slope Historic District. Machen Sie eine Kaffeepause im **Gorilla Coffee** (472 Bergen St), bevor Sie die historischen Häuser besichtigen. In der **5th Avenue** können Sie durch die schicken kleinen Läden bummeln und in einem der vielen Cafés zu Mittag essen.

Nachmittags

Nehmen Sie die Subway zurück bis **Borough Hall** und gehen Sie zum **Brooklyn Heights Historic District** *(siehe S. 155)*. Pierrepont, Willow und Cranberry Street bieten Häuser aus dem 19. Jahrhundert. Im Erdgeschoss von 70 Willow Street schrieb Truman Capote *Frühstück bei Tiffany*. Haus Nr. 155 gehörte einst Arthur Miller.

Östlich verläuft die **Atlantic Avenue** *(siehe S. 160)* mit faszinierenden Gewürzläden. Die **Long Island Bar** (110 Atlantic Ave) lädt zur Rast ein. Gehen Sie dann zurück zur Brooklyn Bridge und genießen Sie an der **Brooklyn Heights Promenade** den spektakulären Blick auf Manhattan. Beenden Sie den Tag mit einem Dinner im romantischen **River Café** *(siehe S. 161)*.

Siehe Karte S. 154

Museen

1 **Brooklyn Museum**
200 Eastern Pkwy, Brooklyn
▪ Subway 2 & 3 bis Eastern Pkwy
▪ Mi – So 11–18 Uhr (Do bis 22 Uhr)
▪ Eintritt

Die Dauerausstellung reicht vom Alten Ägypten bis zu zeitgenössischer Kunst *(siehe S. 49)*.

2 **Noguchi Garden**
9-01 33rd Rd Ecke Vernon Blvd, Queens ▪ Bus 103 bis Vernon Blvd
▪ Mi – Fr 10–17 Uhr, Sa & So 11–18 Uhr
▪ Eintritt

Neben Werken des Bildhauers Isamu Noguchi (1904–1988) in 13 Galerien gibt es einen japanischen Skulpturengarten.

3 **Museum of the Moving Image**
36-01 35th Ave Ecke 37th St, Queens
▪ Subway M & R bis Steinway St ▪ Mi & Do 10.30–17 Uhr, Fr 10.30–20 Uhr, Sa & So 10.30–18 Uhr ▪ Eintritt (Fr 16–20 Uhr frei)

Das Museum erläutert Geschichte und Technik von TV und Film.

4 **New York Hall of Science (NYSCI)**
47-01 111th St, Queens ▪ Subway 7 bis 111th St ▪ Mo – Fr 9.30–17 Uhr, Sa & So 10–18 Uhr ▪ Eintritt (Fr 14–17 Uhr & Sa 10–11 Uhr frei)

Das interaktive Technik- und Wissenschaftsmuseum mit sehenswerten Ausstellungen bietet einen Spielbereich im Freien.

New York Hall of Science

5 **Queens Museum**
New York City Building, Queens ▪ Subway bis 111th St
▪ Mi – So 11–17 Uhr ▪ Eintritt

Das Museum zeigt Kunst, Objekte aus den Weltausstellungen und ein Modell von New York mit rund 800 000 Gebäuden.

6 **MoMA PS1**
22 – 25 Jackson Ave Ecke 46th Ave, Queens ▪ Subway E & V bis 23rd St-Ely Ave ▪ Do – Mo 12–18 Uhr
▪ Eintritt

Das Center präsentiert seit 1976 zeitgenössische Kunst und bietet Künstlern Ateliers.

7 **Van Cortlandt House Museum**
Van Cortlandt Park, Broadway & West 246th St, Bronx ▪ Subway 1 bis 242nd St ▪ Di – Fr 10–16 Uhr, Sa & So 11–16 Uhr (letzter Einlass 30 Min. vor Schließung) ▪ Eintritt (Mi frei)

Das restaurierte georgianische Haus (1748) ist das älteste der Bronx.

8 **Jacques Marchais Museum of Tibetan Art**
338 Lighthouse Ave, Staten Island
▪ Bus S74 ab Fähre ▪ Mi – So 13–17 Uhr
▪ Eintritt

Die Rekonstruktion eines Hauses im Himalaia birgt vielfältige tibetanische Kunst.

9 **Historic Richmond Town**
441 Clarke Ave, Staten Island
▪ Bus S74 ab Fähre ▪ variierende Öffnungszeiten ▪ Eintritt

Das Museum im Amtssitz des County Clerk (1848) ist eines von 27 Häusern.

10 **Snug Harbor Cultural Center**
1000 Richmond Terrace, Staten Island
▪ Bus S40 ab Fähre ▪ variierende Öffnungszeiten ▪ Eintritt

Das Zentrum bietet einen chinesischen Garten, Bühnen, Kunst, ein Kinder- und ein Schifffahrtsmuseum.

Familienausflüge

(1) New York Aquarium
Surf Ave & West 8th St,
Brooklyn ■ Subway F & Q bis W 8th St
■ Apr – Mai & Sep – Okt: tägl. 10 – 16 Uhr
(Sa & So bis 16.30 Uhr); Juni – Aug:
tägl. 10 – 18 Uhr (letzter Einlass um
17 Uhr); Nov – März: tägl. 10 – 15.30 Uhr
■ Eintritt

Besucher können Wasserfälle und
Sümpfe erforschen und mehr als
350 Arten bewundern.

Brooklyn Children's Museum

(2) Brooklyn Children's Museum
145 Brooklyn Ave Ecke St. Marks Pl,
Brooklyn ■ Subway 3 bis Kingston
■ Di – So 10 – 17 Uhr (Do bis 18 Uhr)
■ Eintritt (Do 14 – 18 Uhr frei)

Das 1899 gegründete Museum gilt
als erstes Kindermuseum der Vereinigten Staaten. Die interaktiven
Sammlungen lassen jedes Kinder-
herz höherschlagen.

(3) New York Transit Museum
99 Schermerhorn St, Brooklyn
■ Subway 4 und 5 bis Borough Hall
■ Di – Fr 10 – 16 Uhr, Sa & So 11 – 17 Uhr
■ Eintritt ■ www.nytransitmuseum.org

Interaktive Displays erläutern die
Entwicklung des öffentlichen Nah-
verkehrs der Stadt *(siehe S. 59)*.

(4) Prospect Park Carousel
Prospect Park, Brooklyn
■ Subway B & Q bis Prospect Park
■ Apr – Okt: Sa & So 12 – 17 Uhr
(Juli & Aug: bis 18 Uhr) ■ Gebühr

Das Karussell (1912) kam 1950 aus
Coney Island.

(5) Lefferts Historic House
Prospect Park, Brooklyn
■ Subway B & Q bis Prospect Park
■ Apr – Okt: Do – So 12 – 16 Uhr (Juli &
Aug: bis 18 Uhr); Nov – Dez: Sa & So
12 – 15.30 Uhr

Das Farmhaus zeigt den Alltag im
18. Jahrhundert.

(6) Puppetworks
338 6th Ave Ecke 4th St,
Brooklyn ■ Subway F bis 7th Ave
(Brooklyn) ■ variierende Vorstellungs-
zeiten ■ Eintritt; Reservierung nötig

Mit geschnitzten Marionetten werden
Klassiker für Kinder inszeniert.

(7) Sheepshead Bay Fishing Boats
Emmons Ave, Brooklyn ■ Subway
B & Q bis Sheepshead Bay ■ 6.30 –
9 Uhr, 13 Uhr & 19 Uhr oder Charter
■ Eintritt

Die Fischerboote laden tagsüber
und abends zu Ausflügen ein.

(8) Staten Island Children's Museum
1000 Richmond Terrace, Staten
Island ■ Bus S40 ab Fähre ■ Zeiten
variieren, siehe Website ■ Eintritt
■ www.sichildrensmuseum.org

Ein animierter Schweinswal begrüßt
Besucher des interaktiven Museums.

(9) Luna Park
1000 Surf Ave, Coney Island
■ Subway D, F, N & Q bis Coney Island-
Stillwell Ave ■ Zeiten variieren, siehe
Website ■ Eintritt ■ www.lunaparknyc.
com

Der Vergnügungspark auf Coney
Island mit Fahrgeschäften wie der
Achterbahn Cyclone ist legendär.

(10) Staten Island Ferry
Bus zum St. George Terminal,
Staten Island ■ tägl. 24 Std., alle
15 – 60 Min. von Whitehall & South St

Die Fähre bietet grandiosen Blick
auf Manhattan *(siehe S. 72)*. Busse
vom St. George Terminal fahren zu
den Attraktionen von Staten Island.

Siehe Karte S. 154

Shopping

(1) Broadway, Astoria
Broadway, Astoria, Queens
◼ Subway N & Q bis Broadway

In Astoria lebt die größte griechische Gemeinde außerhalb von Griechenland. Restaurants, Cafés und Bäckereien mit typischen Angeboten säumen den Broadway.

(2) Main Street, Flushing
Main St, Flushing, Queens
◼ Subway 7 bis Main St

Flushings Chinatown bietet Bäcker, Restaurants, Heilkräuter und Akupunktur. Die Queensborough Library birgt Bücher in ca. 40 Sprachen.

(3) 74th Street, Jackson Heights
74th St, Jackson Heights, Queens
◼ Subway E, F & R bis Roosevelt Ave

Die Läden der indischen Gemeinde verkaufen Goldschmuck und schöne Saris. In den Lebensmittelläden stapeln sich Gewürze und fernöstliche Köstlichkeiten.

(4) Arthur Avenue, Bronx
Arthur Ave, Bronx ◼ Subway 4 bis Fordham Rd

In dem italienischen Viertel befinden sich kleine Läden, deren Angebot Wein und hausgemachte Pasta, aber auch Rosenkränze und Votivkerzen umfasst.

Italienische Delikatessen, Arthur Avenue

(5) Roosevelt Avenue, Jackson Heights
Jackson Heights, Queens ◼ Subway E, F & R bis Roosevelt Ave

Neben dem indischen Viertel ertönen lateinamerikanische Rhythmen. Straßenhändler verkaufen *churros*, Läden bieten Musikalien, Lebensmittel und Hüte an.

(6) Nassau Avenue, Greenpoint
Nassau Ave, Greenpoint, Brooklyn
◼ Subway G bis Nassau

Die Läden in der größten polnischen Gemeinde der USA bieten *kielbasas* (Würste) und *babkas* (Kuchen), Heiligenstatuen, Bücher und Musik.

(7) Brighton Beach Avenue, Brooklyn
Brighton Beach Ave, Brooklyn
◼ Subway B & Q bis Brighton Beach

In »Little Odessa« ist Russisch die Hauptsprache. Läden verkaufen u. a. russische Puppen und Räucherfisch.

(8) 13th Avenue, Borough Park
13th Ave, Borough Park, Brooklyn
◼ Subway D bis 55th St

An der Hauptstraße von Borough Park, wo die größte orthodoxe jüdische Gemeinde der USA lebt, bekommt man religiöse Artikel, Gebäck und Bekleidung.

(9) 18th Avenue, Bensonhurst
18th Ave, Bensonhurst, Brooklyn
◼ Subway D bis 18th Ave

Die Straße, Zentrum einer italienischen Gemeinde, säumen Cafés, Restaurants, Bäckereien und *delis*.

(10) Atlantic Avenue, Brooklyn
Atlantic Ave, Brooklyn ◼ Subway R bis Court St

In New Yorks orientalischem Shoppingmekka sind *baklava*, Oliven, Trockenfrüchte und Gewürze aus dem Nahen Osten erhältlich.

Restaurants

River Café unter der Brooklyn Bridge

Preiskategorien
Preis für ein Drei-Gänge-Menü pro Person mit einem Glas Hauswein, inkl. Steuern und Service.

$ unter 25 $ ■ $$ 25 – 75 $ ■ $$$ über 75 $

① **River Café**
1 Water St, Brooklyn ■ Subway A & C bis High St ■ +1-718-522-5200 ■ nach 17 Uhr Jackettpflicht ■ $$$
Hummer, Ente und Seafood zählen zu den Spezialitäten des Hauses. Als Dessert gibt es u. a. eine Mini-Brooklyn-Bridge aus Schokolade.

② **Paulie Gee's**
60 Greenpoint Ave, Brooklyn ■ Subway G bis Greenpoint Ave ■ +1-347-987-3747 ■ $$
Paulie Giannones Pizzas zählen in New York zu den besten. Probieren Sie den »Hellboy« mit Mozzarella, Tomaten, würziger Soppressata, Parmesan und Chili-Honig.

③ **Peter Luger Steak House**
178 Broadway, Brooklyn ■ Subway J, M & Z bis Marcy Ave ■ +1-718-387-7400 ■ keine Kreditkarten ■ $$$
Peter Lugers Restaurant zählt zu den besten Steakhäusern in New York. Frühzeitige Reservierung ist erforderlich.

④ **Smorgasburg**
East River State Park, 90 Kent Ave; Prospect Park, Breeze Hill ■ www.smorgasburg.com ■ $
Der Food-Markt unter freiem Himmel in Williamsburg (Sa) und im Prospect Park (So) bietet über 100 verlockende Stände.

⑤ **Dominick's Restaurant**
2335 Arthur Ave, Bronx ■ Subway D bis Fordham Road ■ +1-718-733-2807 ■ keine Kreditkarten ■ $$
Die exzellente süditalienische Küche ist beliebt. Es gibt keine Speisekarte. Gäste bestellen ihr Lieblingsgericht oder vertrauen dem Kellner.

⑥ **Agnanti**
19-06 Ditmars Blvd, Queens ■ Subway N & Q Ditmars Blvd/Astoria ■ +1-718-545-4554 ■ $$
Das reizende Lokal mit Terrasse bietet traditionelle griechische Küche.

⑦ **Marlow & Sons**
81 Broadway, Brooklyn ■ Subway 7 bis Main St ■ +1-718-384-1441 ■ $$
Das etwas skurril wirkende Restaurant serviert mediterrane Gerichte.

⑧ **Joe's Shanghai**
136 – 121 37th Ave, Queens ■ Subway 7 bis Main St ■ +1-718-539-3838 ■ keine Kreditkarten ■ $$
Die Filiale der chinesischen Kette ist für die Teigtaschen und steamed buns bekannt.

⑨ **Jackson Diner**
37 – 47 74th St, Queens ■ Subway E, F, G, R & V bis Roosevelt Ave ■ +1-718-672-1232 ■ keine Kreditkarten ■ $$
Das beste indische Restaurant weit und breit macht exzellente Currys.

⑩ **Denino's Pizzeria**
524 Port Richmond Ave, Staten Island ■ Bus SIM3 ■ +1-718-442-9401 ■ keine Kreditkarten ■ $$
Staten Islands Lieblingspizzeria gibt es seit 1937. Einer der Klassiker ist der »Garbage Pie«.

Siehe Karte S. 154

Reise-Infos

Taxis auf der 8th Avenue

Anreise & In New York unterwegs

Anreise mit dem Flugzeug

New York ist von vielen Großstädten aus direkt auf dem Luftweg zu erreichen. Passagiere sollten auf allen Flughäfen der USA zusätzliche Zeit für die sorgfältigen Pass- und Sicherheitskontrollen einplanen.

Internationale Flüge landen auf dem **John F. Kennedy International Airport (JFK)** und dem **Newark Liberty International Airport (EWR)**. Auf dem **LaGuardia Airport (LGA)**, dem dritten großen Flughafen der Metropole, werden die meisten Inlandsflüge abgewickelt.

Der Festpreis für eine Taxifahrt vom JFK Airport nach Manhattan beträgt 53,75 $ (Mo – Fr 16 – 20 Uhr 56,50 $), hinzu kommen eventuelle Mautgebühren und ein Steuerzuschlag von 0,50 $ für jede Fahrt im Bundesstaat New York. Von Newark nach Manhattan sind je nach Strecke 85 bis 100 $ (inklusive Mautgebühren und Trinkgeld), von LaGuardia 30 bis 40 $ zu zahlen.

Mit den Sammelbussen von **SuperShuttle** kommt man direkt zum Hotel – deutlich preiswerter als mit dem Taxi. Da man nicht der einzige Fahrgast ist, sollte man mehr Zeit einplanen. Die Preise liegen zwischen 16 $ und 26 $. Der **Newark Airport Express** und andere Busse fahren zentrale Punkte in Midtown an (ab 18,50 $).

Der **AirTrain** bringt Flugreisende vom JFK Airport zu den Subway-Zügen A, E, J und Z, mit denen man Manhattan erreicht. Von Newark gelangt man mit dem AirTrain zum Bahnhof **New Jersey Transit** oder zum Amtrak-Bahnhof. Von LaGuardia fährt der Bus M60 SBS zur 125th Street, wo man in eine Subway (4, 5, 6, A, B, C oder D) umsteigen kann. Mit dem Busservice Q70 LaGuardia Link SBS gelangt man zur Subway-Station Jackson Heights – Roosevelt Avenue / 74th Street, die Anschluss an die Linien 7, E, F, M und R bietet.

Anreise mit dem Schiff

Kreuzfahrtschiffe legen an den NYCruise-Terminals in Manhattan und Brooklyn an. Die Passagiere werden von Zoll- und Grenzbeamten überprüft. Vor den Terminals befinden sich Taxistände.

Züge

Züge von **Amtrak**, dem landesweit größten Betreiber von schienenbundenem Personenverkehr in den USA, sowie die Pendlerzüge von **Long Island Rail Road (LIRR)** und **New Jersey Transit (NJT)** fahren in New York die Moynihan Train Hall (Seventh & Eigth Ave / 31st & 34th St) an der Pennsylvania Station an. Amtrak besitzt in dem Bahnhof einen eigenen Bereich mit Ticketverkauf und Lounges. Regionalzüge von **Metro-North** bedienen den Bahnhof Grand Central Terminal (42nd St & Park Ave) in Midtown Manhattan.

Tickets sind am Reisetag oder vorab online oder telefonisch buchbar. Prepaid-Tickets kann man an Automaten oder (gegen Vorlage des Reisepasses) am Fahrkartenschalter abholen. Im Voraus online erworbene Tickets sind günstiger. Der USA Rail Pass von Amtrak (459 $) ermöglicht acht Fahrten innerhalb von 15 Tagen.

Der Northeast Corridor von Amtrak – von Boston über New York und Philadelphia nach Washington, DC und zurück – ist die meistfrequentierte Verbindung. Sitzplatzreservierungen sind nur in den stündlich verkehrenden Hochgeschwindigkeitszügen Acela Express möglich. Auf der Strecke verkehren auch Nachtzüge.

Fernbusse

Fernbusse sind für Besucher, die das Umland von New York erkunden oder weitere Städte in den USA besuchen möchten, eine gute und preiswerte Reisemöglichkeit.

Fernreisebusse kommen ebenso wie die innerhalb New Yorks verkehrenden Pendlerbusse am **Port Authority Bus Terminal (PABT)** an.

Die Subway-Station unterhalb des Busbahnhofs wird von den Linien A, C und E bedient. Durch einen langen Tunnel gelangt man zur Fuß zur Station am Times Square, die weitere Verbindungen bietet. Vor dem Bahnhof gibt es an der Eighth Avenue Taxistände.

Der Busbahnhof bietet Verbindungen zu allen New Yorker Flughäfen. Stark frequentiert sind die Pendlerbusse nach New Jersey. Am PABT kommen täglich rund 6000 Busse an, zu Stoßzeiten herrscht hektischer Betrieb.

Greyhound bietet preiswerte Verbindungen von New York nach Philadelphia (Fahrtzeit: 2 Std.), Washington, DC (4 Std.), und Boston (4,5 Std).

Megabus und **Bolt Bus** bieten von verschiedenen Haltestellen in Manhattan äußerst günstige Fernverbindungen an.

Öffentliche Verkehrsmittel

Betreiber des Subway- und Busnetzes in New York ist die **Metropolitan Transportation Authority (MTA)**. Die Website des Unternehmens bietet nützliche Informationen.

Während der Stoßzeiten von 7 bis 9.30 Uhr und von 16.30 bis 18 Uhr sind Subway-Züge und Busse oft überfüllt, auch wenn sie in kürzerer Taktung verkehren. Außerhalb der Stoßzeiten und in den Ferienzeiten herrscht weniger Betrieb. An Feiertagen ist der Service eingeschränkt.

Fahrkarten

Mit dem kontaktlosen Bezahlsystem OMNY der Metropolitan Transportation Authority lassen sich alle Subway-Züge und Busse in New York nutzen. Fahrgäste müssen sich einmalig online registrieren. Die Beglei-chung des Fahrpreises erfolgt an Lesegeräten an den Stationen und Haltestellen mit Debit- oder Kreditkarte, über elektronische Geldbörsen wie Apple Wallet, Google Pay Send und Samsung Pay, per Smartphone oder Smartwatch. Man kann pro Fahrt bezahlen oder Tages- und Monatspässe erwerben.

Subway und Busse können auch mit Single Ride Tickets und aufladbaren MetroCards genutzt werden. Einzelfahrten kosten mit Single Ride Ticket und Single Ride Metro-Card 3 $, mit einer Pay-Per-Ride MetroCard 2,75 $. Für Mehrfachfahrten empfiehlt sich das für 33 $ erhältliche Ticket, das die unbegrenzte Nutzung von Subway und Bussen innerhalb einer Woche erlaubt. Es gibt auch 30 Tage gültige Pässe (127 $).

MetroCards sind in Subway-Stationen, in Läden und an Automaten erhältlich. Sie lassen sich mit Beträgen von 5,50 $ bis 80 $ aufladen, der Fahrpreis wird bei jeder Nutzung abgezogen. Beim Erwerb der Karte wird eine Gebühr von 1 $ erhoben. Wiederholtes Aufladen einer Karte ist möglich.

Alle Fahrkarten und das OMNY-Bezahlsystem erlauben einmaliges Umsteigen zwischen Subway und Bus (und umgekehrt) sowie einmaligen Wechsel der Buslinie. Das Umsteigen muss spätestens zwei Stunden nach Fahrtantritt erfolgen.

MetroCards werden bis 2024 abgeschafft, bis dahin behalten sie ihre Gültigkeit.

Flugreisen

AirTrain
🌐 jfkairport.com/
to-from-airport/air-train

John F. Kennedy International Airport (JFK)
🌐 jfkairport.com

LaGuardia Airport (LGA)
🌐 laguardiaairport.com

Newark Liberty International Airport (EWR)
🌐 newarkairport.com

Newark Airport Express
🌐 coachusa.com/
airport-transportation/
newark-airport

New Jersey Transit
🌐 njtransit.com

SuperShuttle
🌐 supershuttle.com

Züge

Acela Express
🌐 amtrak.com/
acela-express-train

Amtrak
🌐 amtrak.com

Long Island Rail Road (LIRR)
🌐 mta.info/lirr

Metro-North
🌐 mta.info/mnr

New Jersey Transit (NJT)
🌐 njtransit.com

Fernbusse

Bolt Bus
🌐 boltbus.com

Greyhound
🌐 greyhound.com

Megabus
🌐 megabus.com

Port Authority Bus Terminal (PABT)
Karte K2
🌐 panynj.gov/
bus-terminals/port-authority-bus-terminal.html

Öffentliche Verkehrsmittel

Metropolitan Transportation Authority (MTA)
🌐 mta.info

Subway

Die Subway ist rund um die Uhr verfügbar und bietet mit 472 Stationen in vier New Yorker Stadtbezirken die schnellste Art der Fortbewegung in New York. Nachts sind weniger Züge im Einsatz.

Die von Upper Manhattan oder der Bronx in Nord-Süd-Richtung verlaufenden Linien 1, 2, 3, 4, 5, 6, A, B, C, D, Q decken den Großteil des Stadtgebiets ab. Mit Ausnahme der Linien 1 und 6 führen sie weiter gen Osten nach Brooklyn. Die Linie L verläuft an der 14th Street von Osten nach Westen durch Manhattan nach Brooklyn. Die Linie 7 fährt entlang der 42nd Street nach Queens. Von Queens fahren die Linien E, F, M, N, R und W – mit einigen Haltestellen im Zentrum – nach Brooklyn. Nur die Linie E endet in Lower Manhattan.

Busse

Die meisten Busse fahren während der Stoßzeiten im Drei- bis Fünf-Minuten-Takt sowie von 12 bis 16.30 Uhr und 19 – 22 Uhr alle sieben bis neun Minuten. An Wochenenden und Feiertagen ist der Fahrplan reduziert. Bei den auf stark frequentierten Strecken verkehrenden »Select Busses« muss man an den Automaten an den Haltestellen vor Fahrtantritt mit der MetroCard ein Ticket lösen. Für die Nutzung ohne gesondertes Ticket wird Bußgeld erhoben.

Viele Linien verkehren rund um die Uhr. Fahrpläne hängen an den Haltestellen aus. Nach 22 Uhr fahren Busse meist alle 20 Minuten, zwischen 24 und 6 Uhr alle 30 bis 60 Minuten.

Busrundfahrten

Zum Sightseeing sind Busrundfahrten, bei denen man beliebig zu- und aussteigen kann, sehr beliebt. Der größte Veranstalter, **Gray Line**, bietet Strecken in Downtown, Uptown, Brooklyn sowie einige Sondertouren. Es gibt Zwei- und Drei-Tages-Pässe.

Taxis

Die gelben Taxis in Manhattan kann man am Straßenrand heranwinken. Bei freien Taxis leuchtet die Anzeige auf dem Dach. An den meisten Hotels und Bahnhöfen gibt es Taxistände. Bezahlung ist bar und mit Kreditkarte möglich. Unter der Telefonnummer 311 werden Beschwerden entgegengenommen.

In den von gelben Taxis kaum bedienten Stadtteilen – in Manhatten nördlich von West 110th und East 96th Street, in der Bronx, in Queens (mit Ausnahme der Flughäfen), in Brooklyn und auf Staten Island – sind grüne Boro-Taxis unterwegs. Sie dürfen Passagiere auch nach Manhattan befördern, dort aber nicht zusteigen lassen.

Alle Taxis sind mit Taxametern ausgestattet. Der Grundpreis beträgt 3,30 $, für jede Fünftelmeile und jede Minute Wartezeit werden 50 Cent berechnet. Für Fahrten zwischen 22 und 6 Uhr fallen zusätzlich 50 Cent an, an Werktagen wird zwischen 16 und 20 Uhr eine zusätzliche Gebühr von 1 $ erhoben. Für Fahrten zu Zielen südlich der 96th Street machen die Zahlung der New York State Congestion Surcharge von 2,50 $ erforderlich. Auch Mautgebühren werden zusätzlich berechnet.

Bei **Uber** beträgt der Grundpreis 7,19 $, pro Meile werden 1,46 $ berechnet. Lyft und Gett bieten ähnliche Tarife.

Autofahren

In New York ist Autofahren wegen des hohen Verkehrsaufkommens, des Parkplatzmangels und der hohen Mietwagenpreise wenig attraktiv. Mit öffentlichen Verkehrsmitteln kommt man außerhalb der Stoßzeiten stressfrei voran.

Mietwagen

Filialen von Mietwagenfirmen befinden sich an den Flughäfen, an großen Bahnhöfen und an mehreren Orten in der Stadt.

Das Mindestalter für die Anmietung eines Autos beträgt bei den meisten Anbietern 25 Jahre. Man benötigt einen internationalen Führerschein in Verbindung mit dem nationalen Führerschein, der Fahrer muss seit mindestens einem Jahr eine gültige Fahrerlaubnis besitzen. Für die Hinterlegung der Kaution ist eine Kreditkarte erforderlich. Der Abschluss einer Vollkaskoversicherung ohne Selbstbeteiligung ist empfehlenswert. Überprüfen Sie das Fahrzeug vor der Übernahme unbedingt auf Schäden. Um überhöhte Spritpreise zu vermeiden, ist es ratsam, den Wagen vollgetankt zurückzugeben.

Parken

Wer sich für einen Mietwagen entscheidet, sollte sichergestellt haben, dass das gewählte Hotel über Parkplätze verfügt. Für die Nutzung fallen üblicherweise mindestens 25 $ pro Tag an. In der Stadt kann man den Wagen an Straßen mit Parkscheinautomaten für 3,50 $ pro Stunde (sonntags frei) abstellen. Nach ein bis zwei Stunden ist ein neuer Parkschein zu lösen. Die Höchstparkdauer liegt bei zwölf Stunden, Verstöße werden mit mindestens 65 $ geahndet. Die wenigen Parkhäuser in New York sind teuer – die Gebühren liegen bei durchschnittlich 5 $ pro Tag.

Verkehrsregeln

Im innerstädtischen Bereich liegt das Tempolimit bei 40 km/h (25 mph). Es herrscht Gurtpflicht. Kinder unter drei Jahren müssen in einem Kindersitz auf dem Rücksitz transportiert werden.

In New York gibt es überwiegend Einbahnstraßen. Anders als in anderen Bundesstaaten ist es in New York nicht erlaubt, nach vollständigem Ampelstopp vorsichtig bei Rot rechts abzubiegen. An haltenden Schulbussen mit Warnblinklicht darf man, auch in der Gegenrichtung, nicht vorbeifahren.

Die Promillegrenze beträgt 0,8, bei Fahrern unter 21 Jahren 0,0. Das Überschreiten der Promillegrenze zieht hohe Geld- oder sogar Haftstrafen nach sich.

Bei Verkehrkontrollen sollte man im Fahrzeug sitzen bleiben, das Wagenfenster öffnen, die Hände sichtbar aufs Lenkrad legen und auf die Anweisungen des Polizeibeamten warten. Unfälle sind unverzüglich der Polizei zu melden, informieren Sie auch Ihre Mietwagenfirma.

Geldbußen überweist man an die Geschäftsstelle des Gerichts, dessen Adresse auf dem Strafzettel angegeben ist.

Fahrrad

Es erfordert starke Nerven, wenn man sich im dichten New Yorker Verkehr mit dem Fahrrad fortwegen möchte. Die Fahrradwege am East River und im Central Park hingegen sind wunderbar für Touren geeignet. **Bike Rent NYC** bietet Stadtführungen mit Fahrrädern und Leihräder an, die man für einen oder zwei Tage oder einen Monat mieten kann. **Citibike** stellt an 800 Stationen in der Stadt 13 000 Fahrräder zur Verfügung, die man gegen Kreditkartenzahlung nutzen kann. Per App kann man Räder an einzelnen Standorten reservieren.

Das Tragen von Fahrradhelmen ist in New York nicht vorgeschrieben, aber dringend anzuraten.

Zu Fuß

An den meisten Kreuzungen befinden sich Fußgängerampeln, einige mit Blindensignal. Es macht Spaß, die Stadt zu Fuß zu erkunden. Da die einzelnen Sehenswürdigkeiten jedoch oft recht weit voneinander entfernt liegen, sollte man auf gutes Schuhwerk achten.

Fähren

Fähren von **New York Waterway** verbinden New Jersey und Manhattan. Tickets kann man online oder an den Häfen erwerben. **NYC Ferry** bietet Verbindungen zwischen Manhattan, Brooklyn, Queens und der Bronx. Von den rund um die Uhr verkehrenden kostenlosen Fähren nach Staten Island genießt man herrlichen Blick auf die Freiheitsstatue. Die App von NYC Ferry bietet Fahrpläne, Informationen über Verkehrsanbindungen und die Möglichkeit, Onlinetickets zu erwerben.

Busrundfahrten

Gray Line
ⓦ grayline.com

Taxis

Uber
ⓦ uber.com

Fahrradverleih

Bike Rent NYC
ⓦ bikerent.nyc

Citibike
ⓦ citibikenyc.com

Fähren

New York Waterway
ⓦ nywaterway.com

NYC Ferry
ⓦ ferry.nyc

Praktische Hinweise

Einreise

Deutsche, Österreicher und Schweizer dürfen sich mit dem Visa Waiver Program (VWP) bis zu 90 Tage visumfrei in den USA aufhalten, wenn sie einen für die Aufenthaltsdauer gültigen elektronischen Reisepass (ePass mit elektronischem Chip) besitzen, mit einer anerkannten Fluglinie oder Reederei einreisen, ein Rück- oder Weiterflugticket vorweisen können und bis 72 Stunden vor Reiseantritt auf der **ESTA**-Website eine zwei Jahre gültige Reisegenehmigung beantragt haben – die Gebühr von 14 Dollar wird per Kreditkarte gezahlt. Kinder benötigen ebenfalls einen ePass und eine ESTA-Genehmigung.

Von der VWP-Teilnahme ausgeschlossen sind Doppelstaatler, die auch die Staatsangehörigkeit von Iran, Irak, Syrien oder Sudan besitzen, sowie Personen, die sich nach dem 01.03.2011 in Iran, Irak, Syrien, Sudan, Libyen, Jemen und Somalia aufgehalten haben.

Bereits im Flugzeug sind alle Personen ohne US-Staatsbürgerschaft verpflichtet, eine Zollerklärung auszufüllen.

Zoll

Bei der Einreise sind 200 Zigaretten (pro Person über 18 Jahre), ein Liter Alkohol (pro Person über 21 Jahre) und Geschenke im Wert von bis zu 100 Dollar erlaubt. Bargeld ab einem Wert von 10 000 Dollar muss angemeldet werden. Einfuhrverbot herrscht u. a. für Fleischprodukte und Pflanzen. Informationen gibt es auf der Website der **US Customs and Border Protection**.

Reise- & Sicherheitshinweise

Aufgrund unvorhersehbarer Entwicklungen kann es zu Änderungen und Einschränkungen kommen. Aktuelle Informationen zur Einreise sowie Sicherheitshinweise finden Sie beim deutschen **Auswärtigen Amt**, beim österreichischen **Bundesministerium für europäische und internationale Angelegenheiten** oder beim **Eidgenössischen Departement für auswärtige Angelegenheiten** der Schweiz. Die Außenministerien stellen außerdem kostenlose Apps zur Verfügung, über die Reisende sofort von Veränderungen der Sicherheitslage erfahren.

Konsulate

Bei Problemen um den Verlust des Reisepasses erhalten Reisende von den Konsulaten ihrer Heimatländer Hilfe.

Versicherung

Die medizinische Versorgung in den USA ist erstklassig, wegen der hohen Arztkosten ist jedoch ein guter Versicherungsschutz anzuraten. Eine Reiseversicherung in Kombination mit einer Auslands-Krankenversicherung ist unabdingbar. Unfall- und Zahnarztversorgung, ein eventueller Rücktransport, Diebstahl und Verlust sowie Stornogebühren sollten mit in der Versicherungsleistung eingeschlossen sein.

Gesundheit

Es gibt in New York viele Krankenhäuser mit rund um die Uhr geöffneten Notaufnahmen. **Mount Sinai Beth Israel** und **NYC Health + Hospitals** bieten an mehreren Standorten medizinische Versorgung für Erwachsene und Kinder. Für Zahnbehandlungen kann man Beth Israel oder die **NYU Dentistry** aufsuchen. Viele Apotheken, darunter Ketten wie **Duane Reade** und **Rite Aid**, sind durchgehend geöffnet.

Das New Yorker Leitungswasser kann man bedenkenlos trinken. Falls nicht, weisen Kennzeichnungen darauf hin.

Rauchen, Alkohol & Drogen

Das gesetzliche Mindestalter für Alkoholkonsum in den USA liegt bei 21 Jahren. Wer Alkohol kaufen oder in eine Bar gehen möchte, benötigt einen Lichtbildausweis als Altersnachweis. Es ist verboten, in öffentlichen Parks Alkohol zu trinken. Im Auto muss Alkohol im Kofferraum transportiert werden.

Rauchen ist in allen öffentlichen Gebäuden, Bars, Restaurants und Läden verboten. Zigaretten können von Personen über 18 Jahren gegen Vorlage eines Altersnachweises gekauft werden.

Drogen jeder Art sind verboten. Personen ab 21 Jahren ist der Konsum von Marihuana gestattet.

Ausweispflicht

Man muss seinen Reisepass nicht ständig bei sich tragen, doch es ist ratsam, für eventuelle Kontrollen eine Fotokopie mit sich zu führen. Zuweilen wird die Aufforderung erteilt, der Polizei die Originaldokumente innerhalb von zwölf oder 24 Stunden vorzulegen.

Sicherheit

New York zählt zu den sichersten Städten in den USA. Ergreifen Sie dennoch die üblichen Vorsichtsmaßnahmen: Verwahren Sie Wertsachen im Hotelsafe. Lassen Sie sich bei der Gepäckaufbewahrung einen Beleg aushändigen. Meiden Sie bei Dunkelheit die städtischen Parks.

Wenn Sie Wertsachen in Bus, Subway oder Taxi vergessen haben, wählen Sie die Nummer 311. Werfen Sie Quittungen von Taxifahrten nicht weg, da die Konzessionsnummern darauf angegeben sind.

Melden Sie Diebstähle sofort der Polizei und lassen Sie sich ein Protokoll für Ihre Versicherung aushändigen.

Die Notrufnummer für Polizei, Feuerwehr und Krankenwagen ist 911.

In New York steht man allen Menschen unabhängig von deren ethnischer Herkunft oder

sexuellen Orientierung aufgeschlossen gegenüber. 2011 wurde die Ehe für gleichgeschlechtliche Paare geöffnet. In den (seltenen) Fällen homophober Bedrohung bietet **Safe Space Alliance** Hilfe.

Geld

Währungseinheit in den Vereinigten Staaten ist der US-Dollar. Er ist unterteilt in 100 Cent.

Die gängigen Kreditkarten werden in den meisten Einrichtungen akzeptiert. Kontaktloses Bezahlen ist inzwischen weitverbreitet. In einigen Bussen, kleineren Läden und auf Märkten ist noch Barzahlung erforderlich. Melden Sie den Verlust Ihrer Kreditkarte sofort.

An Geldautomaten (ATM) kann man mit Kreditkarte rund um die Uhr Dollar abheben. Wählen Sie an ATMs keinesfalls die angebotene Sofortumrechnung, da Ihnen hier durch einen extrem schlechten Wechselkurs erhebliche Kosten entstehen. In größeren Banken kann man Bargeld wechseln. Zuweilen wird die Vorlage des Lichtbildausweises verlangt.

Strom

In den USA sind Stromanschlüsse auf 120 Volt Wechselspannung standardisiert. Viele Geräte besitzen einen Schalter zur Spannungsumwandlung, für manche ist jedoch ein Adapter nötig. Dieser ist ebenso wie der Adapter mit zwei Flachstiften für die US-Steckdosen an Flughäfen und in einigen Kaufhäusern erhältlich.

Einreise
ESTA
🌐 esta.cbp.dhs.gov/esta
Zoll
US Customs and Border Protection
🌐 cbp.gov
Außenministerien
Auswärtiges Amt
🌐 auswaertiges-amt.de
Bundesministerium für europäische und internationale Angelegenheiten
🌐 bmeia.gv.at
Eidgenössisches Departement für auswärtige Angelegenheiten
🌐 eda.admin.ch
Konsulate
Deutschland
Karte J5 ■ 871 United Nations Plaza
📞 +1-212-610-9700
🌐 new-york.diplo.de
Österreich
Karte G4 ■ 31 East 69th St
📞 +1-212-737-6400
🌐 bmeia.gv.at/gk-new-york
Schweiz
Karte K4 ■ 633 3rd Ave
📞 +1-212-599-5700
🌐 eda.admin.ch
Gesundheit
Duane Reade
🌐 duanereade.com
Mount Sinai Beth Israel
🌐 mountsinai.org
NYC Health + Hospitals
🌐 nychealthandhospitals.org
NYU Dentistry
🌐 dental.nyu.edu
Rite Aid
🌐 riteaid.com
Notfälle
📞 911 (Polizei, Feuerwehr & Krankenwagen)
Sicherheit
Safe Space Alliance
🌐 safespacealliance.com
Kreditkartenverlust
Allgemeiner Notruf
📞 +49 116 116
🌐 sperr-notruf.de

Zeit

New York liegt in der Zeitzone Eastern Standard Time (EST), also fünf Stunden vor der Mitteleuropäischen Zeit. Die Sommerzeit dauert vom zweiten Sonntag im Mai bis zum ersten Sonntag im November.

Maße

In den USA gilt nicht das metrische System. Folgende Tabellen erleichtern die Umrechnung:

US-Maße
1 Inch = 2,5 Zentimeter
1 Foot = 30 Zentimeter
1 Mile = 1,6 Kilometer
1 Ounce = 28 Gramm
1 Pound = 454 Gramm
1 US-Pint = 0,47 Liter
1 US-Gallon = 4,6 Liter

Metrische Maße
1 Zentimeter = 0,4 Inch
1 Meter = 3 Feet 3 Inches
1 Kilometer = 0,6 Mile
1 Gramm = 0,04 Ounce
1 Kilogramm =
  2,2 Pounds
1 Liter = ca. 2 US-Pints

Telefon & Handy

Smartphones funktionieren in den USA problemlos. Schalten Sie während Ihres Aufenthalts jedoch das kostspielige Daten-Roaming ab. Oft ist der Kauf einer US-SIM-Karte eine sinnvolle Alternative.

Bei Telefonaten innerhalb der USA wählen Sie am besten immer die 1, dann den *area code* (z. B. 212) und schließlich die siebenstellige Telefonnummer. Für Auslandsgespräche wählen Sie erst 011, anschließend die Ländervorwahl (Deutschland: 0049; Österreich: 0043; Schweiz: 0041), dann die Ortsvorwahl (ohne 0) und die Rufnummer.

Internet

Die meisten Hotels bieten WLAN-Zugang – kostenlos oder gebührenpflichtig. Erkundigen Sie sich vorab, da die Kosten bis zu 15 $ pro Tag betragen. In den Filialen von Starbucks und McDonald's, in Bryant und Battery Park sowie in einigen Buchläden und Subway-Stationen ist WLAN gratis.

Post

Postämter sind montags bis freitags von 9 bis 17 Uhr geöffnet, einige auch am Samstag. Das General Post Office ist montags bis freitags bis 22 Uhr, samstags bis 21 Uhr und sonntags bis 19 Uhr geöffnet. Postfilialen, Drugstores und Kioske verkaufen Briefmarken. Briefkästen sind meist blau oder rot, weiß und blau. Postkarten und Briefe kann man auch an der Hotelrezeption abgeben, wo man in der Regel auch Briefmarken erhält. Das Porto für einen Standardbrief (bis 20 g) bzw. eine Postkarte nach Europa beträgt 1,20 Dollar.

Wetter

New York hat ausgeprägte Jahreszeiten mit mittleren Temperaturen um den Gefrierpunkt im Winter bis maximal 30 °C im Sommer. Da das New Yorker Wetter unsicher ist, nutzen Sie am besten das Zwiebelprinzip: kurzärmeliges T-Shirt, langärmeliges Baumwollhemd, Pullover und warme Jacke im Winter. März und August sind die feuchtesten Monate, ein Regenschirm kann aber immer nützlich sein.

Öffnungszeiten

Die üblichen Geschäftszeiten in New York sind montags bis freitags von 9 bis 17 Uhr. Läden öffnen montags bis samstags um 9 bzw. 10 Uhr. Kleinere Shops schließen um 18 oder 19 Uhr, Kaufhäuser erst um 20 oder 22 Uhr. Sonntags haben Läden von 10 bis 18 bzw. 19 Uhr geöffnet.

Die meisten Museen sind täglich geöffnet, einige am Montag und Dienstag oder an diesen beiden Tagen geschlossen. An Feiertagen haben viele Sehenswürdigkeiten, Banken, Läden und andere Einrichtungen geschlossen.

Information

New Yorks Tourismusagentur **NYC & Company** betreibt das offizielle NYC Information Center bei Macy's am Herald Square. Online sind Apps (z. B. für die Nutzung von Subway und Taxis) verfügbar.

Diverse Pässe verhelfen beim Besuch von Sehenswürdigkeiten, Museen und Veranstaltungen zu Ermäßigungen, z. B. der **CityPass**, der **New York Explorer Pass** und der **New York Pass**. Sie sind online und in teilnehmenden Fremdenverkehrsbüros erhältlich. Überlegen Sie im Vorfeld, wie viele Attraktionen Sie besichtigen möchten und ob sich der Kaufpreis für den Pass lohnt.

Für preisbewusste Reisende empfehlen sich die von ehrenamtlichen Führern geleiteten kostenlosen Stadtspaziergänge von **Big Apple Greeter**.

Sprache

New York ist die Heimat von Einwanderern aus aller Welt und sprachlich überaus vielfältig. **Free Tours by Foot** bietet Stadtrundgänge und Audioguides in verschiedenen Sprachen an.

Etikette

Auf den Straßen New Yorks herrscht stets viel Betrieb. Halten Sie sich auf Bürgersteigen und Rolltreppen rechts. Treten Sie beiseite, wenn Sie Ihren Stadtplan konsultieren oder ein Foto machen möchten. Mehrere Personen sollten auf Bürgersteigen nicht nebeneinander laufen.

Tragen Sie beim Besuch von Kirchen und Synagogen Kleidung, die Knie und Schultern bedeckt.

Mehrwertsteuer

Die in New York geltende Mehrwertsteuer VAT (Value Added Tax) von 9 Prozent wird auf den Rechnungsbetrag aufgeschlagen. Besucher aus der EU können sich die Mehrwertsteuer bei der Ausreise rückerstatten lassen.

Trinkgeld

In Restaurants ist ein Trinkgeld in Höhe von 20 Prozent des Rechnungsbetrags üblich. Der Betrag lässt sich leicht errechnen, wenn man den auf der Quittung ausgewiesenen Mehrwertsteuerbetrag addiert.

Reisende mit besonderen Bedürfnissen

In New York müssen nach 1987 errichtete Gebäude per Gesetz mit behindertengerechten Eingängen und Toiletten ausgestattet sein. Alle Stadtbusse sind absenkbar, die Bordsteine an den meisten Kreuzungen abgeflacht.

Die Website von **YAI** bietet Personen mit geistigen Einschränkungen Informationen für den Besuch von Kultureinrichtungen. Auf der Website des **Mayor's Office for People with Disabilities** sind Museumsführungen für Sehbehinderte und weitere Angebote verzeichnet. Über den **Theater Development Fund** werden bei Theatervorstellungen Dienstleistungen für Hör- und Sehgeschädigte sowie für Menschen mit anderen Einschränkungen bereitgestellt. Bei **Lighthouse Guild** erhalten Sehgeschädigte Tipps für die Erkundung der Stadt.

Unterkünfte

In New York stehen insgesamt über 130 000 Hotelzimmer zur Verfügung. Es gibt Unterkünfte für jedes Budget. Die Top-Hotels zählen zu den teuersten in den Vereinigten Staaten. Es gibt jedoch auch viele Hotels im mittleren und unteren Preissegment, erschwingliche familiengeführte B & Bs und günstige Hostels. Bei Mittelklassehotels liegen die Preise bei 250 bis 400 $, bei preisgünstigen Hotels bei 100 $ pro Nacht. Allerdings schwanken die Preise stark. Da jeder Stadtteil – von Midtown bis Downtown – eine große Bandbreite an Unterkünften bietet, kann dennoch jeder Reisende ein dem persönlichen Budget entsprechendes Domizil finden. Frühzeitige Reservierung ist in jedem Fall anzuraten, da die Unterkünfte zu jeder Jahreszeit rasch ausgebucht sind. An Werktagen halten sich viele Geschäftsreisende in der Stadt auf, an den Wochenenden bieten viele Hotels günstigere Tarife an. Auf Hotelzimmer fallen die Umsatzsteuer sowie eine 5-prozentige Hotelsteuer und eine Hotelgebühr von 3,50 $ pro Zimmer und Übernachtung an.

Information

Big Apple Greeter
bigapplegreeter.org

City Pass
citypass.com

New York Pass
newyorkpass.com

NYC & Company
nycgo.com

Stadtführung

Free Tours by Foot
freetoursbyfoot.com

Bes. Bedürfnisse

Lighthouse Guild
lighthouseguild.org

Mayor's Office
1.nyc.gov/site/mopd/index.page

Theater Dev. Fund
tdf.org

YAI
yai.org

Hotels

Preiskategorien

Preis für ein Doppelzimmer pro Nacht mit Frühstück (falls inklusive), Steuern und Service.

$ unter 250 $ $$ 250 – 450 $ $$$ über 450 $

Luxushotels

Iberostar 70 Park Avenue
Karte K4 ▪ 70 Park Ave, New York, NY 10016
▪ +1-212-973-2400
▪ www.iberostar.com ▪ $$
Die Oase des guten Geschmacks bietet zeitgenössische Möbel und ein Dekor aus Creme- und Goldtönen in zentraler Lage. Es gibt einen Parkservice, ein rund um die Uhr verfügbares Fitnesscenter und ein Businesscenter. Haustiere sind willkommen.

Michelangelo
Karte J3 ▪ 152 West 51st St, New York, NY 10019
▪ +1-212-765-0505
▪ www.michelangelo hotel.com ▪ $$
Die geräumigen Zimmer in diesem Haus einer italienischen Luxuskette verbinden zeitgenössisches und klassizistisches Design mit italienischem Flair.

Algonquin Hotel
Karte J3 ▪ 59 West 44th St, New York, NY 10019 ▪ +1-212-840-6800 ▪ www.algonquinhotel.com ▪ $$$
In diesem Hotel trafen sich die Mitglieder des literarischen Zirkels »Round Table« regelmäßig zum Essen. Das Algonquin ist eine Oase mit antiken Leuchtern und Karikaturen aus dem *New Yorker* an den Wänden der Halle.

Baccarat Hotel
Karte H3 ▪ 28 West 53rd St, New York, NY 10019
▪ +1-212-790-8800
▪ www.baccarathotels. com ▪ $$$
Jedes Zimmer in diesem eleganten Hotel ist mit Baccarat-Kristallglas dekoriert. Das gesamte Haus vermittelt den Eindruck eines Pariser Hotels. Der Swimmingpool wirkt durch den Boden mit Schachbrettmuster besonders edel.

Carlyle
Karte G4 ▪ 35 East 76th St, New York, NY 10021
▪ +1-212-744-1600
▪ www.rosewoodhotels. com/the-carlyle-new-york ▪ $$$
Antiquitäten verleihen dem bei Prominenten beliebten Hotel europäisches Flair. Die großen Suiten sind geschmackvoll eingerichtet. Café Carlyle ist das eleganteste Cabaret der Stadt.

Four Seasons
Karte H4 ▪ 57 East 57th St, New York, NY 10022 ▪ +1-212-758-5700 ▪ www.fourseasons.com ▪ $$$
Das pastellfarbene, von I. M. Pei designte Hochhaus bietet modernen Luxus mit riesigen Zimmern – sie gehören zu den größten, die man in der Stadt bekommen kann – und viel Komfort. In den Bars und Restaurants treffen sich die oberen Zehntausend.

Hotel Central Park
Karte H3 ▪ 1414 6th Ave, New York, NY 10019
▪ -+1-212-703-2001
▪ www.1hotels.com ▪ $$$
Das aus wiederverwendeten Materialien erbaute moderne Hotel am Central Park ist mit einer begrünten Fassade versehen. Die Bettwäsche auf den Zimmern ist aus Bio-Baumwolle gefertigt. Gäste stehen Elektro-SUVs zur Verfügung.

Hôtel Plaza Athénée
Karte H4 ▪ 37 East 64th St, New York, NY 10021 ▪ +1-212-734-9100 ▪ www.plaza-athenee.com ▪ $$$
Die Filiale eines Pariser Hotels bietet in einer ruhigen Straße der Upper East Side 143 gemütliche Zimmer. Zu den Annehmlichkeiten zählen das Fitnesscenter und das luxuriöse Spa Valmont.

Loews Regency Hotel
Karte H4 ▪ 540 Park Ave, New York, NY 10021
▪ +1-212-759-4100
▪ www.loewshotels.com/regency-hotel ▪ $$$
Das Hotel bietet eine ruhige Atmosphäre, stilvolle Zimmer – einige mit Blick auf die Park Avenue – und große Suiten. Restaurant und Frühstück sind ausgezeichnet.

Lotte New York Palace
Karte J4 ▪ 455 Madison Ave Ecke 50th St, New York, NY 10022 ▪ +1-212-888-7000 ▪ www.lotte nypalace.com ▪ $$$
Zu dem berühmten Hotel gehören die Villard Houses von 1882 und ein 55-stöckiges Gebäude mit

einer Auswahl an klassisch-elegantten Palastzimmern sowie luxuriösen Turmzimmern und Suiten. Es gibt auch eine französische Bäckerei und eine Cocktailbar.

Mandarin Oriental
Karte H2 ■ 80 Columbus Circle, New York, NY 10023 ■ +1-212-805-8800 ■ www.mandarinoriental.com ■ $$$
Das Luxushotel mit Blick auf Central Park und die New Yorker Skyline verwöhnt seine Gäste, auch im erstklassigen Spa.

The Mark
Karte F3 ■ 25 East 77th St, New York, NY 10021 ■ +1-212-744-4300 ■ www.themarkhotel.com ■ $$$
Das elegante Hotel von 1927 wurde von dem Innenarchitekten Jacques Grange neu gestaltet. Gäste schätzen die Gaumenfreuden von Ladurée, Fahrradtaxis mit Chauffeur und das innovative Restaurant von Jean-Georges Vongerichten.

The Mercer
Karte N4 ■ 147 Mercer St, New York, NY 10012 ■ +1-212-966-6060 ■ www.mercerhotel.com ■ $$$
Das Hotel ist in einem Gebäude von 1890 untergebracht. Es wird gern von Hollywoodstars und anderen Prominenten aufgesucht. Das Loftambiente und ein Hauch Dekadenz tragen zum Charme bei.

Parker New York
Karte H3 ■ 119 West 56th St, New York, NY 10019 ■ +1-212-245-5000 ■ www.hyatt.com ■ $$$
Das lebhafte Hotel mit Fitnessstudio, einem

großzügigen Spa, zwei Restaurants, einer Burger- und einer Kaffeebar hat schicke Zimmer mit Blick auf Central Park oder Midtown.

Park Hyatt
Karte H3 ■ 157 West 57th St, New York, NY 10019 ■ +1-646-774-1234 ■ www.hyatt.com ■ $$$
Das Hotel bietet Zimmer mit raumhohen Fenstern, Kunstwerken und Designer-Bettwäsche. Hier ist alles erstklassig, von den Suiten bis zum Salzwasserhallenbad und zum Eukalyptusdampfbad.

Peninsula
Karte H3 ■ 700 5th Ave, New York, NY 10019 ■ +1-212-956-2888 ■ www.peninsula.com ■ $$$
Das klassizistische Haus von 1905 wurde in ein hochmodernes Luxushotel verwandelt. Die Einrichtung weist Jugendstilanklänge und viele technische Spielereien auf. Das Fitnesscenter mit Pool ist superb.

Pierre
Karte H3 ■ 2 East 61st St, New York, NY 10021 ■ +1-212-838-8000 ■ www.thepierreny.com ■ $$$
Das Hotel aus den 1930er Jahren besticht mit europäischer Eleganz. Die Anzahl der Angestellten ist dreimal so groß wie die der Gäste. Der deshalb exzellente Service lockt viel Prominenz an.

The Plaza
Karte H3 ■ 5th Ave Ecke Central Park South, New York, NY 1001 ■ +1-212-759-3000 ■ www.theplazany.com ■ $$$
Die *grande dame* unter den New Yorker Hotels

wurde im Jahr 1907 als Residenz für Wohlhabende eröffnet. Der Renaissance-Bau mit 19 Etagen ist auch architektonisch eindrucksvoll. Zum Haus gehören auch eine Champagner-Bar und ein exklusives Guerlain-Spa.

Renaissance New York
Karte J3 ■ 714 7th Ave, New York, NY 10026 ■ +1-212-765-7676 ■ www.marriott.com ■ $$$
Die Wohlfühlinsel im Theater District mit eleganter Lobby, zeitgenössischem Chic und Mosaikfliesen in den Badezimmern bietet vom Hotelrestaurant den Blick auf den Times Square.

Roxy Hotel
Karte P3 ■ 2 6th Ave, New York, NY 10013 ■ +1-212-519-6600 ■ www.roxyhotelnyc.com ■ $$$
Tribecas erstes Hotel ist immer noch ein Renner. Das ganze Viertel trifft sich in der Roxy Bar, der Lobby-Bar mit 70 durchscheinenden Lichtsäulen. Die Zimmer bilden einen ruhigen Kontrast und sind mit Hightech-Spielzeug ausgestattet.

St. Regis
Karte H4 ■ 2 East 55th St, New York, NY 10022 ■ +1-212-753-4500 ■ www.marriott.com ■ $$$
Das Beaux-Arts-Juwel bietet elegante Zimmer und Suiten mit Louis-XVI-Möbeln, Kronleuchtern und Seidentapeten. Den Gästen steht sogar ein Butler zur Verfügung. Zum Haus gehört die King Cole Bar, in der man essen oder auch nur einen Cocktail zu sich nehmen kann.

Sherry Netherland
Karte H3 ■ 781 5th Ave, New York, NY 10022 ■ +1-212-355-2800 ■ www.sherrynetherland.com ■ $$$

Das kunstvoll verzierte, 1927 eröffnete Hotel überzeugt mit einer in Marmor und Bronze gehaltenen Lobby und großzügig gestalteten Zimmern und Suiten. Von den meisten kann man eine traumhafte Aussicht auf den Central Park genießen. Gäste schätzen auch die Lage in der Nähe des Flughafens LaGuardia.

Sofitel
Karte J3 ■ 45 West 44th St, New York, NY 10036 ■ +1-212-354-8844 ■ www.sofitel-new-york.com ■ $$$

Obwohl das im Jahr 2000 eröffnete Hotel noch relativ jung ist, verströmt es nostalgische Eleganz. Die Ausstattung lässt kaum Wünsche offen und bietet u. a. Schallschutzfenster und Kunst an den Wänden. Im Preis sind der morgendliche Kaffee und Tee in der Gaby Brasserie Française inbegriffen.

Trump International Hotel & Tower
Karte H2 ■ 1 Central Park West, New York, NY 10023 ■ +1-212-299-1000 ■ www.trumphotels.com/central-park ■ $$$

Hohe Decken und große Fenster lassen viel Licht in die Zimmer. Der Blick auf Central Park und Stadt ist grandios, der Komfort überwältigend: Es gibt Küchenzeilen, den Zimmerservice betreibt Jean-Georges *(siehe S. 66)* und den Gästen steht ein beheiztes Hallenbad zur Verfügung.

W New York – Union Square
Karte M4 ■ Park Ave South, New York, NY 10003 ■ +1-212-253-9119 ■ www.marriott.com ■ $$$

Der US-Architekt und -Designer David Rockwell gestaltete ein Beaux-Arts-Gebäude in dieses spektakuläre Hotel um. Allein schon die Treppe ist ein Eyecatcher. Die modernen Zimmer sind in hellen Farben gehalten. Zum Haus gehören ein gut ausgestattetes Fitnesscenter und eine glamouröse Bar.

Boutiquehotels

Franklin
Karte F4 ■ 164 East 87th St, New York, NY 10128 ■ +1-212-369-1000 ■ www.franklinhotel.com ■ $

Die komfortable Unterkunft an der Upper East Side bietet eher Stil als Größe. Frühstück und eine rund um die Uhr verfügbare Espressomaschine sind inklusive.

Casablanca
Karte J3 ■ 147 West 43rd St, New York, NY 10036 ■ +1-212-869-212 ■ www.casablancahotel.com ■ $$

Das Hotel im Theater District ist im marokkanischen Stil mit Fliesen und Bogen eingerichtet. Die Zimmer sind klein, aber schön. Das kontinentale Frühstück wird in Rick's Café serviert.

Hotel Giraffe
Karte L4 ■ 365 Park Ave South, New York, NY 10016 ■ +1-212-685-7700 ■ www.hotelgiraffe.com ■ $$

Eine Lobby wie ein Glaspalast ist das Markenzeichen des im Retrolook gehaltenen Hotels mit schöner Dachterrasse. Die meisten Zimmer haben kleine Balkone. Frühstück und Snacks sind inbegriffen, das italienische Restaurant im Erdgeschoss serviert Hausmannskost.

Inn at Irving Place
Karte M4 ■ 56 Irving Place, New York, NY 10002 ■ +1-212-533-4600 ■ www.innatirving.com ■ $$

Das elegante Hotel in zwei klassizistischen Häusern scheint einem Roman von Edith Wharton zu entstammen. Die zwölf Zimmer sind mit Kamin, Antiquitäten und Fernsehern ausgestattet.

Iroquois
Karte J3 ■ 49 West 44th St, New York, NY 10036 ■ +1-212-840-3080 ■ www.iroquoisny.com ■ $$

Eine Suite ist nach James Dean benannt, der 1951 bis 1953 hier lebte. Im Hotel wohnten bereits Johnny Depp und Sandra Bullock. Die Zimmer sind nicht üppig groß, doch das Dekor und deckenhoher Marmor in den Bädern überzeugen. Es gibt oft günstige Angebote.

Kimpton Muse Hotel
Karte J3 ■ 130 West 46th St, New York, NY 10036 ■ +1-212-485-2400 ■ www.themusehotel.com ■ $$

Das Boutiquehotel Kimpton Muse begeistert mit einer eleganten Lobby, die mit atemberaubender zeitgenössischer Kunst dekoriert ist, und mit großen Zimmern, von denen einige einen eigenen Balkon besitzen. Das Hotel veranstaltet einen abendlichen Weinempfang und bietet einen kostenlosen Fahrradverleih.

NoMad Hotel

Karte L3 ▪ 1170 Broadway, New York, NY 10001 ▪ +1-212-796-1500 ▪ www.thenomadhotel.com ▪ $$
In dem eleganten Hotel kann man den Charme des alten Paris spüren. Hohe Decken und Badewannen auf nachgebildeten Löwenpranken sind auffallende Elemente in den Zimmern.

The Redbury

Karte L4 ▪ 29 East 29th St, New York, NY 10016 ▪ +1-212-689-1900 ▪ www.redburynyc.com ▪ $$
Die Inneneinrichtung des gemütlichen Hotels spiegelt die Geschichte dieses Viertels wider, als die Tin Pan Alley das Zentrum der US-Musikindustrie war. Zum Haus gehören drei exzellente Restaurants, darunter die im römischen Stil gehaltene Pizzeria Marta.

The Archer

Karte K3 ▪ 45 West 38th St, New York, NY 10018 ▪ +1-212-719-4100 ▪ www.archerhotel.com ▪ $$$
Das Hotel im Garment Distric bietet feine Stoffe, hohe Fenster und gefliese Bäder. Von der Bar auf der Dachterrasse genießt man die Aussicht auf Empire State und Chrysler Building.

Bryant Park

Karte K3 ▪ 40 West 40th St, New York, NY 10018 ▪ +1-212-869-0100 ▪ www.bryantparkhotel.com ▪ $$$
Das 1924 fertiggestellte American Standard Building von Raymond Hood

ist heute ein hochmodernes Hotel mit großen Glasfenstern, roten Lacktischen in der Lobby und Zimmern mit minimalistischer Einrichtung. Das beliebte Restaurant Koi bereitet japanische Spezialitäten mit kalifornischem Einschlag zu.

Crosby Street Hotel

Karte N4 ▪ 79 Crosby St, New York, NY 10012 ▪ +1-212-226-6400 ▪ www.firmdalehotels.com ▪ $$$
SoHos beliebtester »britischer Import« bietet vornehm eingerichtete Zimmer, den täglichen Nachmittagstee und eine lebhafte Restaurant-Bar. Das Programm im hauseigenen Kinosaal wechselt wöchentlich. Von den Zimmern in den oberen Stockwerken hat man eine tolle Aussicht.

Le Méridien New York

Karte H3 ▪ 120 West 57th St, New York, NY 10019 ▪ +1-212-830-8000 ▪ www.marriott.com ▪ $$$
Schon die Ziegel-Stahl-Fassade des stilvollen Hotels ist bemerkenswert. Die Rooftop-Lounge setzt dem Gebäude im wahrsten Sinn des Wortes die Krone auf. In den Zimmern gibt es raumhohe Fenster und Pflegeprodukte von Malin+Goetz. Das Restaurant Kingside serviert New American Cuisine.

Library Hotel

Karte K4 ▪ 299 Madison Ave, New York, NY 10017 ▪ +1-212-983-4500 ▪ www.libraryhotel.com ▪ $$$
Nomen est omen: Bücher sind hier allgegenwärtig. Die Räume sind etagen-

weise entsprechend der gängigen Klassifikation in Bibliotheken nach Themen, etwa Kunst oder Philosophie, geordnet. Die Dachterrasse und die abendlichen Wein- und Käseverkostungen sind beliebte Treffpunkte.

Lowell

Karte H4 ▪ 28 East 63rd St, New York, NY 10021 ▪ +1-212-838-1400 ▪ www.lowellhotel.com ▪ $$$
Das luxuriöse, gemütliche Hotel verströmt den Charme der Alten Welt. Es bietet einen Stilmix mit französischen und orientalischen Anklängen. Die Zimmer sind mit Kamin, Büchern, Blumen und Marmorbädern ausgestattet.

ModernHaus SoHo

Karte P3 ▪ 227 Grand St, New York, NY 10013 ▪ +1-212-465-2000 ▪ www.modernhaushotel.com ▪ $$$
Von der Dachbar kann man die Lichter von Manhattan betrachten, dann kann man es sich in den im Bauhausstil eingerichteten Zimmern gemütlich machen. Im Veranda Restaurant serviert George Mendes Exquisites.

Refinery Hotel

Karte K3 ▪ 63 West 38th St, New York, NY 10018 ▪ +1-646-664-0310 ▪ www.refineryhotelnewyork.com ▪ $$$
Das Hotel im Garment District wurde in einer ehemaligen Hutfabrik im Colony Arcade Building eingerichtet. In den Zimmern stehen dekorative Nähmaschinentische und die Muster der Teppiche bestehen aus vielen kleinen Scheren.

Preiskategorien siehe S. 172

Sixty SoHo

Karte N3 ▪ 60 Thompson St, New York, NY 10012 ▪ +1-877-431-0400 ▪ www.sixtyhotels.com/soho ▪ $$$

Das zwölfstöckige Hotel bietet 97 Zimmer und Suiten mit maßgefertigten Möbeln und Marmorbädern. Die Gäste können den Blick von der Lounge auf dem Dach genießen, im Straßencafé Passanten beobachten oder im Bistrot Leo französisch essen.

Businesshotels

Kixby Hotel

Karte K3 ▪ 45 West 35th St, New York, NY 10001 ▪ +1-212-947-2500 ▪ www.kixby.com ▪ $$

Das bei Leuten aus der Modebranche beliebte Hotel bietet elegante Ausstattung, Art-déco-Flair, Zimmer in angenehmer Größe, eine Dachterrasse, eine Bar, eine Lounge und das Restaurant Black Tap.

The Manhattan at Times Square

Karte J3 ▪ 790 7th Ave, New York, NY 10019 ▪ +1-212-581-3300 ▪ www.manhattanhotel timessquare.com ▪ $$

Highspeed-WLAN, ein rund um die Uhr zugängliches Fitnesscenter und große, komfortable und gemütlich eingerichtete Zimmer zeichnen das 22 Stockwerke hohe Hotel aus. Das im Jahr 1962 errichtete Haus ist ruhiger als das Sheraton New York, liegt aber ganz in der Nähe dessen großen Konferenzzentrums. Auch der Theater District ist nur einen Katzensprung entfernt.

Millennium Hilton New York ONE UN Plaza

Karte J5 ▪ U.N. Plaza, 44th St zwischen 1st & 2nd Ave, New York, NY 10017 ▪ +1-212-758-1234 ▪ www.hilton.com ▪ $$

Kevin Roches Hochhaus beherbergt viele Gäste der UN Headquarters. Diese genießen die Aussicht von den Zimmern ab der 28. Etage oder vom Fitnessstudio auf den East River sowie New Yorks einzige Hoteltennishalle.

Millennium Hotel Broadway Times Square

Karte J3 ▪ 145 West 44th St, New York, NY 10036 ▪ +1-212-768-4400 ▪ www.millenniumhotels.com ▪ $$

Die kompakten Zimmer des Hotels in dem eleganten, postmodernen Wolkenkratzer, in dem sich auch ein Theater befindet, sind mit Hightech-Annehmlichkeiten wie 40-Zoll-Smart-TV mit Streaming-Funktion ausgestattet.

Benjamin

Karte J4 ▪ 125 East 50th St, New York, NY 10022 ▪ +1-212-715-2500 ▪ www.thebenjamin.com ▪ $$$

Das Gebäude (1927) von Emery Roth wurde in ein Hotel für Geschäftsreisende umgewandelt. Die Zimmer sind mit Miniküchen und Hightechkomfort ausgestattet. Im Gebäude befindet sich auch das elegante Restaurant The National, in dem der Starkoch Geoffrey Zakarian Bistrogerichte der neuen amerikanischen Küche zaubert.

Fifty Hotel & Suites

Karte J4 ▪ 155 East 50th St, New York, NY 10022 ▪ +1-212-751-5710 ▪ www.affinia.com/fifty-hotel-suites ▪ $$$

Ein Hotel mit Stil liegt im Herzen von Midtown. Besonders entspannt sind die Suiten mit komplett ausgestatteter Küche und separatem Wohnbereich mit Schlafsofas. Alles in allem ist dies eine sehr gute Wahl für Familien und andere Gruppen.

Gild Hall

Karte Q4 ▪ 15 Gold St, New York, NY 10038 ▪ +1-212-232-7700 ▪ www.thompsonhotels.com/hotels/new-york/new-york/gild-hall ▪ $$$

Das Hotel im Zentrum des Financial District bietet elegante, gut ausgestattete Zimmer, eine Bibliothek, eine Lounge, eine Weinbar und ein gemütliches, holzgetäfeltes Restaurant mit italienischer Küche.

Hilton New York

Karte J3 ▪ 1335 6th Ave, New York, NY 10019 ▪ +1-212-586-7000 ▪ www.hilton.com ▪ $$$

Das zentral gelegene Hilton ist mit 1878 Zimmern, einem Ballsaal, großzügig gestalteten Konferenzsälen, Fitnesscenter und Spa-Annehmlichkeiten im Zimmer der Inbegriff eines perfekten Businesshotels.

Hotel 48LEX

Karte J4 ▪ 517 Lexington Ave Ecke 48th, New York, NY 10017 ▪ +1-212-838-1234 ▪ www.hotel48lex newyork.com ▪ $$$

Das moderne Hotel ist zu Fuß nicht weit von

Grand Central Terminal und Central Park entfernt. Alle Zimmer sind geräumig und so gestaltet, dass man sich hier wie in einer privaten Wohnung fühlt.

Wagner at the Battery

Karte Q3 ■ 2 West St, New York, NY 10004 ■ +1-212-344-0800 ■ www.marriott.com ■ $$$

Das luxuriöse Hotel mit fantastischem Hafenblick gibt sich detailverliebt. Die Zimmer bieten Teleskope, Kopfkissen mit Gänsedaunen und Marmorbäder. Kinder lieben das Skyscraper Museum in der Nähe.

Mittelklassehotels

Aloft Manhattan Downtown-Financial District

Karte Q4 ■ 49–53 Ann St, New York, NY 10038 ■ +1-212-513-0003 ■ www.marriott.com ■ $

Die schlichten modernen Zimmer des 2015 eröffneten Hotels bieten ergonomische Arbeitsplätze. Die Kaffeestation, die WXYZ Bar und das rund um die Uhr geöffnete Fitnesscenter sind weitere Pluspunkte.

Arthouse Hotel

Karte F2 ■ 2178 Broadway, New York, NY 10024 ■ +1-212-362-1100 ■ www.arthousehotelnyc.com ■ $

Das Boutiquehotel in der Upper West Side verbindet historischen Charme und zeitgenössischen Stil. In dem jahrhundertealten Gebäude befinden sich originale Kunstwerke, ein alter Kamin und ein französischer Aufzug aus den 1920er Jahren.

Belvedere Hotel

Karte J2 ■ 319 West 48th St, New York, NY 10036 ■ +1-212-245-7000 ■ www.belvederehotelnyc.com ■ $

Das Gebäude von 1923 weist noch die typischen Art-déco-Elemente auf. Einige Zimmer sind mit kleinen Küchen ausgestattet. Das Hotel liegt nahe dem Times Square. Zum Haus gehört das brasilianische Restuarant Churrascaria Plataforma.

Chelsea Savoy

Karte L2 ■ 204 West 23rd St, New York, NY 10011 ■ +1-212-929-9353 ■ www.chelseasavoynyc.com ■ $

Das Hotel nahe der Läden, Cafés und Galerien von Chelsea bietet geräumige und schön eingerichtete Zimmer mit sämtlichen Annehmlichkeiten. Die von der 23rd Street abgewandten Zimmer sind zu empfehlen.

Dream Midtown

Karte H3 ■ 210 W 55th St, New York, NY 10019 ■ +1-212-247-2000 ■ www.dreamhotels.com/midtown ■ $

Das in einem Beaux-Arts-Gebäude von 1895 ansässige Hotel bietet kleine Zimmer und die großartige Rooftop-Bar PHD Terrace.

The Jane

Karte M2 ■ 113 Jane St, New York, NY 10014 ■ +1-212-924-6700 ■ www.thejanenyc.com ■ $

Die Zimmer des Hotels sind wie alte Schiffskabinen gestaltet und tragen Namen wie »bunk bed cabins« oder »captain's cabins«. Der Fahrradverleih ist gratis.

Nesva Hotel

39-12 29th St, Long Island City, NY 11101 ■ +1-917-745-1000 ■ www.nesvahotel.com ■ $

Das nur eine Subway-Station von Manhattan entfernte Boutiquehotel bietet minimalistische Zimmer mit Möbeln aus Nussholz, großen Fenstern mit Blick auf die Skyline und tiefen Badewannen. Das kontinentale Frühstück ist gratis. Es gibt ein Geschäftszentrum und Parkplätze.

Pod 51

Karte J4 ■ 230 East 51st St, New York, NY 10022 ■ +1-212-355-0300 ■ www.thepodhotel.com ■ $

Gemütliche Zimmer, einige mit Etagenbetten und Gemeinschaftsbädern, Gratis-WLAN und iPod-Anschlüsse, ein Café, eine Dachterrasse und die erstklassige Lage machen dieses Hotel attraktiv. In der Nebensaison beginnen die Preise bei 75 Dollar.

Ravel Hotel Trademark Collection by Wyndham

Karte H6 ■ 8–08 Queens Plaza South, Long Island City, Queens, NY 11101 ■ +1-718-578-4376 ■ www.wyndhamhotels.com ■ $

Das auf der Midtown gegenüberliegenden Seite des East River gelegene Vier-Sterne-Hotel bietet ein exzellentes Preis-Leistungs-Verhältnis. Die im nordischen Stil gestalteten Zimmer weisen eine moderne Ausstattung auf. Einige haben Balkone mit traumhaftem Blick auf die Queensboro Bridge und die Stadt.

Preiskategorien siehe S. 172

The Ridge Hotel
Karte N5 ▪ 151 East Houston St, New York, NY 10002 ▪ +1-212-777-0012 ▪ www.ridgehotelnyc.com ▪ $

Das moderne Boutiquehotel bietet neben den üblichen Annehmlichkeiten auch einige schrullige Extras, etwa kostenlosen Zugang zu Brain.fm, einem Musikdienst, der »den kognitiven Zustand beeinflussen« soll.

Belleclaire Hotel
Karte F2 ▪ 250 West 77th St, New York, NY 10024 ▪ +1-212-362-7700 ▪ www.hotelbelleclaire.com ▪ $$

Die Zimmer wirken zunächst etwas spartanisch, sind aber durchaus mit Pfiff eingerichtet. Einige Zimmer teilen sich ein Bad. Für Familien gibt es spezielle Angebote. Die Lage mitten in der Upper West Side überzeugt.

Lucerne
Karte F2 ▪ 201 West 79th St, New York, NY 10024 ▪ +1-212-875-1000 ▪ www.thelucernehotel.com ▪ $$

Das Hotel befindet sich in einem 1903 fertiggestellten Gebäude mit Terrakottaverzierung. Es bietet eine komfortable Lobby, Businesseinrichtungen, ein Fitnesscenter, ein französisches Café und geschmackvolle Zimmer.

Off Soho Suites Hotel
Karte N4 ▪ 11 Rivington St, New York, NY 10002 ▪ +1-212-353-0860 ▪ www.offsoho.com ▪ $$

Das Hotel mit geräumigen Zimmern ist eine erschwingliche Option im Herzen der Lower East Side. Die kleineren Suiten teilen sich eine Gemeinschaftsküche, die größeren haben eine eigene Küche und ein Wohnzimmer. Gäste können den Waschsalon und das Fitnesscenter nutzen.

The Seton Hotel
Karte K4 ▪ 144 East 40th St, New York, NY 10016 ▪ +1-212-889-5301 ▪ www.setonhotelny.com ▪ $$

Die beliebte Mittelklasseoption in Midtown ist wenige Gehminuten von Grand Central und dem Chrysler Building entfernt. Die kompakten Zimmer in stilvoller Boutique-Optik bieten moderne Annehmlichkeiten wie Flachbild-TV und iPod-Dockingstationen. Von 6 bis 11 Uhr sind Kaffee und Tee gratis; es gibt auch Automaten.

Shoreham
Karte H3 ▪ 33 West 55th St, New York, NY 10019 ▪ +1-212-247-6700 ▪ www.shorehamhotel.com ▪ $$

Eine gründliche Modernisierung des Shoreham brachte Marmorbäder, Pastelltöne sowie kreative Lichtquellen und Stoffe in die Zimmer. Gäste können das Gratis-WLAN mit bis zu drei Geräten gleichzeitig nutzen. Der Parkservice kostet 45 Dollar pro Tag.

Washington Square Hotel
Karte N3 ▪ 103 Waverly Place, New York, NY 10011 ▪ +1-212-777-9515 ▪ www.washingtonsquarehotel.com ▪ $$

Das Hotel im Herzen von Greenwich Village bietet kleine Zimmer mit Art-déco-Akzenten, Körperpflegeprodukten von C. O. Bigelow und einem Flachbild-TV. Das kontinentale Frühstück ist inbegriffen.

Yotel
Karte K2 ▪ 570 10th Ave, New York, NY 10035 ▪ +1-646-449-7700 ▪ www.yotel.com ▪ $$

Bei der Gestaltung des Yotel orientierte man sich an den trendigen Kapselhotels in Asien. Die Zimmer sind gemütlich und nach ergonomischen Aspekten gestaltet. Die bequemen Betten werden per Knopfdruck zu Sofas. In jedem Zimmer steht ein Flachbild-TV.

Preiswerte Hotels

A & Faye Bed and Breakfast
9 Marlborough Rd, Brooklyn, NY 11226 ▪ +1-347-406-9143 ▪ www.aandfayebb.com ▪ $

Das freundliche B & B mit sechs gemütlichen Zimmern liegt südlich des Prospect Park.

American Dream
Karte L4 ▪ 168 East 24th St, New York, NY 10010 ▪ +1-212-260-9779 ▪ www.americandreamhostel.com ▪ $

Die hervorragende Lage und das kostenlose Frühstück machen diese saubere Herberge zu einer guten Option für einen Kurzaufenthalt. Alle Zimmer sind mit Fernseher ausgestattet und teilen sich Gemeinschaftsbäder.

Bowery House
Karte N4 ▪ 220 Bowery, New York, NY 10012 ▪ +1-212-837-2373 ▪ www.theboweryhouse.com ▪ $

Das im Jahr 1927 eröffnete Hotel war viele Jahre

lang eine heruntergekommene Absteige. Nun ist dies ein schickes Hostel in erstklassiger Lage. Es gibt Einzel-, Zweibett- und Doppelzimmer sowie Gemeinschaftsbäder. Einige Zimmer zeigen den Stil der 1940er Jahre.

Broadway Hotel & Hostel

Karte D2 ▪ 230 West 101st St, Broadway, New York, NY 10025 ▪ +1-212-865-7710 ▪ www.broadway hotelnyc.com ▪ $

Das stylishe Hostel in einem ruhigen Teil der Upper West Side verfügt über einfache Doppelzimmer mit Flachbild-TV und iPod-Dockingstationen sowie Schlafsäle mit Gemeinschafts- oder Privatbad. Es gibt auch einen Aufenthaltsbereich mit Kamin und Mikrowellen.

Carlton Arms

Karte L4 ▪ 160 East 25th St, New York, NY 10010 ▪ +1-212-679-0680 ▪ www. carltonarms.com ▪ $

Es gibt weder Telefon noch Fernseher, dafür sind die von Künstlern gestalteten Zimmer preiswert. Bei jungen Leuten ist das Carlton Arms wegen der Atmosphäre beliebt. Knapp die Hälfte der 54 Zimmer besitzt ein eigenes Bad.

Harlem Flophouse

Karte C3 ▪ 242 West 123rd St, New York, NY 10027 ▪ +1-212-662-0678 ▪ www. harlemflophouse.com ▪ $

Das restaurierte Sandsteinhaus aus dem 19. Jahrhundert bietet vier Gästezimmer mit Waschbecken und zwei Gemeinschaftsbäder mit nostalgisch anmutenden Badewannen auf Füßen.

HI New York City Hostel

Karte D2 ▪ 891 Amsterdam Ave, New York, NY 10025 ▪ +1-212-932-2300 ▪ www.hiusa.org ▪ die meisten Zimmer ohne eigenes Bad ▪ $

Die Jugendherberge bietet Schlafräume mit vier bis zwölf Betten für Gäste aller Altersklassen. Es gibt Gratis-WLAN, ein Café , eine Cafeteria und eine Küche.

Hotel 31

Karte L4 ▪ 120 East 31st St, New York, NY 10016 ▪ +1-212-685-3060 ▪ www.hotel31.com ▪ $

Das historische Anwesen (1928) bietet 60 zweckmäßige Zimmer mit Klimaanlage und Kabel-TV. Die preisgünstigsten verfügen über Waschbecken und teilen sich ein Bad, die teureren Zimmer haben ein eigenes Bad.

Jazz on Columbus Circle Hostel

Karte H3 ▪ 940 8th Ave, New York, NY 10019 ▪ +1-646-876-9282 ▪ www. jazzhostels.com ▪ $

Das Hostel nahe Central Park und Time Warner Center bietet Schlafsäle und Privatzimmer, einen Fernseher auf jeder Etage sowie Waschmaschinen und kostenlose Gepäckaufbewahrung vor dem Einchecken. Frühstück und die Schließfächer in den Zimmern sind ebenfalls gratis.

LIC Hotel

Karte H6 ▪ 44-04 21st St, 44th Ave, Long Island City, NY 11101 ▪ +1-718-406-9788 ▪ www.lichotelny. com ▪ $

Das moderne motelähnliche Hotel hat kleine ge-

pflegte Zimmer, die mit Holzböden und Flachbildfernsehern ausgestattet sind, sowie eine schöne Dachterrasse. Zum Frühstück steht ein kostenloses Büfett bereit.

The Local NYC

Karte H6 ▪ 13-02 44th Ave, Long Island City, Queens, NY 11101 ▪ +1-347-738-5251 ▪ www.thelocalny. com ▪ $

Von dem Hotel gelangt man mit der Subway in zehn Minuten zum Grand Central Terminal. In den Zimmern dominiert die Farbe Weiß. Es gibt eine Bar und man kann eine Küche nutzen.

Microtel Inn by Wyndham Long Island City

2912 40th Ave, Queens, NY 11101 ▪ +1-718-606-6850 ▪ www.wyndham hotels.com ▪ $

Das Haus der preisgünstigen Kette lockt mit einigen attraktiven Angeboten, wenngleich es teurer ist als die Schwesterhotels außerhalb der Stadt. Die mit großen Betten versehenen, modern eingerichteten Zimmer sind gepflegt. Die Bäder sind einfach gehalten, aber gut ausgestattet.

NY Moore Hostel

179 Moore St, Brooklyn, NY 11206 ▪ +1-347-227-8634 ▪ www.nymoore hostel.com ▪ $

Das freundliche Hostel verfügt über makellose Zimmer mit eleganter Einrichtung, zu der die Sofas altmodischen Stils und Bettgestelle in modernistischem Design gehören. Das Hostel liegt in der Nähe der Subway-Station Morgan Avenue.

Preiskategorien siehe S.172

Textregister

Bildnachweis & Impressum

Autorin
Eleanor Berman

Mitautorin AnneLise Sorensen

DK London

Lektorat
Georgina Dee, Vivien Antwi, Ankita
Awasthi-Tröger, Michelle Crane, Rebecca
Flynn, Rachel Fox, Fíodhna Ní Ghríofa,
Freddie Marriage, Sally Schafer, Christine
Stroyan

Überarbeitete Neuauflage
Ashif, Parnika Bagla,Marta Bescos,
Subhadeep Biswas, Neha Chander, Alice
Fewery, Stephen Keeling, Sumita
Khatwani, Shikha Kulkarni, Rahul Kumar,
Suresh Kumar, Vagisha Pushp, Akshay
Rana, Lucy Richards, Lucy Sara-Kelly,
Rohit Rojal, Avijit Sengupta, Ankita
Sharma, Azeem Siddiqui, Rituraj Singh,
Beverly Smart, Hollie Teague, Priyanka
Thakur, Stuti Tiwari, Vaishali Vashisht,
Vinita Venugopal, Åsa Westerlund,
Tanveer Zaididi, Annie B Shapero,
Anna Streiffert, Sue Lightfoot

Gestaltung & Bildredaktion
Phil Ormerod, Jason Little, Azeem
Siddiqui, George Nimmo, Richard
Czapnik, Sunita Gahir, Phoebe Lowndes,
Susie Peachey, Ellen Root, Oran Tarjan

Umschlaggestaltung
Maxine Pedliham, Vinita Venugopal

Kartografie
James MacDonald, Suresh Kumar,
Reetu Pandey

Herstellung
Nancy-Jane Maun

Illustrationen
Chris Orr & Associates

Zusätzliche Fotos
Steven Greaves, Dave King, Tim Knox,
Norman McGrath, Michael Moran, Chris
Stevens, Rough Guides/Curtis Hamilton,
Rough Guides/Nelson Hancock, Rough
Guides/Angus Osborn, Rough Guides/
Greg Roden, Rough Guides/Susannah
Sayler

Bildnachweis

o = oben; u = unten; l = links; r = rechts;
m = Mitte

DK bedankt sich bei folgenden Personen,
Institutionen, Unternehmen und Bild-
archiven für die freundliche Genehmigung
zur Reproduktion ihrer Fotografien:

9/11 Tribute Museum Unified Field 82mro.

Alamy Stock Photo AA World Travel
Library 56ur; Tomas Abad/Metropolitan
Museum of Art *Petite danseuse de quatorze
ans*, um 1880; gegossen 1922, von Edgar
Degas 35mro; The Art Archive 86or; Mike
Booth 23mru; Robert K. Chin 98o/
Storefronts 113ur; Richard Cummins 88um;
Randy Duchaine 57mlo, 157ml; epa euro-
pean pressphoto agency b.v. 13ml; Everett
Collection Historical 92ol; Alexander
Farmer 40 – 41m; David Grossman 140or;
Hemis 106or; Historic Collection 46ul;
JLImages 16mlo; Terese Loeb Kreuzer
87ul; MediaPunch Inc/ Ralph Dominguez
156ul; Patti McConville 31u, 92mr, 131ur;
138mro; Ellen McKnight 41ol; Sean Pavone
4mro; PCN Photography 75or; Prisma Bild-
agentur AG/ Heeb Christian 69ur; Radharc
Images 13ol; Sergi Reboredo 118ul; Ivo
Roospold 80u; Philip Scalia 110ml; Marc
Tielemans 73mlo; UPI/John Angelillo 43u;
WENN Ltd 65ul.

**American Museum of Natural History
Library** 41ur; Denis Finnin 42or, 42ml.

Artists & Fleas 120ol.

BeccaPR Daniel Krieger 66o.

Blake Zidell & Associates 152ol.

Bobby Van's Steakhouse 83ul.

Boulud Sud 147mro.

Brandy Library Charles O. Steinberg
106mlu.

Brooklyn Children's Museum 159mlo.

Corbis Atlantide Phototravel/Massimo
Borchi 144ul; Bain News Service 24ul;
Bettmann 19u, 31ol, 47or; Alex Geana
71mru; imageBROKER/Daniel Kreher 2or,
44 – 45; The Jim Heimann Collection 19ml;
Bob Krist 11ul; Theodore C. Marceau

-12mo; Walter McBride 29ur; Abraham Nowitz 41ol.

Richard Czapnik 21mr, 121ur.

Daniel Restaurant Eric Laignel 66mlu.

Depositphotos Inc Felixtm 22–23m.

The Door Idea House / Lelie Rooftop 68u.

Dorling Kindersley Chinatown Ice Cream Factory / Steven Greaves 94ur; Lincoln Center / Steven Greaves 142ul; New York City Fire Museum / Steven Greaves 103ur; Russ & Daughters / Steven Greaves 98ul.

The Drawing Center 51ml.

Dreamstime.com Alexpro9500 34ur; Andersastphoto 67or; Matthew Apps 14ul; Zeynep Ayse Kiyas Aslanturk 116ul; Sergio Torres Baus 161ol; Andrey Bayda 13r; Bcbounders 21ur; Maciej Bledowski 6or; Bigapplestock 57or, 58o, 140ul; Jon Bilous 49or; Bojan Bokic 16–17m; Breakers 104o; Mike Clegg 11or, 29or, 48or; Jerry Coli 28ul, 63or; Cpenler 78ol; Giuseppe Crimeni 82ul; Brett Critchley 10m; Cyberfyber 4o; Songquan Deng 32–33mo, 52ul, 74ol; Dibrova 20–21, 80ol; Dragonewa 46mo; Etstock 137ol; Manuel Hurtado Ferrández 37u; F11photo 4mlo, 4ur, 138ul; Gary718 7or, 11mo; Giuseppemasci 38–39mg; Gran Turismo 108mr; Joe Grossinger 47ul; Jorg Hackemann 11mru; Dan Henson 4mru; Laszlo Halasi 17m; Wangkun Jia 115ur; Jeremyreds 53ul; Igaunion 129ml; Jjfarq 71mlo, 110or; Julia161 133mr; Vichaya Kiatyingangsulee 127o; Kmiragaya 20ul; Ian Kratochvila 23mro; Kropic 3or, 162–163u; Lavendertime 91o; Littleny 22mlu, 73or, 108ol; Brian Logan 60ol; Marcorubino 150mr; Ilja Mašík 134–135; nentat 4mlu; Luciano Mortula 4ul, 28–29m; Vladimir Mucibabic 17ur; Carlos Neto 54mru; Oriol Oliva 58mu; Palinchak 72o; Yooran Park 20mlo; Sean Pavone 24mr, 25u, 32mru, 54o, 97u, 122ol, 136u, 36ol; Metropolitan Museum of Art, nkamaske (10.–14. Jh.) aus der Nekropole Batán Grande, Peru: Alice K. Bache, 1974, 977 34mlu; William Perry 79ul; Prillfoto 2ol; Radekdrewek 28ml, 75m; Rcavalleri 16ol; Sangaku 7mro; Mykhailo Shcherbyna 28ur; Shiningcolors 111ul; Marcio Silva 4–15m; Lee Snider 70o; Stockshooter 1ol; Alyaksandr Stzhalkouski 3ol, 76–77; ravnikovstudio 12ul; Tupungato 55or, 1mlu, 146ol; Vacclav 85o; Victorianl 10l, Jol; Vitalyedush 115o; Gao Wenhao

34–35m; Lei Xu 11mro; Mark Zhu 95ml; Zhukovsky 81om, 125ml.

The Dutch Noah Fecks 107mlo.

Eataly Virginia Rollison 119mr.

Economy Candy 100u.

Freemans / Mediacraft 101mr.

Getty Images Bryan Bedder 106mlu; Andrew Burton 49ur; Kim Grant 61or; Siegfried Layda 143or; MPI 23ol; Peter Pesta Photography 69ol; Cindy Ord 62o; Stringer / Jason Kempin 65or; Universal History Archive / UIG 24ol.

Gramercy Tavern Daniel Krieger 67mlu.

iStockphoto.com AndreaAstes 93ol; E+ / GCShutter ol, 8–9, 26–27; JayLazarin 114ol; Joel Carillet 121ol; Roman Tiraspolsky 129ol; TomasSereda 1.

© Jeff Koons Tom Powel Imaging 50ol.

Kasmin 51ur.

Leslie-Lohman Museum of Art Chitra Ganesh, *A city will share her secrets if you know how to ask*, 2020, site specific QUEERPOWER public art installation / Kristine Eudey, 2021 60u.

The Metropolitan Museum of Art *Die Kornernte* (1565) von Pieter Brueghel: Fl8er Rogers Fund, 1919 36ml; *Die Karten-spieler* (1890) von Paul Cézanne, Stephen C Clark, 1960 11ml; The Cloisters Collection, 1962 37ol; *Garten in Sainte-Adresse* (1867) von Claude Monet, Freunde des Museums 36or.

New York Philharmonic Chris Lee 72ul.

Kasmin 51ur.

The Red Cat 125ml.

Saks Fifth Avenue 130ul.

The Solomon R. Guggenheim Museum, New York / Thannhauser Collection, Justin K. Thannhauser, 1978 *Stillleben: Flasche, Glas und Krug* (ca. 1877) von Paul Cézanne 39ol; *Haere Mai* (1891) von Paul Gauguin 39ur; *Berglandschaft bei Saint-Rémy* (1889) von Vincent van Gogh 38ul.

Tishman Speyer 18mro, 18mr, 18ul;
Dorling Kindersley 10mu, 16ul, 17or, 126ol.

Umschlag

Vorderseite und Buchrücken:
iStockphoto.com TomasSereda.

Rückseite: **Alamy Stock Photo** John
Kellerman or; **Dreamstime.com**
Albachiaraa mru, Ryan Deberardinis ol,
Travnikovstudio mlo.

Extrakarte

iStockphoto.com TomasSereda.

Alle anderen Bilder:
© Dorling Kindersley.

Weitere Informationen unter
www.dkimages.com

Penguin
Random
House

Titel der englischen Originalausgabe
DK Eyewitness TOP10 New York

© Dorling Kindersley Limited, London,
2002, 2022
Ein Unternehmen der
Penguin Random House Group
Alle Rechte vorbehalten

Text © Eleanor Berman

© der deutschsprachigen Ausgabe by
Dorling Kindersley Verlag GmbH,
München, 2002, 2022
Ein Unternehmen der
Penguin Random House Group
Alle deutschsprachigen Rechte
vorbehalten

Aktualisierte Neuauflage 2023/2024

Verlagsleitung Monika Schlitzer
Programmleitung Heike Faßbender
Redaktionsleitung Stefanie Franz
Projektbetreuung Theresa Fleichaus
Herstellungskoordination Antonia
Wiesmeier
Covergestaltung Sabine Hüttenkofer

Übersetzung Barbara Rusch, München
Redaktion Birgit Walter, Augsburg
Schlussredaktion Philip Anton, Köln

Satz & Produktion DK Verlag
Druck Vivar Printing, Malaysia

MIX
Papier | Fördert
gute Waldnutzung
FSC® C018179
FSC
www.fsc.org

ISBN 978-3-7342-0683-2
15 16 17 18   25 24 23 22

www.dk-verlag.de